탁월한 적중률! 합격의 동반자!

# 채한태 명품헌법

## 출제예상 부속법률집

2024

# 머리말 | PREFACE

최근 헌법의 출제경향에서 헌법 관련 부속법률의 출제비중이 증가되고 있는 추세이다. 헌법 관련 부속법률은 방대하고 내용을 수시로 개정하여 독학으로 정리하기에는 많은 어려움이 있다.

본 교재는 수험생의 부담을 줄이기 위에서 아래 원칙에 따라서 집필하고 배열하였다.

1. 방대한 부속법률 내용을 출제되는 조문 중심으로 간결화하였다.
2. 방대한 부속법률 내용 중에서 출제가 많이 되는 영역은 별(★) 표시를 하여 수험공부의 시간상 부담을 줄여주었다.
3. 최근 개정된 내용과 출제예상 조문을 중점적으로 수록하였다.
4. 부속법률은 많이 보고 읽는 것이 중요하기 때문에 포켓북의 크기로 출간하여 수시로 쉽게 볼 수 있도록 하였다.

본 교재가 수험생 여러분의 합격의 동반자가 되기를 기대하는 바이다.

헌법에 관해 궁금한 점이나, 합격을 위한 효율적인 학습방법에 대한 상담, 그 밖에 수험 고민 등은 다음 카페 채한태헌법교실(http://cafe.daum.net/cht016) 게시판이나 이메일 cht016@hanmail.net으로 질문하면 직접 신속하고 성실하게 답변해 드릴 것을 약속한다.

본 교재의 출간을 성원해 주신 Daum 카페 채한태헌법교실의 4만여 명의 회원, 채한태공법연구소의 연구원 김&장, 메가스터디교육(주) 출판사의 임직원 여러분께 감사드린다.

수험생 여러분의 합격을 기원하는 바이다.

盡人事待天命

수험생 여러분의 합격을 진심으로 기원하며 이 글을 이만 마친다.

다산공무원시험 합격연구소

채한태 법학박사 배상

# 합격자 추천 후기 | RECOMMEND

2024 경정승진 합격
박○○

명품헌법 기본서와 헌법 종합 기출문제집으로 공부하여 좋은 결과를 이루었습니다. 채박사님 감사드려요.

2024 순경직 상반기
순경 공채 필기 합격
김○○

명품헌법으로 공부하여 단기간에 총정리하여 고득점 하였습니다. 적극적으로 추천해요.

2023년 경찰(순경직)
서울경찰청
김○○

헌법을 처음 공부할 때는 기본강의 이후 기출문제만 반복하다 보니 일정 수준 이상의 점수를 벗어나기가 어려웠습니다.
단순 기출 반복이 아닌 적용된 법이나 원리의 이해를 바탕으로 지문 하나하나의 쟁점을 파악하며 문제 푸는 연습을 하였습니다. 그 결과 모의고사에서도 여러 차례 50점 만점을 받을 수 있었고 헌법이라는 과목에 자신감이 생겼습니다. 특히 앞서 말씀드린 것처럼 매일 전과목을 공부하고 기록하는 방법은 채한태 교수님께서 강조하여 말씀해 주신 방법이기에 반드시 지켜야겠다는 생각으로 매일 매일 전과목을 공부했습니다.
채한태 교수님이 면접의 노하우를 지도해 주셔서 면접에서도 합격을 할 수 있습니다. 감사합니다.

2023년 9급
선관위직 합격
이○○

명품공직선거법 시리즈 강의를 통해서 고득점으로 합격하였습니다. 감사합니다.

2023년 국회(속기직)
문○○

헌법은 채한태 박사님 기본강의 들었습니다.
이해하면 외워지는 스타일이라 기출 풀 때 초반 문제 다지기에 집중했습니다. 저는 법 과목은 일단 기본서를 정독하고 판례에 저만의 코멘트를 달며 저의 언어로 법을 이해하며 학습했습니다. 법 과목은 해설도 난해한 용어로 적혀 있고, 두 번 꼬아서 말을 하기에 회독 시 이해 시간을 줄이기 위해 제가 이해한 내용대로 옆에 열심히 필기해 놓으며 저의 것으로 만들려고 노력했습니다. 처음엔 시간이 많이 걸리는 과목이지만 개인적으로 헌법이 제일 재밌는 것 같습니다. (박사님의 훌륭하신 강의 덕분에 95점 받았습니다)
공부는 입력도 중요하지만 출력은 더더욱 중요합니다. 꼭 하프, 모고 등 출력의 과정을 거치시고 자신의 학습수준을 점검하셔서 더욱 효율적으로 공부하시기 바랍니다. 자신이 공부할 때 어떤 스타일인지 메타인지를 키우셔서 적용하시면 빠르게 합격하실 거라 생각합니다.
헌법 시작부터 합격까지 면접도 채한태 박사님의 도움으로 합격을 할 수 있었습니다. 자소서는 채한태 박사님께 첨삭 지도받았습니다. 부족한 부분을 잘 캐치해 주셔서 더 완성도 높은 자소서와, 면접 마인드를 배울 수 있었습니다. 대단히 감사드립니다!
오직 국회만 바라보고 준비해서 많은 부담감이 있었으나 면접일 2일 전부터 이러한 마음을 내려놓고 마인드컨트롤에 집중하였습니다. 긴장을 많이 하는 편이라 인데놀 복용하였습니다. 면접 당일 준비한 답변들 마음속으로 중얼거리며 연습하였습니다. 저는 긴장을 조금이라도 낮추기 위해 면접장 문 열고 들어갔을 때 제가 면접 씬을 찍는 배우라 생각하고 현실의 압박을 내려놓으려 했습니다. 면접관님들께서 미소를 띠며 질문해 주셔서 저도 똑같이 미소를 띠고 답변했습니다.
(면접 때 안 웃으셔도 되지만, 전 인상이 안 웃으면 화나 보인다고 해서 미소를 신경썼습니다) 준비해 간 답변들이 채한태 박사님께서 지도해 주신 것과 같이 '국회사랑, 공직자 마인드, 나라사랑'에 중점을 둔 답변이라서 정말 제가 국회를 사랑하고, 합격한다면 정말 나라와 국민을 위해 헌신하여 일하겠다는 의지와 모습을 최대한 보여드렸습니다.
국회 면접은 제로베이스라고 알고 있었고, 면접장에서 만난 다른 면접자분들 인상이 훌륭하셔서 여기서 돋보이지 않으면 끝이겠구나 판단하였고 최선을 다해서 쉬운 질문이더라도 저라는 사람을 보여드릴 수 있는, 특히 평정표에서 점수를 얻을 수 있는 답변을 하였습니다. 또한 면접관님께서 질문하실 때 눈을 쳐다보고 살짝 고개를 끄덕이는 등 집중하는 시그널, 긍정적인 모습을 보여드리려 노력했습니다.
끝까지 포기하지 않고 왔더니 합격하게 되었습니다. 사실 아직도

# 합격자 추천 후기 | RECOMMEND

실감은 안 나지만 괴로웠던 모든 과정이 끝났다는 게 너무 기쁘고 벅찹니다! 꿈을 이루기까지 많이 힘드시겠지만 조금만 더 힘내시고 꼭 합격하시길 바라겠습니다.
채한태 박사님께 다시 한번 존경과 감사의 말씀 올립니다. 박사님의 자소서 첨삭 지도가 면접 준비 방향을 잡는 데 정말 많은 도움이 되었습니다. 감사드립니다.

2023년 7급 국가직
김○○

명품헌법으로 공부하여 단기간에 고득점으로 합격하였습니다. 다양한 사례와 방대한 판례를 공식으로 만들어 주셔서 감사드립니다.

2023년 7급
대구시 지방직
이○○

명품헌법 시리즈를 구해서 반복적으로 공부하여 합격하게 되었습니다. 명품헌법은 정리가 잘 되어 있어 시간을 줄일 수 있습니다.

2023년 상반기
비상계획관
김○○ 대령

채한태 박사님께서 헌법재판소 판례비교 정리를 잘해주셔서 단기간에 총정리하여 좋은 결과가 왔습니다. 감사드려요.

2023년 국회8급
이○○

명품헌법 종합기출문제집 특강과 헌법 기출지문 OX 4700제로 헌법고득점을 하였습니다. 채한태교수님의 도표정리가 많은 도움이 되었습니다.

2023년 상반기 순경직
순경 공채필기 합격
최○○

명품헌법으로 공부하고 고득점하여 꿈을 이루었습니다. 최신판례와 시사적인 내용을 신속하게 정리하여 주어 많은 도움이 되었습니다.

2023 사무관 승진합격
김○○

명품헌법 채한태 박사님의 강의는 전체적인 개요와 도표를 통한 설명은 자신감을 높일 수 있었습니다. 단기간에 고득점을 할 수 있습니다. 감사드립니다.

2023 경정승진 합격
이○○

방대한 헌법재판소의 판례를 체계적으로 정리해 주시고 판례공식을 알려주어 부담을 줄일 수 있었습니다. 채한태 박사님 강의를 통해서 목표를 이루었습니다.

2023 국가직 경찰행정
김○○

실제 면접과 질문이 똑같아서 놀랐어요. 저는 2023년 국가직 경찰행정에 합격했습니다. 작년에 지방직에서 면탈한 이후 (심지어 점수도 커트라인보다 무려 3점이나 높았습니다 ㅠㅠ) 잔뜩 면접에 겁을 먹은 상태였습니다. 직장도 다녀보고 말은 잘한다고 생각했는데 면접에서 떨어지니 낙오자 느낌이 있었지만 교수님 수업 듣고 합격을 하였습니다. 감사드립니다.

2023년 지방직 9급
강○○

제가 지원한 지역은 필기합격이 되었어도 선발인원보다 많이 뽑혀 면접에 엄청난 부담감과 압박감을 느껴 채한태 교수님의 면접강의를 수강하였습니다. 첫 수업 자기소개서 작성에 대한 수업에서 작성법과 공무원면접에서 가장 중요한 요소 5가지를 말해주신 것에 지도 해주신 것을 잘 적용하여 무난하게 합격을 하였습니다.

2023 서울시 지방직 9급
장○○

2023년 서울특별시 일반행정 9급 최종합격했습니다!! 필기 공부만 할 때는 면접은 식은 죽 먹기라고 생각했으나 필기 합격 후 마주한 면접은 저에겐 또 다른 난관이었습니다. 아무 것도 모르는 상태로 메가면접학원에 등록하였고 채한태 선생님을 만났습니다. 채한태 선생님 지도 덕분에 합격을 할 수 있었습니다.

2023 지방직 9급
○○○

면접관의 마음을 알 수 있는 수업이다. 면접 공부 혼자 2주간 기출 봐도 붙는다지만 요즘은 리스크를 안고 간다고 생각한다. 공무원에게 적극행정을 요구하는 이 시기에 혼자 준비는 어렵다고 생각해 메가면접센터에 등록했다. 채한태 교수님께서는 평정표에 나와있는 요소들을 하나하나 풀어주시면서 여기에 어떠한 답을 해야 하는지 정확하게 짚어주셨다.
단순히 '열심히 하겠습니다, 국가와 국민, 시민 위해 일하겠습니다.'가 아니라 5개의 평정요소를 만족하며 자신을 어필 할 수 있는 답을 공무원 행동강령과 이해충돌방지법 부정청탁금지법을 통해 알려주신다. 그러면서 지금까지 내가 돌아보지 못한 윤리관도 깨닫게 되었다. 그리고 공직자가 진정으로 갖추어야 할 덕목을 깨우쳐주셨다.
이 수업은 나에게 인생의 교훈까지 알려준 수업이었다. 그리고 교수님께서는 항상 학생들의 어려움을 들어주셨고 각 수강생들의 성향, 스펙을 보시며 그에 맞는 솔루션을 주셨다. 면접이란 것이 처음이고 자기 생각을 정리하는 게 서투신 분들이 합격을 원하시고 또한 참된 인재로서의 마인드까지 함양하시고자 한다면 채한태 교수님을 추천드립니다.

2023 서울시 7급
이○○

존경하는 채한태 교수님께. 안녕하세요. 저는 교수님의 면접 특강과 연천 봉사활동에 참여하여 많은 것을 배우고 감동 받았습니다. 면접 준비에 있어서 교수님의 세심한 피드백과 가르침 덕분에 많은 도움을 받았습니다. 이에 대해 깊은 감사의 말씀을 전하고 싶어 편지를 드립니다.
오늘 서울시 7급 필기 결과가 나왔는데 합격하지 못하여 매우 송구스럽게 생각하고 있습니다. 그러나 그 결과에 상관없이, 교수님의 지도와 가르침으로 얻은 것들은 저에게 큰 자산이 되었습니다. 자기소개서, 지원동기에 대해서 꼼꼼히 봐주시고 5분 스피치를 잘할 수 있도록 도와주셔서 감사합니다. 뿐만 아니라 봉사활동과 공모전 등 다양한 기회를 알려주시고 참여할 수 있도록 독려해 주셔서 감사합니다.
지금은 필기 시험에 합격하지 못했지만 앞으로 이를 바탕으로 앞으로 더욱 열심히 노력하여 훌륭한 공무원이 되도록 노력하겠습니다. 교수님께서는 제게 멘토가 되어주셨고, 그 은혜에 저는 깊은 감사를 표합니다. 앞으로도 교수님의 가르침을 몸소 실천하며 발전하는 모습을 보여드리겠습니다.

2023년 창원시
지방직 9급
최○○

채한태 교수님 정말 감사합니다. 다 교수님 덕분입니다. 이번에 면접 준비하면서 헌법에서는 예전부터 유명하신 교수님 뵙게 되어서 굉장히 좋았습니다. 공무원 강의로 유명하신 교수님 직접 뵌 적은 처음입니다. 든든합니다. 대단히 감사합니다.

2023 서울시 일반행정직
지방직 9급
장○○

선생님 안녕하십니까!! 면접반 수강생 장00입니다!! 선생님의 가르침 덕분에 많이 부족한 제가 감사하게도 이번 서울특별시 일행직 9급 공무원에 합격하였습니다 ㅎㅎ
면접이 다소 막막할 때도 있었지만 선생님의 가르침으로 합격할 수 있었습니다! 다시 한 번 진심으로 감사드리며 서울특별시에 선한 영향력을 미치는 공무원이 되도록 노력하겠습니다!! 감사합니다!!

2023 지방직 9급
이○○

교수님 이번 부산공00에서 면접수업 들은 이00입니다!!! 교수님께서 잘 가르쳐주셔서 덕분에 무사히 합격할 수 있어서 정말로 감사합니다!!!!!! 사실 저는 다른 분들보다 경력이나 자격증이 없어서 준비하면서 걱정이 많이 되었었습니다. 하지만 교수님께서 공모전과 봉사활동들을 알려주셔서 면접을 볼때 이러한 것들을 위주로 많이 말할 수 있었습니다…!!!!! 다시 한번 정말로 감사드립니다!!!

2023 경남교육청 전원
합격1조 조장
박○○

교수님 안녕하십니까. 경남 교육청 면접강의 수강한 박00입니다. 교수님 덕택에 최종합격했습니다. 오늘 경남 교육청 결과 발표가 나왔고 전원합격 3조 모두 최종합격했습니다! 처음부터 끝까지 도와주셔서 감사합니다! 많은 도움을 주셔서 정말 감사드립니다!^^

2022 경기도 지방직
일반행정 9급
임○○

안녕하십니까. 교수님 덕분에 경기도 고양 일반행정 9급에 합격한 임ㅇㅇ입니다.
1. 강의 전 준비기간에 지역사랑을 실천하기
나는 지방직 시험일 약 7일후 채한태 선생님의 면접 설명회를 들었다. 채한태 선생님의 지방직 면접 설명회에서 '면접 준비기간을 주는 이유는 지역에 대한 사랑을 보여달라는 뜻이다' 선생님의 말씀을 들었다. 그리하여 지역 공공기관에서 봉사활동도 하고 지역 문화재 탐방을 하는 등 강의 한 달 전부터 면접 이야깃거리를 쌓아갔다.
2. 믿고 따라가는 면접 강의
국가직 면접위원이셨던 채한태 선생님의 노하우를 담아 면접의 A~Z까지 알려주셨다. 공직가치의 9개 요소부터 무엇을 중요시해야 하는지, 예를 들어 애국심을 표현하려면 어떻게 해야 하는지,

창의성을 기르려면 어떻게 해야 하는지 포인트 별로 알려주셨다. 또한 면접위원으로 지원자의 인상도 중요하게 생각하셔서 수업시간에 인사하는 방법, 남성 지원자라면 넥타이, 코로나 시국에 맞추어 마스크까지 세심하게 살펴 주셨다.

3. 신속한 피드백

면접강의가 끝나고, 지역별로 각 조를 나눠서 활동을 이어갔다. 조별로 활동을 하면서, 조별 활동을 통해 모의 면접을 한 후 피드백을 선생님께 요청하면 선생님께서는 신속하게 피드백을 해 주셨다. A4용지에 피드백을 해 주셨으며, 개선점을 말씀해주시는 모습은 지금도 잊을 수 없다.

또한 모의면접을 통해 통찰력 있는 질문을 해 주셔서 본 면접을 대비하는데 도움이 되었다. 신속한 피드백은 수험생 입장에서 매우 도움이 되며 채한태 선생님의 가장 큰 강점이다.

2022년 상반기 서울지방
경찰청 순경 공채 합격
서○○

순경준비하던 수험생으로서 시작이 가장 힘든 과목이었습니다. 채한태 교수님 명품 헌법을 들으면서 시작하였습니다. 적지 않은 시험 범위에 걱정이 많이 되었지만, 채한태교수님이 차근차근 명쾌하게 설명해 주시면서 출제예상 판례와 이론 위주의 수업은 시간을 절약해야 하는 저에게 큰 도움이 되었습니다.

첫 2회전을 돌렸어도 여전히 기출을 바로 풀기에는 무리였으나, 올해 1월쯤 시작한 〈명품헌법 기출지문 4700제 OX〉를 풀고 나서 완전히 달라졌습니다. 문제가 이해가 되고 보이기 시작하였습니다. 그래서 짧은 기간 내 6회전을 바로 돌렸고, 그제서야 헌법 종합 기출문제가 쉽게 풀리기 시작하였습니다. 마지막 달에 해주신 예상 판례 특강을 통해서 마지막 복습 정리를 하여서 출제예상 문제에 좀 더 집중할 수 있었습니다. 많은 수험생 여러분도 채한태 교수님 헌법 커리큘럼을 믿고 따라오시면 합격 점수는 보장해 주실 겁니다.

2022년 상반기
비상계획관 합격
김○○ 대령

채한태 박사님 명품헌법 기본심화 강의와 헌법재판소판례 특강을 통해서 방대한 헌법을 정복하였습니다.

2022년 국회 8급 합격
이○○

명품헌법 시리즈특강을 통해서 고득점을 할 수 있었습니다. 국회직 면접까지 박사님이 지도해 주셔서 최종합격할 수 있었습니다.

2022년 법원서기보 합격
박○○

법과목 중에서 헌법분량이 많지만 채한태 선생님이 요약정리해 주셔서 고득점하였습니다.

2022년 9급 선관위직
필기 합격
이○○

명품 공직선거법 교재와 채한태샘 강의 듣고 합격을 했습니다. 도표정리가 많은 도움이 되었어요.

2022년 9급 선관위직
필기 합격
김○○

방대한 공직선거법 조문을 잘 정리해 주셔서 단기간에 고득점했습니다.

2021년 7급 국가직 합격
김○○

국가공무원 7급 시험을 준비하고 있는 수험생입니다. 박사님의 명품헌법 기본강의, 기출강의, 최신판례 강의, 모의고사 강의 등을 통해서 헌법 만점을 얻었습니다. 이번 2차 시험에서 헌법 만점을 받을 수 있었습니다. 좋은 가르침에 진심으로 감사드립니다.

2021년 비상계획관 합격
김○○

채한태 박사님 명품헌법 기본서 · 종합기출문제집 · 헌법재판소판례특강을 메가공무원 홈페이지에서 인터넷 강의를 통해 반복적으로 수강하였습니다. 독학으로 알아내기 어려웠던 명쾌한 부분들을 짚어주신 덕분에 고득점으로 합격을 했습니다.

2021 경찰승진 합격
최○○

박사님의 헌법재판소 판례강의와 기본이론 명품헌법강의는 주제별로 총정리가 잘 되어 있기에 단기간에 원하는 목표를 얻을 수 있었습니다.

# 합격자 추천 후기 | RECOMMEND

2021 법원직 합격
이○○

비전공자에게 법적인 마인드 함양과 법해석의 방법을 선생님께서 쉽고 자세하게 설명해 주셔서 법원직 헌법 과목에서 좋은 점수를 득점할 수 있었습니다.

2021 국회직 합격
정○○

헌법이론과 시사적인 내용을 하나로 연결하여 이해하기 쉽게 설명을 해주신 덕분에 단기간에 헌법을 쉽게 이해할 수 있었습니다.

2020년 상반기
비상계획관 합격
조○○

사실 저는 현직에 근무하면서 학습시간의 부족으로 퇴근 후 학습시간은 주로 헌법과 법령 위주로 공부하여 면접에 많은 시간을 투자할 시간을 가지지는 못했습니다. 면접과 관련한 기본적 지식은 제가 다녔던 비상계획관 학원 강의를 통해 배운 내용을 주요 키워드 위주로 정리 암기하였으며 면접 PT 작성요령, 답변 방법, 자세, 기타 면접 노하우 등은 채한태 박사님께서 운영하는 면접 특강을 2회 수강하면서 가르쳐주신 방법을 전적으로 믿고 면접 당일 그대로 적용하려 노력하였으며 그 결과 첫 시험치고는 괜찮은 면접 성적을 얻었다고 생각합니다. 채한태 박사님께 문자로 질문하였고 박사님의 친절하신 답변이 많은 도움이 되었습니다. 박사님과의 면접 실습을 통한 저의 약점 보완은 제게 커다란 도움이 되었습니다. 박사님의 노하우 담긴 조언과 개별적인 눈높이 교육은 정말 큰 도움이 되리라 믿습니다. 박사님의 도움이 커다란 힘이 되었음에 깊은 감사를 드립니다.

2020년 국가직 7급 합격
이○○

경찰 간부후보생 시험 합격 후 경찰 승진 준비를 하면서 채한태 박사님 책을 보게 되었습니다. 기초가 부족하고 헌법을 처음 접해 보는 사람에게 무조건 추천해 드리고 싶습니다. 시간이 되신다면 박사님 강의를 병행하면서 짧은 시간에 큰 효과를 거둘 수 있습니다. 박사님 책을 보면서 더욱 수험생 혹은 승진 대상자들을 배려하는 세심한 설명과 자세한 자료를 보면서 매년 더욱 만족하고 있습니다.

2019년 선거직 9급 합격
박○○

저는 법학 전공이 아니지만 공직선거법을 채한태 박사님 강의를 듣고 고득점했어요. 중요 내용을 도표로 정리해 주는 최적화된 강의 감사해요.

2019년 선거직 7급 합격
김○○

명품 공직선거법의 기본서와 단원별 객관식 문제집으로 공부하여 합격의 영광을 얻게 되었어요. 면접까지도 채한태 박사님이 지도해 주셔서 최종 합격했어요. 감사드려요.

2019년 국가직 7급 합격
김○○

채한태 박사님의 명품헌법 강의를 듣고 헌법에 대한 이해와 자신감을 가지게 되었습니다. 헌법에 대해서 어려움을 가지고 계신 분들은 채한태 박사님의 강의를 통해서 해결할 수 있습니다.

2019년 국회직 8급 합격
이○○

어려운 헌법 과목을 가장 이해하기 쉽게 가르쳐 주십니다. 핵심정리와 암기 공식을 제시하여 헌법이 고득점 과목이 되었습니다.

2018년 비상계획관 합격
김○○

명품헌법 기본서와 채한태 박사님 강의로 방대한 헌법을 단기간에 해결하여 비상계획관 시험에서 합격의 영광을 얻게 되었어요. 질문할 때마다 친절하게 도와주셨던 채한태 박사님 고맙습니다.

2018년 소방간부후보생 합격
이○○

공대생이라 법 과목이 너무나 힘들었으나 쉽고 명쾌하게 강의하시는 채한태 교수님 명품헌법 덕분에 합격할 수 있었습니다.

2018년 법원직 합격
김○○

채한태닷컴에서 동영상으로 명품헌법 기본강의를 반복적으로 공부하여 합격했습니다. 명품헌법 교재는 중요 내용의 밑줄 처리와 색감 처리가 잘 되어 있어 가독성이 탁월합니다. 동영상으로 강의 듣기에도 편리합니다.

# 합격자 추천 후기 | RECOMMEND

2018년 국회직 8급 합격
이○○

합격한 선배님의 추천으로 명품헌법 기본서로 강의를 듣고 합격하였습니다. 중요 내용의 도표 정리와 기출문제의 반복적인 설명 등을 채한태 교수님이 잘해주셔서 헌법에서 고득점을 하였습니다.

2018년 서울시 7급 합격
박○○

명품헌법과 헌법 종합 기출문제집을 반복적으로 공부하여 단기간에 고득점을 하였습니다. 복잡한 헌법재판소 판례가 주제별로 잘 정리되어 보기에 편했습니다. 실전에서도 문제 푸는 데 많은 도움이 되었습니다.

2017년 국가직 7급
출입국관리직 합격
김○○

추상적이고 방대한 양의 헌법에 처음엔 힘이 들었지만 채교수님의 체계적인 강의 덕분에 어려운 헌법 용어 및 개념들을 쉽게 이해할 수 있게 되었으며 또한 핵심적인 부분만을 가르쳐주시는 수험적합적 강의 덕분에 짧은 시간에 무리 없이 고득점을 확보할 수 있었다고 생각합니다.

2017년 국가직 7급
외무영사직 합격
이○○

채한태 교수님 강의가 최고라고 생각합니다. 강의는 기본강의 들어보시면 판례도 비슷한 판례를 비교해서 정리도 잘해주시고, 체계도 잘 잡아주십니다. 저는 특히 강의에서 테마별 · 주제별로 정리해 주시는 부분이 가장 마음에 들었습니다. 그거 그대로 단권화할 때 써먹으시면 됩니다.

2017년 서울시 7급 합격
김○○

채한태 박사님의 명품헌법 강의를 통해 어디에서도 배울 수 없었던 남다른 팁과 정리표, 1 : 1 관리 등으로 실전 감각을 유지할 수 있었고 가벼운 마음으로 자신감 있게 합격할 수 있었습니다.

2015년 상반기
비상계획관 합격
오○

간결하고 명쾌하며 풍부한 시사 상식을 접목시키는 박사님의 명품 강의는 시간 가는 줄 모르고 헌법 공부에 몰입할 수 있게 해 주었습니다. 저는 헌법 용어와 개념이 취약했기 때문에 채한태 명품헌법 기본서를 충실하게 공부하며 기출문제집, 모의고사 문제집에 시간을 많이 투자했습니다. 저자가 다른 여러 헌법 서적을 보라는 조언들이 있었지만 저는 부화뇌동하지 않았습니다. 채한태 명품헌법의 강의가 가장 알차고, 기본서는 가장 충실하며, 언제든지 궁금한 점이 있으면 답변을 받을 수 있었기에, 저는 꾸준히 강의를 듣고 기본서를 중심으로 공부하면서 문제집을 공략하였습니다. 든든한 언덕이 되어 주신 채한태 박사님으로부터 헌법을 배울 수 있었던 것은 행운이었습니다.

2014년 서울시 7급
일반행정직 최연소
(당시 21세) 합격
김○○

채한태 교수님 강의 덕분에 기본 개념부터 충분히 인지할 수 있었고 특히 채한태 교수님 카페에 가입하며 메일로 최신 판례를 받아볼 수 있었던 점이 도움이 됐습니다. 헌법은 최신판례가 많이 반영되기 때문에 수험생들이 최신판례 공부를 철저히 한 뒤 시험에 임하는 것이 좋을 것 같습니다. 또한 헌법은 비슷한 개념이 많이 나오는 편인만큼, 유사 개념들을 표로 정리해 특징을 정리하고 헷갈리는 부분들을 점검할 수 있어서 마무리까지 많은 도움이 됐습니다.

2014년 교정직 7급
최연장(당시 51세) 합격
조○○

성실한 강의, 헌법의 핵심과 출제경향을 꿰뚫는 강의, 채한태 박사님의 강의를 직접 확인하신다면 헌법에 대한 시야는 확 달라질 것입니다.

2014년 국가직 7급
세무직 차석 합격
박○○

법에 대해서 아무것도 몰랐던 저도 채한태 선생님의 명품헌법을 보고 헌법을 정복할 수 있었습니다. 채한태 선생님의 체계적인 강의와 더불어 이 책을 함께 보신다면 여러분 또한 합격의 길로 들어서실 수 있습니다.

2014년 국가직
우정사업본부 합격
조○○

말이 필요하겠습니까. 결과가 보여줍니다. 국가직 헌법 고득점의 1등 공신 역할은 명품헌법이었습니다.

2014년 국회사무처
8급 합격
박○○

헌법의 기본이론을 강의를 들으면서 총정리하고 반복하여 공부하여 정복했습니다. 최신판례특강과 모의고사 문제풀이를 통해서 마무리 정리하여 효과를 보았습니다.

# 합격자 추천 후기 | RECOMMEND

2014년 비상계획관 합격
오○○

채한태 박사님의 헌법 강의를 듣지 않았으면, 앞으로 6개월은 더 학습을 해야 할 상황이었습니다. 무조건 특강이든, 수업이든 참석했습니다. 강의는 기본이지만 간간이 들려주시는 시사성 있는 멘트들은 웃음을 자아냈고, 봉사활동 등 말씀을 들으며 많이 배웠습니다. 공부야 시험 보고 나면 합격으로 끝나지만 인생은 오래가니까. 헌법 공부하시는 분들~ 명품을 믿고 그리고 추가 공부!

2013년 외무영사직
수강생

이번에 시험 보면서 교수님이 적중률이 정말 높다는 것을 새삼 실감했어요. 헌법이 어려웠다고 한 학생들은 처음 보는 게 많아서 그랬다고 하는데 저는 교수님 덕분에 처음 보는 문제는 하나도 없었던 거 같아요. 봤던 문제, 중요하다고 하셨던 문제가 다 나와서 시간 절약이 많이 된 과목이었어요. 정말 감사드립니다!

2013년 국가직 7급
일반행정직 합격
홍○○

2013년 외무영사직 수강생법 과목을 처음 접해본 저에게 채한태 박사님의 명품헌법은 그야말로 명쾌한 해답으로 다가왔습니다. 정확하고 깔끔한 강의! 합격생으로서 감히 여러분께 추천드립니다.

2013년 국가직 7급
일반행정직 합격
소○○

헌법은 당연히 100점을 맞고 합격했습니다. 합격하고 나서 생각해보니 헌법이란 과목을 채한태 박사님께 배운 것은 큰 행운이었습니다. 헌법은 화학과를 나온 저에게도 합격할 때까지 항상 효자 과목이었습니다. 박사님 감사합니다!

2013년 국가직
회계직 합격
김○○

제가 수험 2년차에 명품헌법을 처음 접하고 나서 "헌법이 쉽다"라고 감히 생각할 수 있었습니다. 풍부한 사례를 통해 추상적인 헌법을 생활 속에 숨 쉬게 해줍니다. 믿고 따라가신다면 합격의 전략과목 중 하나가 헌법이 될 것입니다. 꼭 합격하시길 바랍니다.

2013년 외무영사직 합격
신○○

법 공부를 처음 접했던 저에게 헌법은 굉장히 낯선 과목이었습니다. 채한태 쌤 수업을 들으면서 시사를 예로 들면서 명료하게 진행하시는 것을 느꼈고 헌법 공부를 재밌게 할 수 있었습니다. 더하여 언제나 합격할 수 있다는 자신감을 심어주신 쌤께 진심으로 감사드립니다. 명품헌법 + 채한태 쌤 강의를 통해 훌륭한 공무원이 되기 위한 첫걸음을 시작하시길 바라며, 합격을 기원합니다.

2013년 외무영사직 합격
임○○

수험공부를 하면서 가장 좋았던 책을 꼽으라면 고민 없이 명품헌법을 꼽을 수가 있습니다. 정리와 요약이 잘 되어 있고, 기출문제 표기도 들어 있어서 다른 책을 볼 필요가 없었습니다. 명품헌법 한 권에 단권화를 하여 시험 당일까지 들고 다니시면 무적의 파트너를 만난 기분이실 것입니다. 헌법 공부는 시작부터 마무리까지 명품헌법 한 권으로 잡아낼 수 있으니 걱정 마시고 명품헌법을 나만의 책으로 만들어 보세요.

2013년 국가직 7급
일반행정직 합격
심○○

명품헌법은 헌법을 처음 접하는 수험생도 체계적이고 효율적으로 공부할 수 있도록 합니다. 강의만 믿고 따라가시면 헌법 고득점은 보장되어 있습니다. 믿고 따라가십시오! 합격의 문이 열립니다!

2012년 7급년 국가직
일반행정직 합격
이○○

헌법은 단연 만점으로 합격했습니다. 비(非)법대생인 저도 이해하기 쉽고 체계적으로 공부할 수 있게 해준 명서입니다. 특히 기출표시는 2회독부터 그 진가를 발휘하더군요. 정말 유용했습니다. 명품헌법에 있던 문장들을 그대로 시험장에서 봤을 때의 그 희열을 잊지 못할 것입니다. 명품헌법! 경험한 만큼 자신 있게 추천드립니다.

# 합격자 추천 후기 | RECOMMEND

2012년 국가직 7급
세무직 합격
권○○

명품헌법 덕분에 저의 전략 과목이었던 헌법은 당연하게 100점 맞고 최종 합격하였습니다. 이해를 시켜주는 교재였기 때문에 처음 공부하는 헌법이 막막하지 않았고, 뜬구름 잡는 듯한 느낌이 없었습니다. 법 과목은 기본기가 중요하다는 것이 공부를 할수록 무슨 말인지 알겠더군요. 앞으로도 계속 예비 공무원들의 합격 길라잡이로서 명성을 이어나갈 것을 확신합니다.

2012년 서울시 7급
일반행정직 합격
박○○

9급 합격 후 이제 그만 현실에 안주하고 싶던 즈음에 친구의 권유로 박사님께 상담받고 조금 더 도전하자 스스로를 다독이며, 주저 없이 명품헌법을 선택하여 최종 합격까지 무난히 올 수 있었습니다. 돌이켜 생각해 보아도 정말 다행입니다. 처음 공부할 때와는 달리 목표의식이 다소 희박해졌을 때인데 명품헌법을 선택하고 시행착오 없이, 더불어 헌법 공부도 짧지만 강렬하게 할 수 있었습니다. 남들보다 빨리 헌법 고득점을 원하신다면 명품헌법 추천해 드립니다.

2010년 국가직 7급
세무직 합격
이○○

명품헌법은 헌법의 사용설명서다!! 헌법을 어디서부터 어떻게 시작해야 할지 모를 때 나의 지침서가 되어 주었기 때문에~ 기본서 위주로 공부한 나한테 꼭 맞는 맞춤서였습니다~ 쉽지만 속이 꽉 찬~ 단권화를 위한 필수 기본서!! 강추합니다~~^^

2010년 국가직 7급
세무직 합격
김○○

저는 처음부터 헌법은 시행착오 없이 바로 명품헌법으로 공부하였습니다. 기본서를 선택하기 위해 여러 가지 책을 살펴보고 강의도 청취해 보았습니다. 그중에서 명품헌법의 틀이 체계적으로 잡혀있었고, 헷갈리기 쉬운 것들이나 같이 묶어서 외우면 편리할 것들이 잘 정리되어 좋았습니다. 이 점에서는 명품헌법을 공부하신 분들은 누구나 인정하더군요. 그리고 다른 책들과는 달리 불필요하다고 생각되는 내용이 없더군요. 명품헌법 보시고 고득점하세요.

2010년 국가직 7급
세무직 합격
권○○

시간이 부족한 7급 수험생에게 헌법은 특히 효율적으로 공부할 필요성이 있는 과목입니다. 명품헌법은 난해한 법 이론과 법조문 및 판례가 보기 쉽게 집필되어 있으며, 사이사이에 핵심요약 정리가 되어 있어 공부하기 편리합니다. 명품헌법 교재와 함께 교수님의 명품 강의는 합격을 위한 필수죠! 간명하게 이해시켜 주신 뒤에 핵심정리 및 암기 공식을 제공. 그리고 매시간마다 치러지는 쪽지시험, 매주 있는 모의시험을 통해 헌법이 효자 과목이 되었던 것 같습니다.

2010년 비상계획관 합격
정○○

명품헌법 교재는 법 공부를 처음 공부하는 초학자도 단기간에 쉽게 이해할 수 있도록 정리가 잘 되어 있습니다. 시험 합격하는 데 큰 힘이 되어 준 명품 교재입니다.

2010년 비상계획관 합격
강○○

채한태 박사님 헌법 강의의 가장 큰 특징은 헌법을 처음 접한 사람도 박사님의 강의를 한 번만 들으면 자신감을 가지고 공부를 할 수 있도록 과목의 구성이 체계적이며, 단계적으로 헌법을 공부할 수 있도록 지도해 주시며, 무엇보다 어렵고 낯선 헌법 과목을 가장 이해하기 쉽게 가르치시며, 혼신의 불타는 열정을 가지고 한 가지라도 더 알려주고자 하는 대한민국 최고의 명품 강사이십니다. 박사님의 명품헌법 책자 발간을 다시 한번 축하드립니다.

# 차례 | CONTENTS

## 출제예상 부속법률


- 국적법 ········ 24
- 정당법 ········ 35
- 정치자금법 ········ 41
- 공직선거법 ········ 52
- 지방자치법 ········ 86
- 주민소환에 관한 법률 ········ 103
- 국가인권위원회법 ········ 108
- 집회 및 시위에 관한 법률 ········ 110
- 청원법 ········ 113
- 형사보상 및 명예회복에 관한 법률 ········ 119
- 범죄피해자 보호법 ········ 127
- 국민투표법 ········ 136
- 국회법 ········ 140
- 인사청문회법 ········ 177
- 국정감사 및 조사에 관한 법률 ········ 181

- 국회에서의 증언 · 감정 등에 관한 법률 ······ 184
- 사면법 ······ 187
- 계엄법 ······ 190
- 전직대통령 예우에 관한 법률 ······ 193
- 정부조직법 ······ 194
- 감사원법 ······ 204
- 선거관리위원회법 ······ 210
- 법원조직법 ······ 212
- 국민의 형사재판 참여에 관한 법률 ······ 222
- 헌법재판소법 ······ 226
- 난민법 ······ 239
- 국민보호와 공공안전을 위한 테러방지법 ······ 242
- 부정청탁 및 금품 등 수수의 금지에 관한 법률 ······ 246
- 대한민국헌법 ······ 254

명 | 품 | 헌 | 법

# 출제예상
# 부속법률

- 국적법
- 정당법
- 정치자금법
- 공직선거법
- 지방자치법
- 주민소환에 관한 법률
- 국가인권위원회법
- 집회 및 시위에 관한 법률
- 청원법
- 형사보상 및 명예회복에 관한 법률
- 범죄피해자 보호법
- 국민투표법
- 국회법
- 인사청문회법
- 국정감사 및 조사에 관한 법률
- 국회에서의 증언 · 감정 등에 관한 법률

채한태 법학박사의 **명품헌법 완전정복** 시리즈

- 사면법
- 계엄법
- 전직대통령 예우에 관한 법률
- 정부조직법
- 감사원법
- 선거관리위원회법
- 법원조직법
- 국민의 형사재판 참여에 관한 법률
- 헌법재판소법
- 난민법
- 국민보호와 공공안전을 위한 테러방지법
- 부정청탁 및 금품 등 수수의 금지에 관한 법률
- 대한민국헌법

출제예상 부속법률

# 국적법

제1조 【목적】 이 법은 대한민국의 국민이 되는 요건을 정함을 목적으로 한다.

제2조 【출생에 의한 국적 취득】 ① 다음 각 호의 어느 하나에 해당하는 자는 출생과 동시에 대한민국 국적(國籍)을 취득한다.

1. 출생 당시에 부(父) 또는 모(母)가 대한민국의 국민인 자
2. 출생하기 전에 부가 사망한 경우에는 그 사망 당시에 부가 대한민국의 국민이었던 자
3. 부모가 모두 분명하지 아니한 경우나 국적이 없는 경우에는 대한민국에서 출생한 자

★ ② 대한민국에서 발견된 기아(棄兒)는 대한민국에서 출생한 것으로 추정한다.

제3조 【인지에 의한 국적 취득】 ① 대한민국의 국민이 아닌 자(이하 "외국인"이라 한다)로서 대한민국의 국민인 부 또는 모에 의하여 인지(認知)된 자가 다음 각 호의 요건을 모두 갖추면 법무부장관에게 신고함으로써 대한민국 국적을 취득할 수 있다.

1. 대한민국의 「민법」상 미성년일 것
2. 출생 당시에 부 또는 모가 대한민국의 국민이었을 것

② 제1항에 따라 신고한 자는 그 신고를 한 때에 대한민국 국적을 취득한다.

③ 제1항에 따른 신고 절차와 그 밖에 필요한 사항은 대통령령으로 정한다.

제4조 【귀화에 의한 국적 취득】 ① 대한민국 국적을 취득한 사실이 없는 외국인은 법무부장관의 귀화허가(歸化許可)를 받아 대한민국 국적을 취득할 수 있다.

② 법무부장관은 귀화허가 신청을 받으면 제5조부터 제7조까지의 귀화 요건을 갖추었는지를 심사한 후 그 요건을 갖춘 사람에게만 귀화를 허가한다.

③ 제1항에 따라 귀화허가를 받은 사람은 법무부장관 앞에서 국민선서를 하고 귀화증서를 수여받은 때에 대한민국 국적을 취득한다. 다만, 법무부장관은 연령, 신체적・정신적 장애 등으로 국민선서의 의미를 이해할 수 없거나 이해한 것을 표현할 수 없다고 인정되는 사람에게는 국민선서를 면제할 수 있다.

④ 법무부장관은 제3항 본문에 따른 국민선서를 받고 귀화증서를 수여하는 업무와 같은 항 단서에 따른 국민선서의 면제 업무를 대통령령으로 정하는 바에 따라 지방출입국・외국인관서의 장에게 대행하게 할 수 있다.

⑤ 제1항부터 제4항까지에 따른 신청절차, 심사, 국민선서 및 귀화증서 수여와 그 대행 등에 관하여 필요한 사항은 대통령령으로 정한다.

★ **제5조 【일반귀화 요건】** 외국인이 귀화허가를 받기 위해서는 제6조나 제7조에 해당하는 경우 외에는 다음 각 호의 요건을 갖추어야 한다.

1. 5년 이상 계속하여 대한민국에 주소가 있을 것

1의2. 대한민국에서 영주할 수 있는 체류자격을 가지고 있을 것

2. 대한민국의 「민법」상 성년일 것
3. 법령을 준수하는 등 법무부령으로 정하는 품행 단정의 요건을 갖출 것
4. 자신의 자산이나 기능에 의하거나 생계를 같이하는 가족에 의존하여 생계를 유지할 능력이 있을 것
5. 국어능력과 대한민국의 풍습에 대한 이해 등 대한민국 국민으로서의 기본 소양을 갖추고 있을 것
6. 귀화를 허가하는 것이 국가안전보장·질서유지 또는 공공복리를 해치지 아니한다고 법무부장관이 인정할 것

**제6조 【간이귀화 요건】** ① 다음 각 호의 어느 하나에 해당하는 외국인으로서 대한민국에 3년 이상 계속하여 주소가 있는 사람은 제5조 제1호 및 제1호의2의 요건을 갖추지 아니하여도 귀화허가를 받을 수 있다.

1. 부 또는 모가 대한민국의 국민이었던 사람
2. 대한민국에서 출생한 사람으로서 부 또는 모가 대한민국에서 출생한 사람
3. 대한민국 국민의 양자로서 입양 당시 대한민국의 「민법」상 성년이었던 사람

② 배우자가 대한민국의 국민인 외국인으로서 다음 각 호의 어느 하나에 해당하는 사람은 제5조 제1호 및 제1호의2의 요건을 갖추지 아니하여도 귀화허가를 받을 수 있다.

★ 1. 그 배우자와 혼인한 상태로 대한민국에 2년 이상 계속하여 주소가 있는 사람

★ 2. 그 배우자와 혼인한 후 3년이 지나고 혼인한 상태로 대한민국에 1년 이상 계속하여 주소가 있는 사람

3. 제1호나 제2호의 기간을 채우지 못하였으나, 그 배우자와 혼인한 상태로 대한민국에 주소를 두고 있던 중 그 배우자의 사망이나 실종 또는 그 밖에 자신에게 책임이 없는 사유로 정상적인 혼인 생활을 할 수 없었던 사람으로서 제1호나 제2호의 잔여기간을 채웠고 법무부장관이 상당하다고 인정하는 사람
4. 제1호나 제2호의 요건을 충족하지 못하였으나, 그 배우자와의 혼인에 따라 출생한 미성년의 자를 양육하고 있거나 양육하여야 할 사람으로서 제1호나 제2호의 기간을 채웠고 법무부장관이 상당하다고 인정하는 사람

**제7조【특별귀화 요건】** ① 다음 각 호의 어느 하나에 해당하는 외국인으로서 대한민국에 주소가 있는 사람은 제5조 제1호·제1호의2·제2호 또는 제4호의 요건을 갖추지 아니하여도 귀화허가를 받을 수 있다.

1. 부 또는 모가 대한민국의 국민인 사람. 다만, 양자로서 대한민국의 「민법」상 성년이 된 후에 입양된 사람은 제외한다.

★2. 대한민국에 특별한 공로가 있는 사람

★3. 과학·경제·문화·체육 등 특정 분야에서 매우 우수한 능력을 보유한 사람으로서 대한민국의 국익에 기여할 것으로 인정되는 사람

② 제1항 제2호 및 제3호에 해당하는 사람을 정하는 기준 및 절차는 대통령령으로 정한다.

**제8조【수반 취득】** ① 외국인의 자(子)로서 대한민국의 「민법」상 미성년인 사람은 부 또는 모가 귀화허가를 신청할 때 함께 국적 취득을 신청할 수 있다.

② 제1항에 따라 국적 취득을 신청한 사람은 부 또는 모가 대한민국 국적을 취득한 때에 함께 대한민국 국적을 취득한다.

③ 제1항에 따른 신청절차와 그 밖에 필요한 사항은 대통령령으로 정한다.

**제9조【국적회복에 의한 국적 취득】** ① 대한민국의 국민이었던 외국인은 법무부장관의 국적회복허가(國籍回復許可)를 받아 대한민국 국적을 취득할 수 있다.

② 법무부장관은 국적회복허가 신청을 받으면 심사한 후 다음 각 호의 어느 하나에 해당하는 사람에게는 국적회복을 허가하지 아니한다.

1. 국가나 사회에 위해(危害)를 끼친 사실이 있는 사람
2. 품행이 단정하지 못한 사람
3. 병역을 기피할 목적으로 대한민국 국적을 상실하였거나 이탈하였던 사람
4. 국가안전보장·질서유지 또는 공공복리를 위하여 법무부장관이 국적회복을 허가하는 것이 적당하지 아니하다고 인정하는 사람

③ 제1항에 따라 국적회복허가를 받은 사람은 법무부장관 앞에서 국민선서를 하고 국적회복증서를 수여받은 때에 대한민국 국적을 취득한다. 다만, 법무부장관은 연령, 신체적·정신적 장애 등으로 국민선서의 의미를 이해할 수 없거나 이해한 것을 표현할 수 없다고 인정되는 사람에게는 국민선서를 면제할 수 있다.

④ 법무부장관은 제3항 본문에 따른 국민선서를 받고 국적회복증서를 수여하는 업무와 같은 항 단서에 따른 국민선서의 면제 업무를 대통령령으로 정하는 바에 따라 재외공관의 장 또는 지방출입국・외국인관서의 장에게 대행하게 할 수 있다.

⑤ 제1항부터 제4항까지에 따른 신청절차, 심사, 국민선서 및 국적회복증서 수여와 그 대행 등에 관하여 필요한 사항은 대통령령으로 정한다.

⑥ 국적회복허가에 따른 수반(隨伴) 취득에 관하여는 제8조를 준용(準用)한다.

제10조【국적 취득자의 외국 국적 포기 의무】① 대한민국 국적을 취득한 외국인으로서 외국 국적을 가지고 있는 자는 대한민국 국적을 취득한 날부터 1년 내에 그 외국 국적을 포기하여야 한다.

② 제1항에도 불구하고 다음 각 호의 어느 하나에 해당하는 자는 대한민국 국적을 취득한 날부터 1년 내에 외국 국적을 포기하거나 법무부장관이 정하는 바에 따라 대한민국에서 외국 국적을 행사하지 아니하겠다는 뜻을 법무부장관에게 서약하여야 한다.

1. 귀화허가를 받은 때에 제6조 제2항 제1호・제2호 또는 제7조 제1항 제2호・제3호의 어느 하나에 해당하는 사유가 있는 자
2. 제9조에 따라 국적회복허가를 받은 자로서 제7조 제1항 제2호 또는 제3호에 해당한다고 법무부장관이 인정하는 자
3. 대한민국의 「민법」상 성년이 되기 전에 외국인에게 입양된 후 외국 국적을 취득하고 외국에서 계속 거주하다가 제9조에 따라 국적회복허가를 받은 자
4. 외국에서 거주하다가 영주할 목적으로 만 65세 이후에 입국하여 제9조에 따라 국적회복허가를 받은 자
5. 본인의 뜻에도 불구하고 외국의 법률 및 제도로 인하여 제1항을 이행하기 어려운 자로서 대통령령으로 정하는 자

③ 제1항 또는 제2항을 이행하지 아니한 자는 그 기간이 지난 때에 대한민국 국적을 상실(喪失)한다.

제11조【국적의 재취득】① 제10조 제3항에 따라 대한민국 국적을 상실한 자가 그 후 1년 내에 그 외국 국적을 포기하면 법무부장관에게 신고함으로써 대한민국 국적을 재취득할 수 있다.

② 제1항에 따라 신고한 자는 그 신고를 한 때에 대한민국 국적을 취득한다.

③ 제1항에 따른 신고 절차와 그 밖에 필요한 사항은 대통령령으로 정한다.

제11조의2 【복수국적자의 법적 지위 등】 ① 출생이나 그 밖에 이 법에 따라 대한민국 국적과 외국 국적을 함께 가지게 된 사람으로서 대통령령으로 정하는 사람[이하 "복수국적자"(複數國籍者)라 한다]는 대한민국의 법령 적용에서 대한민국 국민으로만 처우한다.

② 복수국적자가 관계 법령에 따라 외국 국적을 보유한 상태에서 직무를 수행할 수 없는 분야에 종사하려는 경우에는 외국 국적을 포기하여야 한다.

③ 중앙행정기관의 장이 복수국적자를 외국인과 동일하게 처우하는 내용으로 법령을 제정 또는 개정하려는 경우에는 미리 법무부장관과 협의하여야 한다.

★ 제12조 【복수국적자의 국적선택의무】 ① 만 20세가 되기 전에 복수국적자가 된 자는 만 22세가 되기 전까지, 만 20세가 된 후에 복수국적자가 된 자는 그 때부터 2년 내에 제13조와 제14조에 따라 하나의 국적을 선택하여야 한다. 다만, 제10조 제2항에 따라 법무부장관에게 대한민국에서 외국 국적을 행사하지 아니하겠다는 뜻을 서약한 복수국적자는 제외한다.

★ ③ 직계존속(直系尊屬)이 외국에서 영주(永住)할 목적 없이 체류한 상태에서 출생한 자는 병역의무의 이행과 관련하여 다음 각 호의 어느 하나에 해당하는 경우에만 제14조에 따른 국적이탈신고를 할 수 있다.

1. 현역 · 상근예비역 · 보충역 또는 대체역으로 복무를 마치거나 마친 것으로 보게 되는 경우
2. 전시근로역에 편입된 경우
3. 병역면제처분을 받은 경우

| |
|---|
| 헌법불합치, 2016헌마889, 2020. 9. 24. 국적법(2016. 5. 29. 법률 제14183호로 개정된 것) 제12조 제2항 본문은 헌법에 합치되지 아니한다. 위 법률조항은 2022. 9. 30.을 시한으로 개정될 때까지 계속 적용된다. |

제13조 【대한민국 국적의 선택 절차】 ① 복수국적자로서 제12조 제1항 본문에 규정된 기간 내에 대한민국 국적을 선택하려는 자는 외국 국적을 포기하거나 법무부장관이 정하는 바에 따라 대한민국에서 외국 국적을 행사하지 아니하겠다는 뜻을 서약하고 법무부장관에게 대한민국 국적을 선택한다는 뜻을 신고할 수 있다.

② 복수국적자로서 제12조 제1항 본문에 규정된 기간 후에 대한민국 국적을 선택하려는 자는 외국 국적을 포기한 경우에만 법무부장관에게 대한민국 국적을 선택한다는 뜻을 신고할 수 있다. 다만, 제12조 제3항 제1호의 경우에 해당하는 자는 그 경우에 해당하는 때부터 2년 이내에는 제1항에서 정한 방식으로 대한민국 국적을 선택한다는 뜻을 신고할 수 있다.

③ 제1항 및 제2항 단서에도 불구하고 출생 당시에 모가 자녀에게 외국 국적을 취득하게 할 목적으로 외국에서 체류 중이었던 사실이 인정되는 자는 외국 국적을 포기한 경우에만 대한민국 국적을 선택한다는 뜻을 신고할 수 있다.

④ 제1항부터 제3항까지의 규정에 따른 신고의 수리(受理) 요건, 신고 절차, 그 밖에 필요한 사항은 대통령령으로 정한다.

**제14조【대한민국 국적의 이탈 요건 및 절차】** ① 복수국적자로서 외국 국적을 선택하려는 자는 외국에 주소가 있는 경우에만 주소지 관할 재외공관의 장을 거쳐 법무부장관에게 대한민국 국적을 이탈한다는 뜻을 신고할 수 있다. 다만, 제12조제2항 본문 또는 같은 조 제3항에 해당하는 자는 그 기간 이내에 또는 해당 사유가 발생한 때부터만 신고할 수 있다.

② 제1항에 따라 국적 이탈의 신고를 한 자는 법무부장관이 신고를 수리한 때에 대한민국 국적을 상실한다.

③ 제1항에 따른 신고 및 수리의 요건, 절차와 그 밖에 필요한 사항은 대통령령으로 정한다.

**제14조의2【대한민국 국적의 이탈에 관한 특례】** ① 제12조제2항 본문 및 제14조제1항 단서에도 불구하고 다음 각 호의 요건을 모두 충족하는 복수국적자는 「병역법」 제8조에 따라 병역준비역에 편입된 때부터 3개월 이내에 대한민국 국적을 이탈한다는 뜻을 신고하지 못한 경우 법무부장관에게 대한민국 국적의 이탈 허가를 신청할 수 있다.

1. 다음 각 목의 어느 하나에 해당하는 사람일 것
   가. 외국에서 출생한 사람(직계존속이 외국에서 영주할 목적 없이 체류한 상태에서 출생한 사람은 제외한다)으로서 출생 이후 계속하여 외국에 주된 생활의 근거를 두고 있는 사람
   나. 6세 미만의 아동일 때 외국으로 이주한 이후 계속하여 외국에 주된 생활의 근거를 두고 있는 사람
2. 제12조제2항 본문 및 제14조제1항 단서에 따라 병역준비역에 편입된 때부터 3개월 이내에 국적 이탈을 신고하지 못한 정당한 사유가 있을 것

② 법무부장관은 제1항에 따른 허가를 할 때 다음 각 호의 사항을 고려하여야 한다.

1. 복수국적자의 출생지 및 복수국적 취득경위
2. 복수국적자의 주소지 및 주된 거주지가 외국인지 여부
3. 대한민국 입국 횟수 및 체류 목적·기간
4. 대한민국 국민만이 누릴 수 있는 권리를 행사하였는지 여부

5. 복수국적으로 인하여 외국에서의 직업 선택에 상당한 제한이 있거나 이에 준하는 불이익이 있는지 여부
6. 병역의무 이행의 공평성과 조화되는지 여부

③ 제1항에 따른 허가 신청은 외국에 주소가 있는 복수국적자가 해당 주소지 관할 재외공관의 장을 거쳐 법무부장관에게 하여야 한다.

④ 제1항 및 제3항에 따라 국적의 이탈 허가를 신청한 사람은 법무부장관이 허가한 때에 대한민국 국적을 상실한다.

⑤ 제1항부터 제4항까지의 규정에 따른 신청자의 세부적인 자격기준, 허가 시의 구체적인 고려사항, 신청 및 허가 절차 등 필요한 사항은 대통령령으로 정한다.

**제14조의3【복수국적자에 대한 국적선택명령】** ① 법무부장관은 복수국적자로서 제12조제1항 또는 제2항에서 정한 기간 내에 국적을 선택하지 아니한 자에게 1년 내에 하나의 국적을 선택할 것을 명하여야 한다.

② 법무부장관은 복수국적자로서 제10조제2항, 제13조제1항 또는 같은 조 제2항 단서에 따라 대한민국에서 외국 국적을 행사하지 아니하겠다는 뜻을 서약한 자가 그 뜻에 현저히 반하는 행위를 한 경우에는 6개월 내에 하나의 국적을 선택할 것을 명할 수 있다.

③ 제1항 또는 제2항에 따라 국적선택의 명령을 받은 자가 대한민국 국적을 선택하려면 외국 국적을 포기하여야 한다.

④ 제1항 또는 제2항에 따라 국적선택의 명령을 받고도 이를 따르지 아니한 자는 그 기간이 지난 때에 대한민국 국적을 상실한다.

⑤ 제1항 및 제2항에 따른 국적선택의 절차와 제2항에 따른 서약에 현저히 반하는 행위 유형은 대통령령으로 정한다.

**제14조의4【대한민국 국적의 상실결정】** ① 법무부장관은 복수국적자가 다음 각 호의 어느 하나의 사유에 해당하여 대한민국의 국적을 보유함이 현저히 부적합하다고 인정하는 경우에는 청문을 거쳐 대한민국 국적의 상실을 결정할 수 있다. 다만, 출생에 의하여 대한민국 국적을 취득한 자는 제외한다.

1. 국가안보, 외교관계 및 국민경제 등에 있어서 대한민국의 국익에 반하는 행위를 하는 경우
2. 대한민국의 사회질서 유지에 상당한 지장을 초래하는 행위로서 대통령령으로 정하는 경우

② 제1항에 따른 결정을 받은 자는 그 결정을 받은 때에 대한민국 국적을 상실한다.

**제14조의5【복수국적자에 관한 통보의무 등】** ① 공무원이 그 직무상 복수국적자를 발견하면 지체 없이 법무부장관에게 그 사실을 통보하여야 한다.

② 공무원이 그 직무상 복수국적자 여부를 확인할 필요가 있는 경우에는 당사자에게 질문을 하거나 필요한 자료의 제출을 요청할 수 있다.

③ 제1항에 따른 통보 절차는 대통령령으로 정한다.

**제15조【외국 국적 취득에 따른 국적 상실】** ① 대한민국의 국민으로서 자진하여 외국 국적을 취득한 자는 그 외국 국적을 취득한 때에 대한민국 국적을 상실한다.

② 대한민국의 국민으로서 다음 각 호의 어느 하나에 해당하는 자는 그 외국 국적을 취득한 때부터 6개월 내에 법무부장관에게 대한민국 국적을 보유할 의사가 있다는 뜻을 신고하지 아니하면 그 외국 국적을 취득한 때로 소급(遡及)하여 대한민국 국적을 상실한 것으로 본다.

1. 외국인과의 혼인으로 그 배우자의 국적을 취득하게 된 자
2. 외국인에게 입양되어 그 양부 또는 양모의 국적을 취득하게 된 자
3. 외국인인 부 또는 모에게 인지되어 그 부 또는 모의 국적을 취득하게 된 자
4. 외국 국적을 취득하여 대한민국 국적을 상실하게 된 자의 배우자나 미성년의 자(子)로서 그 외국의 법률에 따라 함께 그 외국 국적을 취득하게 된 자

③ 외국 국적을 취득함으로써 대한민국 국적을 상실하게 된 자에 대하여 그 외국 국적의 취득일을 알 수 없으면 그가 사용하는 외국 여권의 최초 발급일에 그 외국 국적을 취득한 것으로 추정한다.

④ 제2항에 따른 신고 절차와 그 밖에 필요한 사항은 대통령령으로 정한다.

**제16조【국적상실자의 처리】** ① 대한민국 국적을 상실한 자(제14조에 따른 국적이탈의 신고를 한 자는 제외한다)는 법무부장관에게 국적상실신고를 하여야 한다.

② 공무원이 그 직무상 대한민국 국적을 상실한 자를 발견하면 지체 없이 법무부장관에게 그 사실을 통보하여야 한다.

③ 법무부장관은 그 직무상 대한민국 국적을 상실한 자를 발견하거나 제1항이나 제2항에 따라 국적상실의 신고나 통보를 받으면 가족관계등록 관서와 주민등록 관서에 통보하여야 한다.

④ 제1항부터 제3항까지의 규정에 따른 신고 및 통보의 절차와 그 밖에 필요한 사항은 대통령령으로 정한다.

제17조 【관보 고시】 ① 법무부장관은 대한민국 국적의 취득과 상실에 관한 사항이 발생하면 그 뜻을 관보에 고시(告示)하여야 한다.

② 제1항에 따라 관보에 고시할 사항은 대통령령으로 정한다.

제18조 【국적상실자의 권리 변동】 ① 대한민국 국적을 상실한 자는 국적을 상실한 때부터 대한민국의 국민만이 누릴 수 있는 권리를 누릴 수 없다.

② 제1항에 해당하는 권리 중 대한민국의 국민이었을 때 취득한 것으로서 양도(讓渡)할 수 있는 것은 그 권리와 관련된 법령에서 따로 정한 바가 없으면 3년 내에 대한민국의 국민에게 양도하여야 한다.

제19조 【법정대리인이 하는 신고 등】 이 법에 규정된 신청이나 신고와 관련하여 그 신청이나 신고를 하려는 자가 15세 미만이면 법정대리인이 대신하여 이를 행한다.

제20조 【국적 판정】 ① 법무부장관은 대한민국 국적의 취득이나 보유 여부가 분명하지 아니한 자에 대하여 이를 심사한 후 판정할 수 있다.

② 제1항에 따른 심사 및 판정의 절차와 그 밖에 필요한 사항은 대통령령으로 정한다.

제21조 【허가 등의 취소】 ① 법무부장관은 거짓이나 그 밖의 부정한 방법으로 귀화허가, 국적회복허가, 국적의 이탈 허가 또는 국적보유판정을 받은 자에 대하여 그 허가 또는 판정을 취소할 수 있다.

제22조 【국적심의위원회】 ① 국적에 관한 다음 각 호의 사항을 심의하기 위하여 법무부장관 소속으로 국적심의위원회(이하 "위원회"라 한다)를 둔다.

1. 제7조제1항제3호에 해당하는 특별귀화 허가에 관한 사항
2. 제14조의2에 따른 대한민국 국적의 이탈 허가에 관한 사항
3. 제14조의4에 따른 대한민국 국적의 상실 결정에 관한 사항
4. 그 밖에 국적업무와 관련하여 법무부장관이 심의를 요청하는 사항

② 법무부장관은 제1항제1호부터 제3호까지의 허가 또는 결정 전에 위원회의 심의를 거쳐야 한다. 다만, 요건을 충족하지 못하는 것이 명백한 경우 등 대통령령으로 정하는 사항은 그러하지 아니하다.

③ 위원회는 제1항 각 호의 사항을 효과적으로 심의하기 위하여 필요하다고 인정하는 경우 관계 행정기관의 장에게 자료의 제출 또는 의견의 제시를 요청하거나 관계인을 출석시켜 의견을 들을 수 있다.

제23조 【위원회의 구성 및 운영】 ① 위원회는 위원장 1명을 포함하여 30명 이내의 위원으로 구성한다.

② 위원장은 법무부차관으로 하고, 위원은 다음 각 호의 사람으로 한다.

1. 법무부 소속 고위공무원단에 속하는 공무원으로서 법무부장관이 지명하는 사람 1명
2. 대통령령으로 정하는 관계 행정기관의 국장급 또는 이에 상당하는 공무원 중에서 법무부장관이 지명하는 사람
3. 국적 업무와 관련하여 학식과 경험이 풍부한 사람으로서 법무부장관이 위촉하는 사람

③ 제2항제3호에 따른 위촉위원의 임기는 2년으로 하며, 한 번만 연임할 수 있다. 다만, 위원의 임기 중 결원이 생겨 새로 위촉하는 위원의 임기는 전임위원 임기의 남은 기간으로 한다.

④ 위원회의 회의는 제22조제1항의 안건별로 위원장이 지명하는 10명 이상 15명 이내의 위원이 참석하되, 제2항제3호에 따른 위촉위원이 과반수가 되도록 하여야 한다.

⑤ 위원회의 회의는 위원장 및 제4항에 따라 지명된 위원의 과반수의 출석으로 개의하고 출석위원 과반수의 찬성으로 의결한다.

⑥ 위원회의 사무를 처리하기 위하여 간사 1명을 두되, 간사는 위원장이 지명하는 일반직공무원으로 한다.

⑦ 위원회의 업무를 효율적으로 수행하기 위하여 위원회에 분야별로 분과위원회를 둘 수 있다.

⑧ 제1항부터 제7항까지의 규정에서 정하는 사항 외에 위원회의 구성 및 운영에 필요한 사항은 대통령령으로 정한다.

제25조 【관계 기관 등의 협조】 ① 법무부장관은 국적업무 수행에 필요하면 관계 기관의 장이나 관련 단체의 장에게 자료 제출, 사실 조사, 신원 조회, 의견 제출 등의 협조를 요청할 수 있다.

② 법무부장관은 국적업무를 수행하기 위하여 관계 기관의 장에게 다음 각 호의 정보 제공을 요청할 수 있다.

1. 범죄경력정보
2. 수사경력정보
3. 외국인의 범죄처분결과정보
4. 여권발급정보
5. 주민등록정보

6. 가족관계등록정보
7. 병적기록 등 병역관계정보
8. 납세증명서

③ 제1항 및 제2항에 따른 협조 요청 또는 정보 제공 요청을 받은 관계 기관의 장이나 관련 단체의 장은 정당한 사유가 없으면 요청에 따라야 한다.

출제예상 부속법률

# 정당법

## 제1장 총 칙

제1조 【목적】 이 법은 정당이 국민의 정치적 의사형성에 참여하는 데 필요한 조직을 확보하고 정당의 민주적인 조직과 활동을 보장함으로써 민주정치의 건전한 발전에 기여함을 목적으로 한다.

제2조 【정의】 이 법에서 "정당"이라 함은 국민의 이익을 위하여 책임있는 정치적 주장이나 정책을 추진하고 공직선거의 후보자를 추천 또는 지지함으로써 국민의 정치적 의사형성에 참여함을 목적으로 하는 국민의 자발적 조직을 말한다.

제3조 【구성】 정당은 수도에 소재하는 중앙당과 특별시·광역시·도에 각각 소재하는 시·도당(이하 "시·도당"이라 한다)으로 구성한다.

## 제2장 정당의 성립

★ 제4조 【성립】 ① 정당은 중앙당이 중앙선거관리위원회에 등록함으로써 성립한다.

② 제1항의 등록에는 제17조 【법정시·도당수】 및 제18조 【시·도당의 법정당원수】의 요건을 구비하여야 한다.

제5조 【창당준비위원회】 정당의 창당활동은 발기인으로 구성하는 창당준비위원회가 이를 한다.

★ 제6조 【발기인】 창당준비위원회는 중앙당의 경우에는 200명 이상의, 시·도당의 경우에는 100명 이상의 발기인으로 구성한다.

제17조 【법정시·도당수】 정당은 5 이상의 시·도당을 가져야 한다.

★ 제18조 【시·도당의 법정당원수】 ① 시·도당은 1천인 이상의 당원을 가져야 한다.

② 제1항의 규정에 의한 법정당원수에 해당하는 수의 당원은 당해 시·도당의 관할구역 안에 주소를 두어야 한다.

## 제3장 정당의 합당

제19조【합당】① 정당이 새로운 당명으로 합당(이하 "신설합당"이라 한다)하거나 다른 정당에 합당(이하 "흡수합당"이라 한다)될 때에는 합당을 하는 정당들의 대의기관이나 그 수임기관의 합동회의의 결의로써 합당할 수 있다.

② 정당의 합당은 제20조【합당된 경우의 등록신청】제1항 · 제2항 및 제4항의 규정에 의하여 중앙선거관리위원회에 등록 또는 신고함으로써 성립한다. 다만, 정당이 「공직선거법」 제2조【적용범위】의 규정에 의한 선거(이하 "공직선거"라 한다)의 후보자등록신청개시일부터 선거일까지의 사이에 합당된 때에는 선거일 후 20일에 그 효력이 발생한다.

③ 제1항 및 제2항의 규정에 의하여 정당의 합당이 성립한 경우에는 그 소속 시 · 도당도 합당한 것으로 본다. 다만, 신설합당인 경우에는 합당등록신청일부터 3월 이내에 시 · 도당 개편대회를 거쳐 변경등록신청을 하여야 한다.

④ 신설합당된 정당이 제3항 단서의 규정에 의한 기간 이내에 변경등록신청을 하지 아니한 경우에는 그 기간만료일의 다음 날에 당해 시 · 도당은 소멸된 것으로 본다.

⑤ 합당으로 신설 또는 존속하는 정당은 합당 전 정당의 권리 · 의무를 승계한다.

제21조【합당된 경우의 당원】제19조【합당】의 규정에 의한 합당의 경우 합당 전 정당의 당원은 합당된 정당의 당원이 된다. 이 경우 합당 전의 입당원서는 합당된 정당의 입당원서로 본다.

## 제4장 정당의 입당 · 탈당

★ 제22조【발기인 및 당원의 자격】① 16세 이상의 국민은 공무원 그 밖에 그 신분을 이유로 정당가입이나 정치활동을 금지하는 다른 법령의 규정에 불구하고 누구든지 정당의 발기인 및 당원이 될 수 있다. 다만, 다음 각 호의 어느 하나에 해당하는 자는 그러하지 아니하다.

1. 「국가공무원법」 제2조【공무원의 구분】 또는 「지방공무원법」 제2조(공무원의 구분)에 규정된 공무원. 다만, 대통령, 국무총리, 국무위원, 국회의원, 지방의회의원, 선거에 의하여 취임하는 지방자치단체의 장, 국회 부의장의 수석비서관 · 비서관 · 비서 · 행정보조요원, 국회 상임위원회 · 예산결산특별위원회 · 윤리특별위원회 위원장의 행정보조요원, 국회의원의 보좌관 · 비서관 · 비서, 국회 교섭단체대표의원의 행정비서관, 국회 교섭단체의 정책연구위원 · 행정보조요원과 「고등교육법」 제14조(교직원

의 구분)제1항 · 제2항에 따른 교원은 제외한다.

2. 「고등교육법」 제14조제1항 · 제2항에 따른 교원을 제외한 사립학교의 교원

3. 법령의 규정에 의하여 공무원의 신분을 가진 자

4. 「공직선거법」 제18조제1항에 따른 선거권이 없는 사람

② 대한민국 국민이 아닌 자는 당원이 될 수 없다.

## 제5장 정당의 운영

★ **제30조 【정당의 유급사무직원수 제한】** ① 정당에 둘 수 있는 유급사무직원은 중앙당에는 100명을 초과할 수 없으며, 시 · 도당에는 총 100인 이내에서 각 시 · 도당별로 중앙당이 정한다.

② 중앙선거관리위원회는 정당이 제1항에 규정된 유급사무직원수를 초과한 경우에는 다음 연도에 「정치자금법」 제25조 제4항에 따라 지급하는 경상보조금에서 당해 정당의 유급사무직원의 연간 평균인건비에 초과한 유급사무직원수를 곱한 금액을 감액한다.

**제32조 【서면결의의 금지】** ① 대의기관의 결의와 소속 국회의원의 제명에 관한 결의는 서면이나 대리인에 의하여 의결할 수 없다.

② 대의기관의 결의는 「전자서명법」 제2조제2호에 따른 전자서명을 통하여도 의결할 수 있으며, 그 구체적인 방법은 당헌으로 정한다.

★ **제33조 【정당소속 국회의원의 제명】** 정당이 그 소속 국회의원을 제명하기 위해서는 당헌이 정하는 절차를 거치는 외에 그 소속 국회의원 전원의 2분의 1 이상의 찬성이 있어야 한다.

**제36조의2 【비례대표국회의원선거의 후보자추천】** 정당이 「공직선거법」 제47조제1항 및 제2항에 따라 비례대표국회의원선거의 후보자를 추천하는 경우에는 당헌 · 당규 또는 그 밖의 내부규약 등으로 정하는 바에 따라 민주적 절차를 거쳐 추천할 후보자를 결정한다.

## 제6장 정당활동의 보장

**제37조 【활동의 자유】** ① 정당은 헌법과 법률에 의하여 활동의 자유를 가진다.

② 정당이 특정 정당이나 공직선거의 후보자(후보자가 되고자 하는 자를 포함한다)를 지지 · 추천하거나 반대함이 없이 자당의 정책이나 정치적 현안에 대한 입장을 인쇄물 · 시

설물·광고 등을 이용하여 홍보하는 행위와 당원을 모집하기 위한 활동(호별방문을 제외한다)은 통상적인 정당활동으로 보장되어야 한다.

★ ③ 정당은 국회의원지역구 및 자치구·시·군, 읍·면·동별로 당원협의회를 둘 수 있다. 다만, 누구든지 시·도당 하부조직의 운영을 위하여 당원협의회 등의 사무소를 둘 수 없다.

**제38조【정책연구소의 설치·운영】** ①「정치자금법」 제27조【보조금의 배분】의 규정에 의한 보조금 배분대상정당(이하 "보조금 배분대상정당"이라 한다)은 정책의 개발·연구활동을 촉진하기 위하여 중앙당에 별도 법인으로 정책연구소(이하 "정책연구소"라 한다)를 설치·운영하여야 한다.

② 국가는 정책연구소의 활동을 지원할 수 있다.

**제39조【정책토론회】** ①「공직선거법」 제8조의7【선거방송토론위원회】의 규정에 의한 중앙선거방송토론위원회는 보조금 배분대상정당이 방송을 통하여 정강·정책을 알릴 수 있도록 하기 위하여 임기만료에 의한 공직선거(대통령의 궐위로 인한 선거 및 재선거를 포함한다)의 선거일 전 90일(대통령의 궐위로 인한 선거 및 재선거에 있어서는 그 선거의 실시사유가 확정된 날)부터 선거일까지를 제외한 기간 중 연 2회 이상 중앙당의 대표자·정책연구소의 소장 또는 중앙당의 대표자가 지정하는 자를 초청하여 정책토론회(이하 "정책토론회"라 한다)를 개최하여야 한다.

② 공영방송사(한국방송공사와 「방송문화진흥회법」에 의한 방송문화진흥회가 최다 출자자인 방송사업자를 말한다. 이하 이 조에서 같다)는 정책토론회를 당해 텔레비전방송을 통하여 중계방송하여야 하며, 그 비용은 공영방송사가 부담한다.

③「공직선거법」 제82조의2【선거방송토론위원회 주관 대담·토론회】 제7항 내지 제9항·제12항 및 제13항의 규정은 정책토론회에 이를 준용한다. 이 경우 "대담·토론회"는 "정책토론회"로, "각급 선거방송토론위원회"는 "중앙선거방송토론위원회"로 본다.

④ 정책토론회의 개최·진행 및 고지 그 밖에 필요한 사항은 중앙선거관리위원회규칙으로 정한다.

**제39조의2【정책선거 활성화를 위한 공익광고】** ①「방송법」에 따른 지상파방송사는 임기만료에 의한 공직선거가 실시되는 연도에 정책선거 활성화를 위한 공익광고를 5회 이상 중앙선거관리위원회규칙으로 정하는 시간대에 하여야 하며, 그 비용은 해당 방송사가 부담한다.

② 제1항의 공익광고를 위하여 「방송광고판매대행 등에 관한 법률」에 따른 한국방송광

고진흥공사(이하 이 조에서 "한국방송광고진흥공사"라 한다)는 그 부담으로 방송광고물을 제작하여 1회 이상 지상파방송사에 제공하여야 한다.

③ 한국방송광고진흥공사는 제2항에 따른 방송광고물을 제작하고자 하는 때에는 그 방송광고의 주제에 관하여 중앙선거관리위원회와 협의하여야 한다.

★ 제40조 【대체정당의 금지】 정당이 헌법재판소의 결정으로 해산된 때에는 해산된 정당의 강령(또는 기본정책)과 동일하거나 유사한 것으로 정당을 창당하지 못한다.

제41조 【유사명칭 등의 사용금지】 ① 이 법에 의하여 등록된 정당이 아니면 그 명칭에 정당임을 표시하는 문자를 사용하지 못한다.

② 헌법재판소의 결정에 의하여 해산된 정당의 명칭과 같은 명칭은 정당의 명칭으로 다시 사용하지 못한다.

③ 창당준비위원회 및 정당의 명칭(약칭을 포함한다)은 이미 신고된 창당준비위원회 및 등록된 정당이 사용 중인 명칭과 뚜렷이 구별되어야 한다.

④ 제44조 【등록의 취소】 제1항의 규정에 의하여 등록취소된 정당의 명칭과 같은 명칭은 등록취소된 날부터 최초로 실시하는 임기만료에 의한 국회의원선거의 선거일까지 정당의 명칭으로 사용할 수 없다. 헌재 2014.1.28, 2012헌마431 ; 위헌결정

제42조 【강제입당 등의 금지】 ① 누구든지 본인의 자유의사에 의하는 승낙 없이 정당가입 또는 탈당을 강요당하지 아니한다. 다만, 당원의 제명처분은 그러하지 아니하다.

② 누구든지 2 이상의 정당의 당원이 되지 못한다.

제43조 【비밀엄수의 의무】 각급 선거관리위원회 위원과 직원은 재직 중은 물론 퇴직후라도 직무상의 비밀을 엄수하여야 한다.

## 제7장 정당의 소멸

★ 제44조 【등록의 취소】 ① 정당이 다음 각 호의 어느 하나에 해당하는 때에는 당해 선거관리위원회는 그 등록을 취소한다.

1. 제17조 【법정시·도당수】 및 제18조 【시·도당의 법정당원수】의 요건을 구비하지 못하게 된 때. 다만, 요건의 흠결이 공직선거의 선거일 전 3월 이내에 생긴 때에는 선거일 후 3월까지, 그 외의 경우에는 요건흠결시부터 3월까지 그 취소를 유예한다.
2. 최근 4년간 임기만료에 의한 국회의원선거 또는 임기만료에 의한 지방자치단체의 장선거나 시·도의회의원선거에 참여하지 아니한 때

3. 임기만료에 의한 국회의원선거에 참여하여 의석을 얻지 못하고 유효투표총수의 100분의 2 이상을 득표하지 못한 때

정당법 제44조 제1항 제3호 위헌 ; 헌재 2014.1.28, 2012헌마431 결정

② 제1항의 규정에 의하여 등록을 취소한 때에는 당해 선거관리위원회는 지체 없이 그 뜻을 공고하여야 한다.

**제45조【자진해산】** ① 정당은 그 대의기관의 결의로써 해산할 수 있다.

② 제1항의 규정에 의하여 정당이 해산한 때에는 그 대표자는 지체 없이 그 뜻을 관할 선거관리위원회에 신고하여야 한다.

**제46조【시・도당 창당승인의 취소】** 중앙당 또는 그 창당준비위원회는 시・도당 창당승인에 대한 취소사유와 절차를 당헌 또는 창당준비위원회 규약에 정하여야 하며, 당헌 또는 규약에서 정한 외의 사유로 창당승인을 취소하는 때에는 중앙당 또는 그 창당준비위원회의 대의기관에서 투표로 결정하여야 한다.

**제47조【해산공고 등】** 제45조【자진해산】의 신고가 있거나 헌법재판소의 해산결정의 통지나 중앙당 또는 그 창당준비위원회의 시・도당 창당승인의 취소통지가 있는 때에는 당해 선거관리위원회는 그 정당의 등록을 말소하고 지체 없이 그 뜻을 공고하여야 한다.

**제48조【해산된 경우 등의 잔여재산 처분】** ① 정당이 제44조【등록의 취소】제1항의 규정에 의하여 등록이 취소되거나 제45조【자진해산】의 규정에 의하여 자진해산한 때에는 그 잔여재산은 당헌이 정하는 바에 따라 처분한다.

② 제1항의 규정에 의하여 처분되지 아니한 정당의 잔여재산 및 헌법재판소의 해산결정에 의하여 해산된 정당의 잔여재산은 국고에 귀속한다.

출제예상 부속법률

# 정치자금법

## 제1장 총칙

**제1조 【목적】** 이 법은 정치자금의 적정한 제공을 보장하고 그 수입과 지출내역을 공개하여 투명성을 확보하며 정치자금과 관련한 부정을 방지함으로써 민주정치의 건전한 발전에 기여함을 목적으로 한다.

**제2조 【기본원칙】** ① 누구든지 이 법에 의하지 아니하고는 정치자금을 기부하거나 받을 수 없다.

② 정치자금은 국민의 의혹을 사는 일이 없도록 공명정대하게 운용되어야 하고, 그 회계는 공개되어야 한다.

③ 정치자금은 정치활동을 위하여 소요되는 경비로만 지출하여야 하며, 사적 경비로 지출하거나 부정한 용도로 지출하여서는 아니된다. 이 경우 "사적 경비"라 함은 다음 각 호의 어느 하나의 용도로 사용하는 경비를 말한다.

1. 가계의 지원·보조
2. 개인적인 채무의 변제 또는 대여
3. 향우회·동창회·종친회, 산악회 등 동호인회, 계모임 등 개인간의 사적 모임의 회비 그 밖의 지원경비
4. 개인적인 여가 또는 취미활동에 소요되는 비용

④ 이 법에 의하여 1회 120만원을 초과하여 정치자금을 기부하는 자와 다음 각 호에 해당하는 금액을 초과하여 정치자금을 지출하는 자는 수표나 신용카드·예금계좌입금 그 밖에 실명이 확인되는 방법으로 기부 또는 지출하여야 한다. 다만, 현금으로 연간 지출할 수 있는 정치자금은 연간 지출총액의 100분의 20(선거비용은 선거비용제한액의 100분의 10)을 초과할 수 없다.

1. 선거비용 외의 정치자금 : 50만원. 다만, 공직선거의 후보자·예비후보자의 정치자금은 20만원
2. 선거비용 : 20만원

⑤ 누구든지 타인의 명의나 가명으로 정치자금을 기부할 수 없다.

**제3조 【정의】** 이 법에서 사용하는 용어의 정의는 다음과 같다. 〈개정 2016. 3. 3.〉

1. 정치자금의 종류는 다음 각 목과 같다.

가. 당비
나. 후원금
다. 기탁금
라. 보조금
마. 정당의 당헌·당규 등에서 정한 부대수입
바. 정치활동을 위하여 정당(중앙당창당준비위원회를 포함한다), 「공직선거법」에 따른 후보자가 되려는 사람, 후보자 또는 당선된 사람, 후원회·정당의 간부 또는 유급사무직원, 그 밖에 정치활동을 하는 사람에게 제공되는 금전이나 유가증권 또는 그 밖의 물건
사. 바목에 열거된 사람(정당 및 중앙당창당준비위원회를 포함한다)의 정치활동에 소요되는 비용

2. "기부"라 함은 정치활동을 위하여 개인 또는 후원회 그 밖의 자가 정치자금을 제공하는 일체의 행위를 말한다. 이 경우 제3자가 정치활동을 하는 자의 정치활동에 소요되는 비용을 부담하거나 지출하는 경우와 금품이나 시설의 무상대여, 채무의 면제·경감 그 밖의 이익을 제공하는 행위 등은 이를 기부로 본다.
3. "당비"라 함은 명목여하에 불구하고 정당의 당헌·당규 등에 의하여 정당의 당원이 부담하는 금전이나 유가증권 그 밖의 물건을 말한다.
4. "후원금"이라 함은 이 법의 규정에 의하여 후원회에 기부하는 금전이나 유가증권 그 밖의 물건을 말한다.
5. "기탁금"이라 함은 정치자금을 정당에 기부하고자 하는 개인이 이 법의 규정에 의하여 선거관리위원회에 기탁하는 금전이나 유가증권 그 밖의 물건을 말한다.
6. "보조금"이라 함은 정당의 보호·육성을 위하여 국가가 정당에 지급하는 금전이나 유가증권을 말한다.
7. "후원회"라 함은 이 법의 규정에 의하여 정치자금의 기부를 목적으로 설립·운영되는 단체로서 관할 선거관리위원회에 등록된 단체를 말한다.
8. 공직선거와 관련한 용어의 정의는 다음과 같다.
가. "공직선거"라 함은 「공직선거법」 제2조(적용범위)의 규정에 의한 선거를 말한다.
나. "공직선거의 후보자"라 함은 「공직선거법」 제49조(후보자등록 등)의 규정에 의하여 관할 선거구선거관리위원회에 등록된 자를 말한다.

다. “공직선거의 예비후보자”라 함은 「공직선거법」 제60조의2(예비후보자등록)의 규정에 의하여 관할 선거구선거관리위원회에 등록된 자를 말한다.

라. “비례대표지방의회의원”이라 함은 비례대표시·도의회의원 및 비례대표자치구·시·군의회의원을 말한다.

마. “정당선거사무소”라 함은 「공직선거법」 제61조의2(정당선거사무소의 설치)의 규정에 의한 정당선거사무소를 말한다.

바. “선거사무소”·“선거연락소”라 함은 각각 「공직선거법」 제63조(선거운동기구 및 선거사무관계자의 신고)의 규정에 의한 선거사무소·선거연락소를 말한다.

사. “선거사무장”·“선거연락소장”이라 함은 각각 「공직선거법」 제63조의 규정에 의한 선거사무장·선거연락소장을 말한다.

아. “선거비용”이라 함은 「공직선거법」 제119조(선거비용 등의 정의)의 규정에 의한 선거비용을 말한다.

자. “선거비용제한액”이라 함은 「공직선거법」 제122조(선거비용제한액의 공고)의 규정에 의하여 관할 선거구선거관리위원회가 공고한 당해 선거(선거구가 있는 때에는 그 선거구)의 선거비용제한액을 말한다.

## 제3장 후원회

제6조 **【후원회지정권자】** 다음 각 호에 해당하는 자(이하 “후원회지정권자”라 한다)는 각각 하나의 후원회를 지정하여 둘 수 있다. 〈개정 2008. 2. 29., 2010. 1. 25., 2016. 1. 15., 2017. 6. 30., 2021. 1. 5., 2024. 2. 20.〉

1. 중앙당(중앙당창당준비위원회를 포함한다)
2. 국회의원(국회의원선거의 당선인을 포함한다)

   2의2. 지방의회의원(지방의회의원선거의 당선인을 포함한다)

   2의3. 대통령선거의 후보자 및 예비후보자(이하 “대통령후보자등”이라 한다)
3. 정당의 대통령선거후보자 선출을 위한 당내경선후보자(이하 “대통령선거경선후보자”라 한다)
4. 지역선거구(이하 “지역구”라 한다)국회의원선거의 후보자 및 예비후보자(이하 “국회의원후보자등”이라 한다). 다만, 후원회를 둔 국회의원의 경우에는 그러하지 아니하다.

5. 중앙당 대표자 및 중앙당 최고 집행기관(그 조직형태와 관계없이 당헌으로 정하는 중앙당 최고 집행기관을 말한다)의 구성원을 선출하기 위한 당내경선후보자(이하 "당대표경선후보자등"이라 한다)
6. 지역구지방의회의원선거의 후보자 및 예비후보자(이하 "지방의회의원후보자등"이라 한다). 다만, 후원회를 둔 지방의회의원의 경우에는 그러하지 아니하다.
7. 지방자치단체의 장선거의 후보자 및 예비후보자(이하 "지방자치단체장후보자등"이라 한다)

**제12조【후원회의 모금·기부한도】** ① 후원회가 연간 모금할 수 있는 한도액(이하 "연간 모금한도액"이라 하고, 전년도 연간 모금한도액을 초과하여 모금한 금액을 포함한다)은 다음 각 호와 같다. 다만, 신용카드·예금계좌·전화 또는 인터넷전자결제시스템 등에 의한 모금으로 부득이하게 연간 모금한도액을 초과하게 된 때에는 연간 모금한도액의 100분의 20의 범위에서 그러하지 아니하되, 그 이후에는 후원금을 모금할 수 없다. 〈개정 2006. 3. 2., 2008. 2. 29., 2010. 1. 25., 2016. 1. 15., 2017. 6. 30., 2021. 1. 5., 2024. 2. 20.〉

1. 중앙당후원회는 중앙당창당준비위원회후원회가 모금한 후원금을 합하여 50억원
2. 삭제 〈2008. 2. 29.〉
3. 대통령후보자등후원회·대통령선거경선후보자후원회는 각각 선거비용제한액의 100분의 5에 해당하는 금액(후원회지정권자가 동일인인 대통령후보자등후원회는 합하여 선거비용제한액의 100분의 5에 해당하는 금액)
4. 국회의원·국회의원후보자등 및 당대표경선후보자등의 후원회는 각각 1억5천만원(후원회지정권자가 동일인인 국회의원후보자등후원회는 합하여 1억5천만원)
5. 지방의회의원후원회 및 지방의회의원후보자등후원회는 다음 각 목의 구분에 따른 금액(후원회지정권자가 동일인인 지방의회의원후보자등후원회는 합하여 다음 각 목의 구분에 따른 금액)
   가. 시·도의회의원후원회 및 지역구시·도의회의원선거 후보자·예비후보자의 후원회는 각각 5천만원
   나. 자치구·시·군의회의원후원회 및 지역구자치구·시·군의회의원선거 후보자·예비후보자의 후원회는 각각 3천만원
6. 지방자치단체장후보자등후원회는 선거비용제한액의 100분의 50에 해당하는 금액(후원회지정권자가 동일인인 지방자치단체장후보자등후원회는 합하여 선거비용제한액의 100분의 50에 해당하는 금액)

② 후원회가 해당 후원회지정권자에게 연간 기부할 수 있는 한도액(이하 "연간 기부한도액"이라 한다)은 제1항의 규정에 의한 연간 모금한도액과 같은 금액으로 한다. 다만, 부득이하게 해당 연도(대통령후보자등·대통령선거경선후보자·당대표경선후보자등·국회의원후보자등·지방의회의원후보자등 및 지방자치단체장후보자등의 후원회는 해당 후원회를 둘 수 있는 기간을 말한다)에 후원회지정권자에게 기부하지 못한 때에는 제40조(회계보고)제1항에 따른 회계보고[국회의원후원회 및 지방의회의원후원회는 12월 31일 현재의 회계보고를, 후원회가 해산한 때에는 제40조(회계보고)제2항에 따른 회계보고를 말한다]를 하는 때까지 기부할 수 있다. 〈개정 2010. 1. 25., 2016. 1. 15., 2021. 1. 5., 2024. 2. 20.〉

③ 후원회가 모금한 후원금이 연간 기부한도액을 초과하는 때에는 다음 연도에 이월하여 기부할 수 있다.

④ 제19조(후원회의 해산 등)의 규정에 의하여 후원회가 해산된 후 후원회지정권자가 같은 종류의 새로운 후원회를 두는 경우 그 새로운 후원회가 모금·기부할 수 있는 후원금은 당해 후원회의 연간 모금·기부한도액에서 종전의 후원회가 모금·기부한 후원금을 공제한 금액으로 한다.

제20조【후원회의 합병 등】① 「정당법」 제19조에 따라 정당이 신설합당하거나 흡수합당하는 경우에는 각 후원회의 대의기관이나 수임기관의 합동회의의 합병결의 또는 대의기관이나 수임기관의 존속결의로써 신설 또는 흡수하는 정당의 후원회로 존속할 수 있다. 이 경우 각 후원회는 제7조제4항에 따른 변경등록신청을 하여야 한다.

② 제1항에 따른 합병으로 신설 또는 존속하는 후원회는 합병 전 후원회의 권리·의무를 승계한다.

③ 제1항에 따라 존속하는 후원회의 모금·기부 한도액, 그 밖에 필요한 사항은 중앙선거관리위원회규칙으로 정한다. [본조신설 2017. 6. 30.]

## 제5장 국고보조금

제25조【보조금의 계상】① 국가는 정당에 대한 보조금으로 최근 실시한 임기만료에 의한 국회의원선거의 선거권자 총수에 보조금 계상단가를 곱한 금액을 매년 예산에 계상하여야 한다. 이 경우 임기만료에 의한 국회의원선거의 실시로 선거권자 총수에 변경이 있는 때에는 당해 선거가 종료된 이후에 지급되는 보조금은 변경된 선거권자 총수를 기준으로 계상하여야 한다. 〈개정 2008. 2. 29.〉

② 대통령선거, 임기만료에 의한 국회의원선거 또는 「공직선거법」 제203조(동시선거의 범위와 선거일)제1항의 규정에 의한 동시지방선거가 있는 연도에는 각 선거(동시지방선거는 하나의 선거로 본다)마다 보조금 계상단가를 추가한 금액을 제1항의 기준에 의하여 예산에 계상하여야 한다. 〈개정 2008. 2. 29.〉

③ 제1항 및 제2항에 따른 보조금 계상단가는 전년도 보조금 계상단가에 「통계법」 제3조에 따라 통계청장이 매년 고시하는 전전년도와 대비한 전년도 전국소비자물가변동률을 적용하여 산정한 금액을 증감한 금액으로 한다. 〈신설 2008. 2. 29.〉

④ 중앙선거관리위원회는 제1항의 규정에 의한 보조금(이하 "경상보조금"이라 한다)은 매년 분기별로 균등분할하여 정당에 지급하고, 제2항의 규정에 의한 보조금(이하 "선거보조금"이라 한다)은 당해 선거의 후보자등록마감일 후 2일 이내에 정당에 지급한다. 〈개정 2008. 2. 29.〉

**제26조 【공직후보자 여성추천보조금】** ① 국가는 임기만료에 의한 지역구국회의원선거, 지역구시・도의회의원선거 및 지역구자치구・시・군의회의원선거에서 여성후보자를 추천하는 정당에 지급하기 위한 보조금(이하 "여성추천보조금"이라 한다)으로 최근 실시한 임기만료에 의한 국회의원선거의 선거권자 총수에 100원을 곱한 금액을 임기만료에 의한 국회의원선거, 시・도의회의원선거 또는 자치구・시・군의회의원선거가 있는 연도의 예산에 계상하여야 한다. 〈개정 2006. 4. 28.〉

② 여성추천보조금은 제1항에 따른 선거에서 여성후보자를 추천한 정당에 대하여 다음 각 호에 따라 배분・지급한다. 이 경우 지역구시・도의회의원선거와 지역구자치구・시・군의회의원선거에서의 여성추천보조금은 제1항에 따라 해당 연도의 예산에 계상된 여성추천보조금의 100분의 50을 각 선거의 여성추천보조금 총액으로 한다. 〈개정 2022. 4. 20., 2024. 1. 2.〉

1. 여성후보자를 전국지역구총수의 100분의 40 이상 추천한 정당에는 여성추천보조금 총액의 100분의 40을 다음 기준에 따라 배분・지급한다.
   가. 배분대상 여성추천보조금 총액의 100분의 40: 지급 당시 정당별 국회의석수의 비율
   나. 배분대상 여성추천보조금 총액의 100분의 40: 최근 실시한 임기만료에 따른 국회의원선거에서의 득표수의 비율(비례대표전국선거구 및 지역구에서 해당 정당이 득표한 득표수 비율의 평균을 말한다. 이하 "국회의원선거의 득표수 비율"이라 한다)

다. 배분대상 여성추천보조금 총액의 100분의 20: 각 정당이 추천한 지역구 여성후보자수의 합에 대한 정당별 지역구 여성후보자수의 비율

2. 여성후보자를 전국지역구총수의 100분의 30 이상 100분의 40 미만을 추천한 정당에는 여성추천보조금 총액의 100분의 30을 제1호 각 목의 기준에 따라 배분·지급한다. 이 경우 하나의 정당에 배분되는 여성추천보조금은 제1호에 따라 각 정당에 배분되는 여성추천보조금 중 최소액을 초과할 수 없다.

3. 여성후보자를 전국지역구총수의 100분의 20 이상 100분의 30 미만을 추천한 정당에는 여성추천보조금 총액의 100분의 20을 제1호 각 목의 기준에 따라 배분·지급한다. 이 경우 하나의 정당에 배분되는 여성추천보조금은 제2호에 따라 각 정당에 배분되는 여성추천보조금 중 최소액을 초과할 수 없다.

4. 여성후보자를 전국지역구총수의 100분의 10 이상 100분의 20 미만을 추천한 정당에는 여성추천보조금 총액의 100분의 10을 제1호 각 목의 기준에 따라 배분·지급한다. 이 경우 하나의 정당에 배분되는 여성추천보조금은 제3호에 따라 각 정당에 배분되는 여성추천보조금 중 최소액을 초과할 수 없다.

③ 여성추천보조금은 임기만료에 의한 지역구국회의원선거, 지역구시·도의회의원선거 또는 지역구자치구·시·군의회의원선거의 후보자등록마감일 후 2일 이내에 정당에 지급한다. 〈개정 2006. 4. 28.〉

**제26조의2【공직후보자 장애인추천보조금】** ① 국가는 임기만료에 의한 지역구국회의원선거, 지역구시·도의회의원선거 및 지역구자치구·시·군의회의원선거에서 장애인후보자(후보자 중 「장애인복지법」 제32조에 따라 등록된 자를 말한다. 이하 같다)를 추천한 정당에 지급하기 위한 보조금(이하 "장애인추천보조금"이라 한다)으로 최근 실시한 임기만료에 의한 국회의원선거의 선거권자 총수에 20원을 곱한 금액을 임기만료에 의한 국회의원선거, 시·도의회의원선거 또는 자치구·시·군의회의원선거가 있는 연도의 예산에 계상하여야 한다.

② 장애인추천보조금은 제1항에 따른 선거에서 장애인후보자를 추천한 정당에 대하여 다음 각 호에 따라 배분·지급한다. 이 경우 지역구시·도의회의원선거와 지역구자치구·시·군의회의원선거에서의 장애인추천보조금은 제1항에 따라 해당 연도의 예산에 계상된 장애인추천보조금의 100분의 50을 각 선거의 장애인추천보조금 총액으로 한다. 〈개정 2022. 4. 20.〉

1. 장애인후보자를 전국지역구총수의 100분의 5 이상 추천한 정당에는 장애인추천보조금 총액의 100분의 50을 다음 기준에 따라 배분·지급한다.

가. 배분대상 장애인추천보조금 총액의 100분의 40: 지급 당시 정당별 국회의석수의 비율

나. 배분대상 장애인추천보조금 총액의 100분의 40: 최근 실시한 국회의원선거의 득표수 비율

다. 배분대상 장애인추천보조금 총액의 100분의 20: 각 정당이 추천한 지역구 장애인후보자수의 합에 대한 정당별 지역구 장애인후보자수의 비율

2. 장애인후보자를 전국지역구총수의 100분의 3 이상 100분의 5 미만을 추천한 정당에는 장애인추천보조금 총액의 100분의 30을 제1호 각 목의 기준에 따라 배분·지급한다. 이 경우 하나의 정당에 배분되는 장애인추천보조금은 제1호에 따라 각 정당에 배분되는 장애인추천보조금 중 최소액을 초과할 수 없다.

3. 장애인후보자를 전국지역구총수의 100분의 1 이상 100분의 3 미만을 추천한 정당에는 장애인추천보조금 총액의 100분의 20을 제1호 각 목의 기준에 따라 배분·지급한다. 이 경우 하나의 정당에 배분되는 장애인추천보조금은 제2호에 따라 각 정당에 배분되는 장애인추천보조금 중 최소액을 초과할 수 없다.

③ 장애인추천보조금은 임기만료에 의한 지역구국회의원선거, 지역구시·도의회의원선거 또는 지역구자치구·시·군의회의원선거의 후보자등록마감일 후 2일 이내에 정당에 지급한다.

**제27조【보조금의 배분】** ① 경상보조금과 선거보조금은 지급 당시「국회법」제33조(교섭단체)제1항 본문의 규정에 의하여 동일 정당의 소속의원으로 교섭단체를 구성한 정당에 대하여 그 100분의 50을 정당별로 균등하게 분할하여 배분·지급한다.

② 보조금 지급 당시 제1항의 규정에 의한 배분·지급대상이 아닌 정당으로서 5석 이상의 의석을 가진 정당에 대하여는 100분의 5씩을, 의석이 없거나 5석 미만의 의석을 가진 정당 중 다음 각 호의 어느 하나에 해당하는 정당에 대하여는 보조금의 100분의 2씩을 배분·지급한다.

1. 최근에 실시된 임기만료에 의한 국회의원선거에 참여한 정당의 경우에는 국회의원선거의 득표수 비율이 100분의 2 이상인 정당

2. 최근에 실시된 임기만료에 의한 국회의원선거에 참여한 정당 중 제1호에 해당하지 아니하는 정당으로서 의석을 가진 정당의 경우에는 최근에 전국적으로 실시된 후보추천이 허용되는 비례대표시·도의회의원선거, 지역구시·도의회의원선거, 시·도지사선거 또는 자치구·시·군의 장선거에서 당해 정당이 득표한 득표수 비율이 100분의 0.5 이상인 정당

3. 최근에 실시된 임기만료에 의한 국회의원선거에 참여하지 아니한 정당의 경우에는 최근에 전국적으로 실시된 후보추천이 허용되는 비례대표시·도의회의원선거, 지역구시·도의회의원선거, 시·도지사선거 또는 자치구·시·군의 장선거에서 당해 정당이 득표한 득표수 비율이 100분의 2 이상인 정당

③ 제1항 및 제2항의 규정에 의한 배분·지급액을 제외한 잔여분 중 100분의 50은 지급당시 국회의석을 가진 정당에 그 의석수의 비율에 따라 배분·지급하고, 그 잔여분은 국회의원선거의 득표수 비율에 따라 배분·지급한다.

④ 선거보조금은 당해 선거의 후보자등록마감일 현재 후보자를 추천하지 아니한 정당에 대하여는 이를 배분·지급하지 아니한다.

⑤ 보조금의 지급시기 및 절차 그 밖에 필요한 사항은 중앙선거관리위원회규칙으로 정한다.

**제27조의2【보조금을 지급받을 권리의 보호】** 이 법에 따라 정당이 보조금을 지급받을 권리는 양도 또는 압류하거나 담보로 제공할 수 없다. [본조신설 2010. 1. 25.]

**제28조【보조금의 용도제한 등】** ① 보조금은 정당의 운영에 소요되는 경비로서 다음 각 호에 해당하는 경비 외에는 사용할 수 없다.

1. 인건비
2. 사무용 비품 및 소모품비
3. 사무소 설치·운영비
4. 공공요금
5. 정책개발비
6. 당원 교육훈련비
7. 조직활동비
8. 선전비
9. 선거관계비용

② 경상보조금을 지급받은 정당은 그 경상보조금 총액의 100분의 30 이상은 정책연구소[「정당법」 제38조(정책연구소의 설치·운영)에 의한 정책연구소를 말한다. 이하 같다]에, 100분의 10 이상은 시·도당에 배분·지급하여야 하며, 100분의 10 이상은 여성정치발전을 위하여, 100분의 5 이상은 청년정치발전을 위하여 사용하여야 한다. 이 경우 여성정치발전을 위한 경상보조금의 구체적인 사용 용도는 다음 각 호와 같다. 〈개정 2022. 2. 22., 2024. 1. 2.〉

1. 여성정책 관련 정책개발비
2. 여성 공직선거 후보자 지원 선거관계경비
3. 여성정치인 발굴 및 교육 관련 경비
4. 양성평등의식 제고 등을 위한 당원 교육 관련 경비
5. 여성 국회의원·지방의회의원 정치활동 지원 관련 경비
6. 그 밖에 여성정치발전에 필요한 활동비, 인건비 등의 경비로서 중앙선거관리위원회규칙으로 정하는 경비

③ 정당은 소속 당원인 공직선거의 후보자·예비후보자에게 보조금을 지원할 수 있으며, 제1항에도 불구하고 여성추천보조금은 여성후보자의, 장애인추천보조금은 장애인후보자의, 청년추천보조금은 청년후보자의 선거경비로 사용하여야 한다. 〈개정 2010. 1. 25., 2022. 2. 22.〉

④ 각급 선거관리위원회(읍·면·동선거관리위원회를 제외한다) 위원·직원은 보조금을 지급받은 정당 및 이의 지출을 받은 자 그 밖에 관계인에 대하여 감독상 또는 이 법의 위반 여부를 확인하기 위하여 필요하다고 인정하는 때에는 보조금 지출에 관하여 조사할 수 있다.

**제29조【보조금의 감액】** 중앙선거관리위원회는 다음 각호의 규정에 따라 당해 금액을 회수하고, 회수가 어려운 때에는 그 이후 당해 정당에 지급할 보조금에서 감액하여 지급할 수 있다. 〈개정 2006. 4. 28., 2010. 1. 25., 2022. 2. 22.〉

1. 보조금을 지급받은 정당(정책연구소 및 정당선거사무소를 포함한다)이 보조금에 관한 회계보고를 허위·누락한 경우에는 허위·누락에 해당하는 금액의 2배에 상당하는 금액
2. 제28조(보조금의 용도제한 등)제1항의 규정에 의한 용도 외의 용도로 사용한 경우에는 그 용도를 위반하여 사용한 보조금의 2배에 상당하는 금액
3. 제28조제2항의 규정에 의한 용도 외의 용도로 사용한 경우에는 용도를 위반한 보조금의 2배에 상당하는 금액
4. 제28조제3항의 규정에 의한 여성추천보조금, 장애인추천보조금 또는 청년추천보조금의 용도 외의 용도로 사용한 경우에는 용도를 위반한 보조금의 2배에 상당하는 금액
5. 제40조(회계보고)의 규정을 위반하여 회계보고를 하지 아니한 경우에는 중앙당의 경우 지급한 보조금의 100분의 25에 상당하는 금액, 시·도당의 경우 중앙당으로부터 지원받은 보조금의 2배에 상당하는 금액

第30条【보조금의 반환】 ① 보조금을 지급받은 정당이 해산되거나 등록이 취소된 경우 또는 정책연구소가 해산 또는 소멸하는 때에는 지급받은 보조금을 지체 없이 다음 각 호에서 정한 바에 따라 처리하여야 한다. 〈개정 2010. 1. 25.〉

1. 정당
   보조금의 지출내역을 중앙선거관리위원회에 보고하고 그 잔액이 있는 때에는 이를 반환한다.
2. 정책연구소
   보조금의 사용잔액을 소속 정당에 인계한다. 이 경우 정당은 새로이 설립하는 정책연구소에 그 잔액을 인계하여야 하며, 정당이 해산 또는 등록이 취소된 경우에는 제1호에 준하여 이를 반환한다.

② 중앙선거관리위원회는 제1항의 규정에 의하여 정당이 반환하여야 할 보조금을 반환하지 아니한 때에는 국세체납처분의 예에 의하여 강제징수할 수 있다.

③ 제2항의 규정에 의한 보조금의 징수는 다른 공과금에 우선한다.

④ 보조금 잔액의 반환 그 밖에 필요한 사항은 중앙선거관리위원회규칙으로 정한다.

## 제6장 기부의 제한

第31条【기부의 제한】 ① 외국인, 국내·외의 법인 또는 단체는 정치자금을 기부할 수 없다.

② 누구든지 국내·외의 법인 또는 단체와 관련된 자금으로 정치자금을 기부할 수 없다.

第32条【특정행위와 관련한 기부의 제한】 누구든지 다음 각 호의 어느 하나에 해당하는 행위와 관련하여 정치자금을 기부하거나 받을 수 없다.

1. 공직선거에 있어서 특정인을 후보자로 추천하는 일
2. 지방의회 의장·부의장 선거와 교육위원회 의장·부의장, 교육감·교육위원을 선출하는 일
3. 공무원이 담당·처리하는 사무에 관하여 청탁 또는 알선하는 일
4. 다음 각 목의 어느 하나에 해당하는 법인과의 계약이나 그 처분에 의하여 재산상의 권리·이익 또는 직위를 취득하거나 이를 알선하는 일
   가. 국가·공공단체 또는 특별법의 규정에 의하여 설립된 법인
   나. 국가나 지방자치단체가 주식 또는 지분의 과반수를 소유하는 법인
   다. 국가나 공공단체로부터 직접 또는 간접으로 보조금을 받는 법인
   라. 정부가 지급보증 또는 투자한 법인

출제예상 부속법률

# 공직선거법

## 제1장 총칙

제1조 【목적】 이 법은 「대한민국헌법」과 「지방자치법」에 의한 선거가 국민의 자유로운 의사와 민주적인 절차에 의하여 공정히 행하여지도록 하고, 선거와 관련한 부정을 방지함으로써 민주정치의 발전에 기여함을 목적으로 한다. 〈개정 2005. 8. 4.〉

제2조 【적용범위】 이 법은 대통령선거·국회의원선거·지방의회의원 및 지방자치단체의 장의 선거에 적용한다.

제3조 【선거인의 정의】 이 법에서 "선거인"이란 선거권이 있는 사람으로서 선거인명부 또는 재외선거인명부에 올라 있는 사람을 말한다. [전문개정 2009. 2. 12.]

제4조 【인구의 기준】 이 법에서 선거사무관리의 기준이 되는 인구는 「주민등록법」에 따른 주민등록표에 따라 조사한 국민의 최근 인구통계에 의한다. 이 경우 지방자치단체의 의회의원 및 장의 선거에서는 제15조제2항제3호에 따라 선거권이 있는 외국인의 수를 포함한다. 〈개정 2015. 8. 13.〉 [전문개정 2009. 2. 12.]

제5조 【선거사무협조】 관공서 기타 공공기관은 선거사무에 관하여 선거관리위원회의 협조요구를 받은 때에는 우선적으로 이에 따라야 한다. 〈개정 2000. 2. 16.〉

제6조 【선거권행사의 보장】 ① 국가는 선거권자가 선거권을 행사할 수 있도록 필요한 조치를 취하여야 한다.

② 각급선거관리위원회(읍·면·동선거관리위원회는 제외한다)는 선거인의 투표참여를 촉진하기 위하여 교통이 불편한 지역에 거주하는 선거인 또는 노약자·장애인 등 거동이 불편한 선거인에 대한 교통편의 제공에 필요한 대책을 수립·시행하여야 하고, 투표를 마친 선거인에게 국공립 유료시설의 이용요금을 면제·할인하는 등의 필요한 대책을 수립·시행할 수 있다. 이 경우 공정한 실시방법 등을 정당·후보자와 미리 협의하여야 한다. 〈신설 2008. 2. 29., 2020. 12. 29.〉

③ 공무원·학생 또는 다른 사람에게 고용된 자가 선거인명부를 열람하거나 투표하기 위하여 필요한 시간은 보장되어야 하며, 이를 휴무 또는 휴업으로 보지 아니한다. 〈개정 2008. 2. 29.〉

④ 선거권자는 성실하게 선거에 참여하여 선거권을 행사하여야 한다. 〈개정 2008. 2. 29.〉

⑤ 선거의 중요성과 의미를 되새기고 주권의식을 높이기 위하여 매년 5월 10일을 유권자의 날로, 유권자의 날부터 1주간을 유권자 주간으로 하고, 각급선거관리위원회(읍・면・동선거관리위원회는 제외한다)는 공명선거 추진활동을 하는 기관 또는 단체 등과 함께 유권자의 날 의식과 그에 부수되는 행사를 개최할 수 있다. 〈신설 2012. 1. 17.〉

**제6조의2 【다른 자에게 고용된 사람의 투표시간 보장】** ① 다른 자에게 고용된 사람이 사전투표기간 및 선거일에 모두 근무를 하는 경우에는 투표하기 위하여 필요한 시간을 고용주에게 청구할 수 있다.

② 고용주는 제1항에 따른 청구가 있으면 고용된 사람이 투표하기 위하여 필요한 시간을 보장하여 주어야 한다.

③ 고용주는 고용된 사람이 투표하기 위하여 필요한 시간을 청구할 수 있다는 사실을 선거일 전 7일부터 선거일 전 3일까지 인터넷 홈페이지, 사보, 사내게시판 등을 통하여 알려야 한다. [본조신설 2014. 2. 13.]

**제6조의3 【감염병환자 등의 선거권 보장】** ①「감염병의 예방 및 관리에 관한 법률」 제41조제1항 또는 제2항에 따라 입원치료, 자가(自家)치료 또는 시설치료 중이거나 같은 법 제42조제2항제1호에 따라 자가 또는 시설에 격리 중인 사람(이하 "격리자등"이라 한다)은 선거권 행사를 위하여 활동할 수 있다.

② 국가와 지방자치단체는 격리자등의 선거권 행사가 원활하게 이루어질 수 있도록 교통편의 제공 및 그 밖에 필요한 방안을 마련하여야 한다. [본조신설 2022. 2. 16.]

**제7조 【정당・후보자 등의 공정경쟁의무】** ① 선거에 참여하는 정당・후보자(후보자가 되고자 하는 자를 포함한다. 이하 이 조에서 같다) 및 후보자를 위하여 선거운동을 하는 자는 선거운동을 함에 있어 이 법을 준수하고 공정하게 경쟁하여야 하며, 정당의 정강・정책이나 후보자의 정견을 지지・선전하거나 이를 비판・반대함에 있어 선량한 풍속 기타 사회질서를 해하는 행위를 하여서는 아니된다. 〈개정 2004. 3. 12., 2008. 2. 29.〉

② 각급선거관리위원회(읍・면・동선거관리위원회는 제외한다)는 정책선거의 촉진을 위하여 필요한 사항을 적극적으로 홍보하여야 하며, 중립적으로 정책선거 촉진활동을 추진하는 단체에 그 활동에 필요한 경비를 지원할 수 있다. 〈신설 2008. 2. 29., 2010. 1. 25.〉

**제8조 【언론기관의 공정보도의무】** 방송・신문・통신・잡지 기타의 간행물을 경영・관리하거나 편집・취재・집필・보도하는 자와 제8조의5(인터넷선거보도심의위원회)제1항의 규정에 따른 인터넷언론사가 정당의 정강・정책이나 후보자(候補者가 되고자 하는 者를 포함한다. 이하 이 條에서 같다)의 정견 기타사항에 관하여 보도・논평을 하는 경우와 정

당의 대표자나 후보자 또는 그의 대리인을 참여하게 하여 대담을 하거나 토론을 행하고 이를 방송·보도하는 경우에는 공정하게 하여야 한다. 〈개정 1997. 11. 14., 2005. 8. 4.〉

**제8조의2 【선거방송심의위원회】** ① 「방송통신위원회의 설치 및 운영에 관한 법률」 제18조제1항에 따른 방송통신심의위원회(이하 "방송통신심의위원회"라 한다)는 선거방송의 공정성을 유지하기 위하여 다음 각 호의 구분에 따른 기간 동안 선거방송심의위원회를 설치·운영하여야 한다. 〈개정 2010. 1. 25., 2012. 1. 17.〉

1. 임기만료에 의한 선거
   제60조의2제1항에 따른 예비후보자등록신청개시일 전일부터 선거일 후 30일까지
2. 보궐선거등
   선거일 전 60일(선거일 전 60일 후에 실시사유가 확정된 보궐선거등의 경우에는 그 선거의 실시사유가 확정된 후 10일)부터 선거일 후 30일까지

② 선거방송심의위원회는 국회에 교섭단체를 구성한 정당과 중앙선거관리위원회가 추천하는 각 1명, 방송사(제70조제1항에 따른 방송시설을 경영 또는 관리하는 자를 말한다. 이하 이 조 및 제8조의4에서 같다)·방송학계·대한변호사협회·언론인단체 및 시민단체 등이 추천하는 사람을 포함하여 9명 이내의 위원으로 구성한다. 이 경우 선거방송심의위원회를 구성한 후에 국회에 교섭단체를 구성한 정당의 수가 증가하여 위원정수를 초과하게 되는 경우에는 현원을 위원정수로 본다. 〈개정 2010. 1. 25.〉

③ 선거방송심의위원회의 위원은 정당에 가입할 수 없다.

④ 선거방송심의위원회는 선거방송의 정치적 중립성·형평성·객관성 및 제작기술상의 균형유지와 권리구제 기타 선거방송의 공정을 보장하기 위하여 필요한 사항을 정하여 이를 공표하여야 한다.

⑤ 선거방송심의위원회는 선거방송의 공정여부를 조사하여야 하고, 조사결과 선거방송의 내용이 공정하지 아니하다고 인정되는 경우에는 「방송법」 제100조제1항 각 호에 따른 제재조치 등을 정하여 이를 「방송통신위원회의 설치 및 운영에 관한 법률」 제3조제1항에 따른 방송통신위원회에 통보하여야 하며, 방송통신위원회는 불공정한 선거방송을 한 방송사에 대하여 통보받은 제재조치 등을 지체없이 명하여야 한다.
〈개정 2000. 2. 16., 2005. 8. 4., 2008. 2. 29., 2010. 1. 25.〉

⑥ 후보자 및 후보자가 되려는 사람은 제1항에 따라 선거방송심의위원회가 설치된 때부터 선거방송의 내용이 불공정하다고 인정되는 경우에는 선거방송심의위원회에 그 시정을 요구할 수 있고, 선거방송심의위원회는 지체없이 이를 심의·의결하여야 한다.
〈개정 2010. 1. 25.〉

⑦ 선거방송심의위원회의 구성과 운영 그 밖에 필요한 사항은 방송통신심의위원회규칙으로 정한다.

제9조【공무원의 중립의무 등】① 공무원 기타 정치적 중립을 지켜야 하는 자(機關・團體를 포함한다)는 선거에 대한 부당한 영향력의 행사 기타 선거결과에 영향을 미치는 행위를 하여서는 아니된다.

② 검사(군검사를 포함한다) 또는 경찰공무원(檢察捜査官 및 軍司法警察官吏를 포함한다)은 이 법의 규정에 위반한 행위가 있다고 인정되는 때에는 신속・공정하게 단속・수사를 하여야 한다.

제10조【사회단체 등의 공명선거추진활동】① 사회단체 등은 선거부정을 감시하는 등 공명선거추진활동을 할 수 있다. 다만, 다음 각 호의 어느 하나에 해당하는 단체는 그 명의 또는 그 대표의 명의로 공명선거추진활동을 할 수 없다. 〈개정 2000. 2. 16., 2002. 3. 7., 2004. 3. 12., 2005. 8. 4.〉

1. 특별법에 의하여 설립된 국민운동단체로서 국가 또는 지방자치단체의 출연 또는 보조를 받는 단체(바르게살기運動協議會・새마을運動協議會・韓國自由總聯盟을 말한다)
2. 법령에 의하여 정치활동이나 공직선거에의 관여가 금지된 단체
3. 후보자(후보자가 되고자 하는 자를 포함한다. 이하 이 조에서 같다), 후보자의 배우자와 후보자 또는 그 배우자의 직계존・비속과 형제자매나 후보자의 직계비속 및 형제자매의 배우자(이하 "候補者의 家族"이라 한다)가 설립하거나 운영하고 있는 단체
4. 특정 정당(創黨準備委員會를 포함한다. 이하 이 條에서 같다) 또는 후보자를 지원하기 위하여 설립된 단체
5. 삭제 〈2005. 8. 4.〉
6. 선거운동을 하거나 할 것을 표방한 노동조합 또는 단체

② 사회단체 등이 공명선거추진활동을 함에 있어서는 항상 공정한 자세를 견지하여야 하며, 특정 정당이나 후보자의 선거운동에 이르지 아니하도록 유의하여야 한다.

③ 각급선거관리위원회(읍・면・동선거관리위원회를 제외한다)는 사회단체 등이 불공정한 활동을 하는 때에는 경고・중지 또는 시정명령을 하여야 하며, 그 행위가 선거운동에 이르거나 선거관리위원회의 중지 또는 시정명령을 이행하지 아니하는 때에는 고발 등 필요한 조치를 하여야 한다. 〈개정 2005. 8. 4.〉

제14조【임기개시】① 대통령의 임기는 전임대통령의 임기만료일의 다음날 0시부터 개시된다. 다만, 전임자의 임기가 만료된 후에 실시하는 선거와 궐위로 인한 선거에 의한 대

통령의 임기는 당선이 결정된 때부터 개시된다. 〈개정 2003. 2. 4.〉

② 국회의원과 지방의회의원(이하 이 項에서 "議員"이라 한다)의 임기는 총선거에 의한 전임의원의 임기만료일의 다음 날부터 개시된다. 다만, 의원의 임기가 개시된 후에 실시하는 선거와 지방의회의원의 증원선거에 의한 의원의 임기는 당선이 결정된 때부터 개시되며 전임자 또는 같은 종류의 의원의 잔임기간으로 한다.

③ 지방자치단체의 장의 임기는 전임지방자치단체의 장의 임기만료일의 다음 날부터 개시된다. 다만, 전임지방자치단체의 장의 임기가 만료된 후에 실시하는 선거와 제30조(地方自治團體의 廢置·分合시의 選擧 등)제1항제1호 내지 제3호에 의하여 새로 선거를 실시하는 지방자치단체의 장의 임기는 당선이 결정된 때부터 개시되며 전임자 또는 같은 종류의 지방자치단체의 장의 잔임기간으로 한다.

## 제2장 선거권과 피선거권

제15조【선거권】① 18세 이상의 국민은 대통령 및 국회의원의 선거권이 있다. 다만, 지역구국회의원의 선거권은 18세 이상의 국민으로서 제37조제1항에 따른 선거인명부작성기준일 현재 다음 각 호의 어느 하나에 해당하는 사람에 한하여 인정된다. 〈개정 2011. 11. 7., 2014. 1. 17., 2015. 8. 13., 2020. 1. 14.〉

1. 「주민등록법」 제6조제1항제1호 또는 제2호에 해당하는 사람으로서 해당 국회의원지역선거구 안에 주민등록이 되어 있는 사람
2. 「주민등록법」 제6조제1항제3호에 해당하는 사람으로서 주민등록표에 3개월 이상 계속하여 올라 있고 해당 국회의원지역선거구 안에 주민등록이 되어 있는 사람

② 18세 이상으로서 제37조제1항에 따른 선거인명부작성기준일 현재 다음 각 호의 어느 하나에 해당하는 사람은 그 구역에서 선거하는 지방자치단체의 의회의원 및 장의 선거권이 있다. 〈개정 2009. 2. 12., 2011. 11. 7., 2014. 1. 17., 2015. 8. 13., 2020. 1. 14.〉

1. 「주민등록법」 제6조제1항제1호 또는 제2호에 해당하는 사람으로서 해당 지방자치단체의 관할 구역에 주민등록이 되어 있는 사람
2. 「주민등록법」 제6조제1항제3호에 해당하는 사람으로서 주민등록표에 3개월 이상 계속하여 올라 있고 해당 지방자치단체의 관할구역에 주민등록이 되어 있는 사람
3. 「출입국관리법」 제10조에 따른 영주의 체류자격 취득일 후 3년이 경과한 외국인으로서 같은 법 제34조에 따라 해당 지방자치단체의 외국인등록대장에 올라 있는 사람

[제목개정 2011. 11. 7.]

| |
|---|
| 2009. 2. 12. 법률 제9466호에 의하여 2007. 6. 28. 헌법재판소에서 헌법불합치결정된 이 조 제2항제1호를 개정함. |

**제16조 【피선거권】** ① 선거일 현재 5년 이상 국내에 거주하고 있는 40세 이상의 국민은 대통령의 피선거권이 있다. 이 경우 공무로 외국에 파견된 기간과 국내에 주소를 두고 일정기간 외국에 체류한 기간은 국내거주기간으로 본다. 〈개정 1997. 1. 13.〉

② 18세 이상의 국민은 국회의원의 피선거권이 있다. 〈개정 2022. 1. 18.〉

③ 선거일 현재 계속하여 60일 이상(公務로 外國에 派遣되어 選擧日전 60日후에 귀국한 者는 選擧人名簿作成基準日부터 계속하여 選擧日까지) 해당 지방자치단체의 관할구역에 주민등록이 되어 있는 주민으로서 18세 이상의 국민은 그 지방의회의원 및 지방자치단체의 장의 피선거권이 있다. 이 경우 60일의 기간은 그 지방자치단체의 설치·폐지·분할·합병 또는 구역변경(제28조 각 호의 어느 하나에 따른 구역변경을 포함한다)에 의하여 중단되지 아니한다. 〈개정 1998. 4. 30., 2009. 2. 12., 2015. 8. 13., 2022. 1. 18.〉

④ 제3항 전단의 경우에 지방자치단체의 사무소 소재지가 다른 지방자치단체의 관할 구역에 있어 해당 지방자치단체의 장의 주민등록이 다른 지방자치단체의 관할 구역에 있게 된 때에는 해당 지방자치단체의 관할 구역에 주민등록이 되어 있는 것으로 본다. 〈개정 2009. 2. 12.〉 [제목개정 2015. 8. 13.]

| |
|---|
| 2009. 2. 12. 법률 제9466호에 의하여 2007. 6. 28. 헌법재판소에서 헌법불합치결정된 이 조 제3항을 개정함. |

**제17조 【연령산정기준】** 선거권자와 피선거권자의 연령은 선거일 현재로 산정한다.

**제18조 【선거권이 없는 자】** ① 선거일 현재 다음 각 호의 어느 하나에 해당하는 사람은 선거권이 없다. 〈개정 2004. 3. 12., 2005. 8. 4., 2015. 8. 13.〉

1. 금치산선고를 받은 자
2. 1년 이상의 징역 또는 금고의 형의 선고를 받고 그 집행이 종료되지 아니하거나 그 집행을 받지 아니하기로 확정되지 아니한 사람. 다만, 그 형의 집행유예를 선고받고 유예기간 중에 있는 사람은 제외한다.
3. 선거범, 「정치자금법」 제45조(정치자금부정수수죄) 및 제49조(선거비용관련 위반행위에 관한 벌칙)에 규정된 죄를 범한 자 또는 대통령·국회의원·지방의회의원·지방자치단체의 장으로서 그 재임중의 직무와 관련하여 「형법」(「특정범죄가중처벌 등

에 관한 법률」 제2조에 의하여 가중처벌되는 경우를 포함한다) 제129조(수뢰, 사전수뢰) 내지 제132조(알선수뢰)·「특정범죄가중처벌 등에 관한 법률」 제3조(알선수재)에 규정된 죄를 범한 자로서, 100만원이상의 벌금형의 선고를 받고 그 형이 확정된 후 5년 또는 형의 집행유예의 선고를 받고 그 형이 확정된 후 10년을 경과하지 아니하거나 징역형의 선고를 받고 그 집행을 받지 아니하기로 확정된 후 또는 그 형의 집행이 종료되거나 면제된 후 10년을 경과하지 아니한 자(刑이 失效된 者도 포함한다)

4. 법원의 판결 또는 다른 법률에 의하여 선거권이 정지 또는 상실된 자

② 제1항제3호에서 "선거범"이라 함은 제16장 벌칙에 규정된 죄와 「국민투표법」 위반의 죄를 범한 자를 말한다. 〈개정 2005. 8. 4.〉

③ 「형법」 제38조에도 불구하고 제1항제3호에 규정된 죄와 다른 죄의 경합범에 대하여는 이를 분리 선고하고, 선거사무장·선거사무소의 회계책임자(선거사무소의 회계책임자로 선임·신고되지 아니한 사람으로서 후보자와 통모(通謀)하여 해당 후보자의 선거비용으로 지출한 금액이 선거비용제한액의 3분의 1 이상에 해당하는 사람을 포함한다) 또는 후보자(후보자가 되려는 사람을 포함한다)의 직계존비속 및 배우자에게 제263조 및 제265조에 규정된 죄와 이 조 제1항제3호에 규정된 죄의 경합범으로 징역형 또는 300만원 이상의 벌금형을 선고하는 때(선거사무장, 선거사무소의 회계책임자에 대하여는 선임·신고되기 전의 행위로 인한 경우를 포함한다)에는 이를 분리 선고하여야 한다. 〈개정 2010. 1. 25.〉 [제목개정 2015. 8. 13.]

| |
|---|
| 2015. 8. 13. 법률 제13497호에 의하여 2014. 1. 28. 헌법재판소에서 위헌 및 헌법불합치 결정된 이 조 제1항제2호를 개정함. |

**제19조 【피선거권이 없는 자】** 선거일 현재 다음 각 호의 어느 하나에 해당하는 자는 피선거권이 없다. 〈개정 2013. 12. 30., 2014. 2. 13.〉

1. 제18조(選擧權이 없는 者)제1항제1호·제3호 또는 제4호에 해당하는 자
2. 금고 이상의 형의 선고를 받고 그 형이 실효되지 아니한 자
3. 법원의 판결 또는 다른 법률에 의하여 피선거권이 정지되거나 상실된 자
4. 「국회법」 제166조(국회 회의 방해죄)의 죄를 범한 자로서 다음 각 목의 어느 하나에 해당하는 자(형이 실효된 자를 포함한다)
   가. 500만원 이상의 벌금형의 선고를 받고 그 형이 확정된 후 5년이 경과되지 아니한 자
   나. 형의 집행유예의 선고를 받고 그 형이 확정된 후 10년이 경과되지 아니한 자

다. 징역형의 선고를 받고 그 집행을 받지 아니하기로 확정된 후 또는 그 형의 집행이 종료되거나 면제된 후 10년이 경과되지 아니한 자

5. 제230조제6항의 죄를 범한 자로서 벌금형의 선고를 받고 그 형이 확정된 후 10년을 경과하지 아니한 자(형이 실효된 자도 포함한다)

## 제3장 선거구역과 의원정수

제20조【선거구】① 대통령 및 비례대표국회의원은 전국을 단위로 하여 선거한다. 〈개정 2000. 2. 16., 2005. 8. 4.〉

② 비례대표시·도의원은 당해 시·도를 단위로 선거하며, 비례대표자치구·시·군의원은 당해 자치구·시·군을 단위로 선거한다. 〈신설 2005. 8. 4.〉

③ 지역구국회의원, 지역구지방의회의원(지역구시·도의원 및 지역구자치구·시·군의원을 말한다. 이하 같다)은 당해 의원의 선거구를 단위로 하여 선거한다. 〈개정 2000. 2. 16., 2005. 8. 4.〉

④ 지방자치단체의 장은 당해 지방자치단체의 관할구역을 단위로 하여 선거한다.

제21조【국회의 의원정수】① 국회의 의원정수는 지역구국회의원 254명과 비례대표국회의원 46명을 합하여 300명으로 한다. 〈개정 2020. 1. 14., 2024. 3. 8.〉

② 하나의 국회의원지역선거구(이하 "국회의원지역구"라 한다)에서 선출할 국회의원의 정수는 1인으로 한다.

## 제4장 선거기간과 선거일

제33조【선거기간】① 선거별 선거기간은 다음 각호와 같다. 〈개정 2002. 3. 7., 2004. 3. 12.〉

1. 대통령선거는 23일
2. 국회의원선거와 지방자치단체의 의회의원 및 장의 선거는 14일
3. 삭제 〈2002. 3. 7.〉

② 삭제 〈2004. 3. 12.〉

③ "선거기간"이란 다음 각 호의 기간을 말한다. 〈개정 2011. 7. 28.〉

1. 대통령선거: 후보자등록마감일의 다음 날부터 선거일까지

2. 국회의원선거와 지방자치단체의 의회의원 및 장의 선거: 후보자등록마감일 후 6일부터 선거일까지 [제목개정 2011. 7. 28.]

제34조【선거일】① 임기만료에 의한 선거의 선거일은 다음 각호와 같다. 〈개정 1998. 2. 6., 2004. 3. 12.〉

1. 대통령선거는 그 임기만료일전 70일 이후 첫번째 수요일
2. 국회의원선거는 그 임기만료일전 50일 이후 첫번째 수요일
3. 지방의회의원 및 지방자치단체의 장의 선거는 그 임기만료일전 30일 이후 첫번째 수요일

② 제1항의 규정에 의한 선거일이 국민생활과 밀접한 관련이 있는 민속절 또는 공휴일인 때와 선거일전일이나 그 다음날이 공휴일인 때에는 그 다음주의 수요일로 한다.
〈개정 2004. 3. 12.〉

## 제6장 후보자

제47조【정당의 후보자추천】① 정당은 선거에 있어 선거구별로 선거할 정수 범위안에서 그 소속당원을 후보자(이하 "政黨推薦候補者"라 한다)로 추천할 수 있다. 다만, 비례대표자치구·시·군의원의 경우에는 그 정수 범위를 초과하여 추천할 수 있다.
〈개정 1995. 4. 1., 2000. 2. 16., 2005. 8. 4., 2020. 1. 14.〉

② 정당이 제1항에 따라 후보자를 추천하는 때에는 민주적인 절차에 따라야 한다.
〈개정 2020. 12. 29.〉

③ 정당이 비례대표국회의원선거 및 비례대표지방의회의원선거에 후보자를 추천하는 때에는 그 후보자 중 100분의 50 이상을 여성으로 추천하되, 그 후보자명부의 순위의 매 홀수에는 여성을 추천하여야 한다. 〈개정 2005. 8. 4.〉

④ 정당이 임기만료에 따른 지역구국회의원선거 및 지역구지방의회의원선거에 후보자를 추천하는 때에는 각각 전국지역구총수의 100분의 30 이상을 여성으로 추천하도록 노력하여야 한다. 〈신설 2005. 8. 4.〉

⑤ 정당이 임기만료에 따른 지역구지방의회의원선거에 후보자를 추천하는 때에는 지역구시·도의원선거 또는 지역구자치구·시·군의원선거 중 어느 하나의 선거에 국회의원지역구(군지역을 제외하며, 자치구의 일부지역이 다른 자치구 또는 군지역과 합하여 하나의 국회의원지역구로 된 경우에는 그 자치구의 일부지역도 제외한다)마다 1명 이상을 여성으로 추천하여야 한다. 〈신설 2010. 1. 25., 2010. 3. 12.〉

**第47條의2【정당의 후보자추천 관련 금품수수금지】** ① 누구든지 정당이 특정인을 후보자로 추천하는 일과 관련하여 금품이나 그 밖의 재산상의 이익 또는 공사의 직을 제공하거나 그 제공의 의사를 표시하거나 그 제공을 약속하는 행위를 하거나, 그 제공을 받거나 그 제공의 의사표시를 승낙할 수 없다. 이 경우 후보자(후보자가 되려는 사람을 포함한다)와 그 배우자(이하 이 항에서 "후보자등"이라 한다), 후보자등의 직계존비속과 형제자매가 선거일 전 150일부터 선거일 후 60일까지 「정치자금법」에 따라 후원금을 기부하거나 당비를 납부하는 외에 정당 또는 국회의원[「정당법」 제37조(활동의 자유)제3항에 따른 국회의원지역구 또는 자치구·시·군의 당원협의회 대표자를 포함하며, 이하 이 항에서 "국회의원등"이라 한다], 국회의원등의 배우자, 국회의원등 또는 그 배우자의 직계존비속과 형제자매에게 채무의 변제, 대여 등 명목여하를 불문하고 금품이나 그 밖의 재산상의 이익을 제공한 때에는 정당이 특정인을 후보자로 추천하는 일과 관련하여 제공한 것으로 본다. 〈개정 2014. 2. 13.〉

② 누구든지 제1항에 규정된 행위에 관하여 지시·권유 또는 요구하거나 알선하여서는 아니 된다. [본조신설 2008. 2. 29.]

**第48條【선거권자의 후보자추천】** ① 관할선거구 안에 주민등록이 된 선거권자는 각 선거(비례대표국회의원선거 및 비례대표지방의회의원선거를 제외한다)별로 정당의 당원이 아닌 자를 당해 선거구의 후보자(이하 "무소속후보자"라 한다)로 추천할 수 있다.
〈개정 2005. 8. 4.〉

② 무소속후보자가 되고자 하는 자는 관할선거구선거관리위원회가 후보자등록신청개시일전 5일(大統領의 任期滿了에 의한 選擧에 있어서는 候補者登錄申請開始日전 30日, 大統領의 闕位로 인한 選擧 등에 있어서는 그 사유가 확정된 후 3日)부터 검인하여 교부하는 추천장을 사용하여 다음 각호에 의하여 선거권자의 추천을 받아야 한다.
〈개정 1995. 4. 1., 2000. 2. 16., 2005. 8. 4., 2012. 1. 17.〉

1. 대통령선거
   5 이상의 시·도에 나누어 하나의 시·도에 주민등록이 되어 있는 선거권자의 수를 700인 이상으로 한 3천500인 이상 6천인 이하
2. 지역구국회의원선거 및 자치구·시·군의 장 선거
   300인 이상 500인 이하
3. 지역구시·도의원선거
   100인 이상 200인 이하

4. 시·도지사선거
당해 시·도안의 3분의 1 이상의 자치구·시·군에 나누어 하나의 자치구·시·군에 주민등록이 되어 있는 선거권자의 수를 50인 이상으로 한 1천인 이상 2천인 이하
5. 지역구자치구·시·군의원선거
50인 이상 100인 이하. 다만, 인구 1천인 미만의 선거구에 있어서는 30인 이상 50인 이하

③ 제2항의 경우 다음 각 호의 어느 하나에 해당하는 행위를 하여서는 아니 된다. 〈개정 2018. 4. 6.〉
1. 검인되지 아니한 추천장에 의하여 추천을 받는 행위
2. 추천선거권자수의 상한수를 넘어 추천을 받는 행위
3. 추천선거권자의 서명이나 인영을 위조·변조하는 등의 방법으로 허위의 추천을 받는 행위

④ 제2항에 따른 추천장 검인·교부신청은 공휴일에도 불구하고 매일 오전 9시부터 오후 6시까지 할 수 있다. 〈신설 2011. 7. 28.〉

⑤ 선거권자의 추천장의 서식·교부신청 및 교부 기타 필요한 사항은 중앙선거관리위원회규칙으로 정한다. 〈개정 2011. 7. 28.〉 [제목개정 2011. 7. 28.]

**제49조 【후보자등록 등】** ① 후보자의 등록은 대통령선거에서는 선거일 전 24일, 국회의원선거와 지방자치단체의 의회의원 및 장의 선거에서는 선거일 전 20일(이하 "후보자등록신청개시일"이라 한다)부터 2일간(이하 "후보자등록기간"이라 한다) 관할선거구선거관리위원회에 서면으로 신청하여야 한다. 〈개정 2011. 7. 28.〉

② 정당추천후보자의 등록은 대통령선거와 비례대표국회의원선거 및 비례대표지방의회의원선거에 있어서는 그 추천정당이, 지역구국회의원선거와 지역구지방의회의원 및 지방자치단체의 장의 선거에 있어서는 정당추천후보자가 되고자 하는 자가 신청하되, 추천정당의 당인(黨印) 및 그 대표자의 직인이 날인된 추천서와 본인승낙서(대통령선거와 비례대표국회의원선거 및 비례대표지방의회의원선거에 한한다)를 등록신청서에 첨부하여야 한다. 이 경우 비례대표국회의원후보자와 비례대표지방의회의원후보자의 등록은 추천정당이 그 순위를 정한 후보자명부를 함께 첨부하여야 한다. 〈개정 2011. 7. 28.〉

③ 무소속후보자가 되고자 하는 자는 제48조에 따라 선거권자가 기명하고 날인(무인을 허용하지 아니한다)하거나 서명한 추천장[단기(單記) 또는 연기(連記)로 하며 간인(間印)을 요하지 아니한다]을 등록신청서에 첨부하여야 한다. 〈개정 2011. 7. 28., 2015. 12. 24.〉

④ 제1항부터 제3항까지의 규정에 따라 후보자등록을 신청하는 자는 다음 각 호의 서류를 제출하여야 하며, 제56조제1항에 따른 기탁금을 납부하여야 한다. 〈개정 2000. 2. 16., 2002. 3. 7., 2004. 3. 12., 2005. 8. 4., 2006. 3. 2., 2008. 2. 29., 2010. 1. 25., 2011. 7. 28., 2014. 1. 17., 2014. 2. 13.〉

1. 중앙선거관리위원회규칙이 정하는 피선거권에 관한 증명서류
2. 「공직자윤리법」 제10조의2(公職選擧候補者 등의 財産公開)제1항의 규정에 의한 등록대상재산에 관한 신고서
3. 「공직자 등의 병역사항신고 및 공개에 관한 법률」 제9조(公職選擧候補者의 兵役事項申告 및 公開)제1항의 규정에 의한 병역사항에 관한 신고서
4. 최근 5년간의 후보자, 그의 배우자와 직계존비속(혼인한 딸과 외조부모 및 외손자녀를 제외한다)의 소득세(「소득세법」 제127조제1항에 따라 원천징수하는 소득세는 제출하려는 경우에 한정한다)·재산세·종합부동산세의 납부 및 체납(10만원 이하 또는 3월 이내의 체납은 제외한다)에 관한 신고서. 이 경우 후보자의 직계존속은 자신의 세금납부 및 체납에 관한 신고를 거부할 수 있다.
5. 벌금 100만원 이상의 형의 범죄경력(실효된 형을 포함하며, 이하 "전과기록"이라 한다)에 관한 증명서류
6. 「초·중등교육법」 및 「고등교육법」에서 인정하는 정규학력(이하 "정규학력"이라 한다)에 관한 최종학력 증명서와 국내 정규학력에 준하는 외국의 교육기관에서 이수한 학력에 관한 각 증명서(한글번역문을 첨부한다). 이 경우 증명서의 제출이 요구되는 학력은 제60조의3제1항제4호의 예비후보자홍보물, 제60조의4의 예비후보자공약집, 제64조의 선거벽보, 제65조의 선거공보(같은 조 제9항의 후보자정보공개자료를 포함한다), 제66조의 선거공약서 및 후보자가 운영하는 인터넷 홈페이지에 게재하였거나 게재하고자 하는 학력에 한한다.
7. 대통령선거·국회의원선거·지방의회의원 및 지방자치단체의 장의 선거와 교육의원선거 및 교육감선거에 후보자로 등록한 경력[선거가 실시된 연도, 선거명, 선거구명, 소속 정당명(정당의 후보자추천이 허용된 선거에 한정한다), 당선 또는 낙선 여부를 말한다]에 관한 신고서

⑤ 후보자등록을 신청하는 자는 제60조의2제2항에 따라 예비후보자등록을 신청하는 때에 제출한 서류는 제4항에도 불구하고 제출하지 아니할 수 있다. 다만, 그 서류 중 변경사항이 있는 경우에는 후보자등록을 신청하는 때까지 추가하거나 보완하여야 한다. 〈개정 2010. 1. 25.〉

⑥ 정당의 당원인 자는 무소속후보자로 등록할 수 없으며, 후보자등록기간중(候補者登錄申請시를 포함한다) 당적을 이탈·변경하거나 2 이상의 당적을 가지고 있는 때에는 당해 선거에 후보자로 등록될 수 없다. 소속정당의 해산이나 그 등록의 취소 또는 중앙당의 시·도당창당승인취소로 인하여 당원자격이 상실된 경우에도 또한 같다. 〈개정 2004. 3. 12.〉

⑦ 후보자등록신청서의 접수는 공휴일에 불구하고 매일 오전 9시부터 오후 6시까지로 한다. 〈개정 2011. 7. 28.〉

⑧ 관할선거구선거관리위원회는 후보자등록신청이 있는 때에는 즉시 이를 수리하여야 하되, 등록신청서·정당의 추천서와 본인승낙서·선거권자의 추천장·기탁금 및 제4항제2호 내지 제5호의 규정에 의한 서류를 갖추지 아니하거나 제47조제3항에 따른 여성후보자 추천의 비율과 순위를 위반한 등록신청은 이를 수리할 수 없다. 다만, 후보자의 피선거권에 관한 증명서류가 첨부되지 아니한 경우에는 이를 수리하되, 당해 선거구선거관리위원회가 그 사항을 조사하여야 하며, 그 조사를 의뢰받은 기관 또는 단체는 지체없이 그 사실을 확인하여 당해 선거구선거관리위원회에 회보하여야 한다. 〈개정 2000. 2. 16., 2002. 3. 7., 2004. 3. 12., 2005. 8. 4., 2006. 10. 4., 2018. 4. 6., 2020. 1. 14., 2020. 12. 29.〉

⑨ 관할선거구선거관리위원회는 「공직자윤리법」 제9조에 따른 해당 공직자윤리위원회의 요청이 있는 경우 당선인결정 후 15일 이내에 해당 당선인이 제4항제2호에 따라 제출한 등록대상재산에 관한 신고서의 사본을 송부하여야 한다. 〈개정 2015. 12. 24.〉

⑩ 후보자가 되고자 하는 자 또는 정당은 선거기간개시일 전 150일부터 본인 또는 후보자가 되고자 하는 소속 당원의 전과기록을 국가경찰관서의 장에게 조회할 수 있으며, 그 요청을 받은 국가경찰관서의 장은 지체없이 그 전과기록을 회보(回報)하여야 한다. 이 경우 회보받은 전과기록은 후보자등록시 함께 제출하여야 하며 관할선거구선거관리위원회는 그 확인이 필요하다고 인정되는 후보자에 대하여는 후보자등록마감 후 지체없이 해당 선거구를 관할하는 검찰청의 장에게 그 후보자의 전과기록을 조회할 수 있고, 당해 검찰청의 장은 그 전과기록의 진위여부를 지체없이 회보하여야 한다. 〈개정 2002. 3. 7., 2004. 3. 12., 2005. 8. 4., 2006. 2. 21., 2011. 7. 28.〉

⑪ 누구든지 선거기간중 관할선거구선거관리위원회가 제10항의 규정에 의하여 회보받은 전과기록을 열람할 수 있다. 〈신설 2000. 2. 16.〉

⑫ 관할선거구선거관리위원회는 제4항제2호부터 제7호까지와 제10항의 규정에 의하여 제출받거나 회보받은 서류를 선거구민이 알 수 있도록 공개하여야 한다. 다만, 선거일 후

에는 이를 공개하여서는 아니된다. 〈신설 2002. 3. 7., 2004. 3. 12., 2014. 2. 13.〉

⑬ 삭제 〈2005. 8. 4.〉

⑭ 삭제 〈2005. 8. 4.〉

⑮ 후보자의 등록신청서와 추천서의 서식, 세금납부 및 체납에 관한 선고서의 서식, 제출・회보받은 서류의 공개방법 그 밖에 필요한 사항은 중앙선거관리위원회규칙으로 정한다. 〈개정 2004. 3. 12., 2005. 8. 4., 2010. 1. 25.〉 [제목개정 2011. 7. 28.]

제53조 【공무원 등의 입후보】 ① 다음 각 호의 어느 하나에 해당하는 사람으로서 후보자가 되려는 사람은 선거일 전 90일까지 그 직을 그만두어야 한다. 다만, 대통령선거와 국회의원선거에 있어서 국회의원이 그 직을 가지고 입후보하는 경우와 지방의회의원선거와 지방자치단체의 장의 선거에 있어서 당해 지방자치단체의 의회의원이나 장이 그 직을 가지고 입후보하는 경우에는 그러하지 아니하다.

1. 「국가공무원법」 제2조(公務員의 구분)에 규정된 국가공무원과 「지방공무원법」 제2조(公務員의 區分)에 규정된 지방공무원. 다만, 「정당법」 제22조(발기인 및 당원의 자격)제1항제1호 단서의 규정에 의하여 정당의 당원이 될 수 있는 공무원(政務職公務員을 제외한다)은 그러하지 아니하다.
2. 각급선거관리위원회위원 또는 교육위원회의 교육위원
3. 다른 법령의 규정에 의하여 공무원의 신분을 가진 자
4. 「공공기관의 운영에 관한 법률」 제4조제1항제3호에 해당하는 기관 중 정부가 100분의 50 이상의 지분을 가지고 있는 기관(한국은행을 포함한다)의 상근 임원
5. 「농업협동조합법」・「수산업협동조합법」・「산림조합법」・「엽연초생산협동조합법」에 의하여 설립된 조합의 상근 임원과 이들 조합의 중앙회장
6. 「지방공기업법」 제2조(適用範圍)에 규정된 지방공사와 지방공단의 상근 임원
7. 「정당법」 제22조제1항제2호의 규정에 의하여 정당의 당원이 될 수 없는 사립학교교원
8. 「신문 등의 진흥에 관한 법률」 제2조에 따른 신문 및 인터넷신문, 「잡지 등 정기간행물의 진흥에 관한 법률」 제2조에 따른 정기간행물, 「방송법」 제2조에 따른 방송사업을 발행・경영하는 자와 이에 상시 고용되어 편집・제작・취재・집필・보도의 업무에 종사하는 자로서 중앙선거관리위원회규칙으로 정하는 언론인
9. 특별법에 의하여 설립된 국민운동단체로서 국가 또는 지방자치단체의 출연 또는 보조를 받는 단체(바르게살기운동협의회・새마을운동협의회・한국자유총연맹을 말하며, 시・도조직 및 구・시・군조직을 포함한다)의 대표자

② 제1항 본문에도 불구하고 다음 각 호의 어느 하나에 해당하는 경우에는 선거일 전 30일까지 그 직을 그만두어야 한다. 〈신설 2010. 1. 25., 2015. 8. 13.〉

1. 비례대표국회의원선거나 비례대표지방의회의원선거에 입후보하는 경우
2. 보궐선거등에 입후보하는 경우
3. 국회의원이 지방자치단체의 장의 선거에 입후보하는 경우
4. 지방의회의원이 다른 지방자치단체의 의회의원이나 장의 선거에 입후보하는 경우

③ 제1항 단서에도 불구하고 비례대표국회의원이 지역구국회의원 보궐선거등에 입후보하는 경우 및 비례대표지방의회의원이 해당 지방자치단체의 지역구지방의회의원 보궐선거등에 입후보하는 경우에는 후보자등록신청 전까지 그 직을 그만두어야 한다. 〈신설 2010. 1. 25.〉

④ 제1항부터 제3항까지의 규정을 적용하는 경우 그 소속기관의 장 또는 소속위원회에 사직원이 접수된 때에 그 직을 그만 둔 것으로 본다. 〈개정 2010. 1. 25.〉

⑤ 제1항 및 제2항에도 불구하고, 지방자치단체의 장은 선거구역이 당해 지방자치단체의 관할구역과 같거나 겹치는 지역구국회의원선거에 입후보하고자 하는 때에는 당해 선거의 선거일전 120일까지 그 직을 그만두어야 한다. 다만, 그 지방자치단체의 장이 임기가 만료된 후에 그 임기만료일부터 90일 후에 실시되는 지역구국회의원선거에 입후보하려는 경우에는 그러하지 아니하다.

**第56条【기탁금】** ① 후보자등록을 신청하는 자는 등록신청 시에 후보자 1명마다 다음 각 호의 기탁금(후보자등록을 신청하는 사람이 「장애인복지법」 제32조에 따라 등록한 장애인이거나 선거일 현재 29세 이하인 경우에는 다음 각 호에 따른 기탁금의 100분의 50에 해당하는 금액을 말하고, 30세 이상 39세 이하인 경우에는 다음 각 호에 따른 기탁금의 100분의 70에 해당하는 금액을 말한다)을 중앙선거관리위원회규칙으로 정하는 바에 따라 관할선거구선거관리위원회에 납부하여야 한다. 이 경우 예비후보자가 해당 선거의 같은 선거구에 후보자등록을 신청하는 때에는 제60조의2제2항에 따라 납부한 기탁금을 제외한 나머지 금액을 납부하여야 한다. 〈개정 1997. 11. 14., 2000. 2. 16., 2001. 10. 8., 2002. 3. 7., 2010. 1. 25., 2012. 1. 17., 2020. 3. 25., 2022. 4. 20.〉

1. 대통령선거는 3억원
2. 지역구국회의원선거는 1천500만원
2의2. 비례대표국회의원선거는 500만원
3. 시・도의회의원선거는 300만원

4. 시·도지사선거는 5천만원
5. 자치구·시·군의 장 선거는 1천만원
6. 자치구·시·군의원선거는 200만원
② 제1항의 기탁금은 체납처분이나 강제집행의 대상이 되지 아니한다.
③ 제261조에 따른 과태료 및 제271조에 따른 불법시설물 등에 대한 대집행비용은 제1항의 기탁금(제60조의2제2항의 기탁금을 포함한다)에서 부담한다. 〈개정 2010. 1. 25.〉
④ 제1항에 따라 장애인 또는 39세 이하의 사람이 납부하는 기탁금의 감액비율은 중복하여 적용하지 아니한다. 〈신설 2022. 4. 20.〉

| |
|---|
| 2020. 3. 25. 법률 제17127호에 의하여 2016. 12. 29. 헌법재판소에서 헌법불합치 결정된 이 조 제1항 제2호를 개정함. |

**제57조【기탁금의 반환 등】** ① 관할선거구선거관리위원회는 다음 각 호의 구분에 따른 금액을 선거일 후 30일 이내에 기탁자에게 반환한다. 이 경우 반환하지 아니하는 기탁금은 국가 또는 지방자치단체에 귀속한다. 〈개정 2004. 3. 12., 2005. 8. 4., 2010. 1. 25., 2020. 3. 25., 2022. 4. 20.〉
1. 대통령선거, 지역구국회의원선거, 지역구지방의회의원선거 및 지방자치단체의 장 선거
가. 후보자가 당선되거나 사망한 경우와 유효투표총수의 100분의 15 이상(후보자가 「장애인복지법」 제32조에 따라 등록한 장애인이거나 선거일 현재 39세 이하인 경우에는 유효투표총수의 100분의 10 이상을 말한다)을 득표한 경우에는 기탁금 전액
나. 후보자가 유효투표총수의 100분의 10 이상 100분의 15 미만(후보자가 「장애인복지법」 제32조에 따라 등록한 장애인이거나 선거일 현재 39세 이하인 경우에는 유효투표총수의 100분의 5 이상 100분의 10 미만을 말한다)을 득표한 경우에는 기탁금의 100분의 50에 해당하는 금액
다. 예비후보자가 사망하거나, 당헌·당규에 따라 소속 정당에 후보자로 추천하여 줄 것을 신청하였으나 해당 정당의 추천을 받지 못하여 후보자로 등록하지 않은 경우에는 제60조의2제2항에 따라 납부한 기탁금 전액
2. 비례대표국회의원선거 및 비례대표지방의회의원선거
당해 후보자명부에 올라 있는 후보자중 당선인이 있는 때에는 기탁금 전액. 다만, 제189조 및 제190조의2에 따른 당선인의 결정 전에 사퇴하거나 등록이 무효로 된 후보자의 기탁금은 제외한다.

② 제56조제3항에 따라 기탁금에서 부담하여야 할 비용은 제1항에 따라 기탁금을 반환하는 때에 공제하되, 그 부담비용이 반환할 기탁금을 넘는 사람은 그 차액을, 기탁금 전액이 국가 또는 지방자치단체에 귀속되는 사람은 그 부담비용 전액을 해당 선거구선거관리위원회의 고지에 따라 그 고지를 받은 날부터 10일 이내에 납부하여야 한다. 〈개정 2010. 1. 25.〉

③ 관할선거구선거관리위원회는 제2항의 납부기한까지 해당자가 그 금액을 납부하지 아니한 때에는 관할세무서장에게 징수를 위탁하고, 관할세무서장은 국세 체납처분의 예에 따라 이를 징수하여 국가 또는 해당 지방자치단체에 납입하여야 한다. 이 경우 제271조에 따른 불법시설물 등에 대한 대집행비용은 우선 해당 선거관리위원회가 지출한 후 관할세무서장에게 그 징수를 위탁할 수 있다. 〈신설 2010. 1. 25.〉

④ 삭제 〈2000. 2. 16.〉

⑤ 기탁금의 반환 및 귀속 기타 필요한 사항은 중앙선거관리위원회규칙으로 정한다. 〈개정 2000. 2. 16.〉

> 2020. 3. 25. 법률 제17127호에 의하여 2018. 1. 25. 헌법재판소에서 헌법불합치 결정된 이 조 제1항 제1호 다목을 개정함.

## 제6장의2 정당의 후보자 추천을 위한 당내경선 〈신설 2005. 8. 4.〉

제57조의2 【당내경선의 실시】 ① 정당은 공직선거후보자를 추천하기 위하여 경선(이하 "당내경선"이라 한다)을 실시할 수 있다.

② 정당이 당내경선[당내경선(여성이나 장애인 등에 대하여 당헌·당규에 따라 가산점 등을 부여하여 실시하는 경우를 포함한다)의 후보자로 등재된 자(이하 "경선후보자"라 한다)를 대상으로 정당의 당헌·당규 또는 경선후보자간의 서면합의에 따라 실시한 당내경선을 대체하는 여론조사를 포함한다]을 실시하는 경우 경선후보자로서 당해 정당의 후보자로 선출되지 아니한 자는 당해 선거의 같은 선거구에서는 후보자로 등록될 수 없다. 다만, 후보자로 선출된 자가 사퇴·사망·피선거권 상실 또는 당적의 이탈·변경 등으로 그 자격을 상실한 때에는 그러하지 아니하다. 〈개정 2018. 4. 6.〉

③ 「정당법」 제22조(발기인 및 당원의 자격)의 규정에 따라 당원이 될 수 없는 자는 당내경선의 선거인이 될 수 없다. [본조신설 2005. 8. 4.]

제57조의3 【당내경선운동】 ① 정당이 당원과 당원이 아닌 자에게 투표권을 부여하여 실시하는 당내경선에서는 다음 각 호의 어느 하나에 해당하는 방법 외의 방법으로 경선운

동을 할 수 없다. 〈개정 2008. 2. 29., 2012. 2. 29.〉

1. 제60조의3제1항제1호·제2호에 따른 방법
2. 정당이 경선후보자가 작성한 1종의 홍보물(이하 이 조에서 "경선홍보물"이라 한다)을 1회에 한하여 발송하는 방법
3. 정당이 합동연설회 또는 합동토론회를 옥내에서 개최하는 방법(경선후보자가 중앙선거관리위원회규칙으로 정하는 바에 따라 그 개최장소에 경선후보자의 홍보에 필요한 현수막 등 시설물을 설치·게시하는 방법을 포함한다)

② 정당이 제1항제2호 또는 제3호의 규정에 따른 방법으로 경선홍보물을 발송하거나 합동연설회 또는 합동토론회를 개최하는 때에는 당해 선거의 관할선거구선거관리위원회에 신고하여야 한다.

③ 제1항의 규정에 위반되는 경선운동에 소요되는 비용은 제119조(선거비용등의 정의)의 규정에 따른 선거비용으로 본다.

④ 제1항제2호의 경선홍보물의 작성 및 제2항의 신고 그 밖에 필요한 사항은 중앙선거관리위원회규칙으로 정한다.

## 제7장 선거운동

**제58조【정의 등】** ① 이 법에서 "선거운동"이라 함은 당선되거나 되게 하거나 되지 못하게 하기 위한 행위를 말한다. 다만, 다음 각 호의 어느 하나에 해당하는 행위는 선거운동으로 보지 아니한다. 〈개정 2000. 2. 16., 2012. 2. 29., 2013. 8. 13., 2020. 3. 25.〉

1. 선거에 관한 단순한 의견개진 및 의사표시
2. 입후보와 선거운동을 위한 준비행위
3. 정당의 후보자 추천에 관한 단순한 지지·반대의 의견개진 및 의사표시
4. 통상적인 정당활동
5. 삭제 〈2014. 5. 14.〉
6. 설날·추석 등 명절 및 석가탄신일·기독탄신일 등에 하는 의례적인 인사말을 문자메시지(그림말·음성·화상·동영상 등을 포함한다. 이하 같다)로 전송하는 행위

② 누구든지 자유롭게 선거운동을 할 수 있다. 그러나 이 법 또는 다른 법률의 규정에 의하여 금지 또는 제한되는 경우에는 그러하지 아니하다.

제58조의2 【투표참여 권유활동】 누구든지 투표참여를 권유하는 행위를 할 수 있다. 다만, 다음 각 호의 어느 하나에 해당하는 행위의 경우에는 그러하지 아니하다.

1. 호별로 방문하여 하는 경우
2. 사전투표소 또는 투표소로부터 100미터 안에서 하는 경우
3. 특정 정당 또는 후보자(후보자가 되려는 사람을 포함한다. 이하 이 조에서 같다)를 지지·추천하거나 반대하는 내용을 포함하여 하는 경우
4. 현수막 등 시설물, 인쇄물, 확성장치·녹음기·녹화기(비디오 및 오디오 기기를 포함한다), 어깨띠, 표찰, 그 밖의 표시물을 사용하여 하는 경우(정당의 명칭이나 후보자의 성명·사진 또는 그 명칭·성명을 유추할 수 있는 내용을 나타내어 하는 경우에 한정한다) [본조신설 2014. 5. 14.]

제59조 【선거운동기간】 선거운동은 선거기간개시일부터 선거일 전일까지에 한하여 할 수 있다. 다만, 다음 각 호의 어느 하나에 해당하는 경우에는 그러하지 아니하다. 〈개정 2004. 3. 12., 2005. 8. 4., 2011. 7. 28., 2012. 2. 29., 2017. 2. 8., 2020. 12. 29.〉

1. 제60조의3(예비후보자 등의 선거운동)제1항 및 제2항의 규정에 따라 예비후보자 등이 선거운동을 하는 경우
2. 문자메시지를 전송하는 방법으로 선거운동을 하는 경우. 이 경우 자동 동보통신의 방법(동시 수신대상자가 20명을 초과하거나 그 대상자가 20명 이하인 경우에도 프로그램을 이용하여 수신자를 자동으로 선택하여 전송하는 방식을 말한다. 이하 같다)으로 전송할 수 있는 자는 후보자와 예비후보자에 한하되, 그 횟수는 8회(후보자의 경우 예비후보자로서 전송한 횟수를 포함한다)를 넘을 수 없으며, 중앙선거관리위원회규칙에 따라 신고한 1개의 전화번호만을 사용하여야 한다.
3. 인터넷 홈페이지 또는 그 게시판·대화방 등에 글이나 동영상 등을 게시하거나 전자우편(컴퓨터 이용자끼리 네트워크를 통하여 문자·음성·화상 또는 동영상 등의 정보를 주고받는 통신시스템을 말한다. 이하 같다)을 전송하는 방법으로 선거운동을 하는 경우. 이 경우 전자우편 전송대행업체에 위탁하여 전자우편을 전송할 수 있는 사람은 후보자와 예비후보자에 한한다.
4. 선거일이 아닌 때에 전화(송·수화자 간 직접 통화하는 방식에 한정하며, 컴퓨터를 이용한 자동 송신장치를 설치한 전화는 제외한다)를 이용하거나 말(확성장치를 사용하거나 옥외집회에서 다중을 대상으로 하는 경우를 제외한다)로 선거운동을 하는 경우

5. 후보자가 되려는 사람이 선거일 전 180일(대통령선거의 경우 선거일 전 240일을 말한다)부터 해당 선거의 예비후보자등록신청 전까지 제60조의3제1항제2호의 방법(같은 호 단서를 포함한다)으로 자신의 명함을 직접 주는 경우 [제목개정 2011. 7. 28.]

**제60조【선거운동을 할 수 없는 자】** ① 다음 각 호의 어느 하나에 해당하는 사람은 선거운동을 할 수 없다. 다만, 제1호에 해당하는 사람이 예비후보자·후보자의 배우자인 경우와 제4호부터 제8호까지의 규정에 해당하는 사람이 예비후보자·후보자의 배우자이거나 후보자의 직계존비속인 경우에는 그러하지 아니하다. 〈개정 1995. 12. 30., 1997. 1. 13., 2000. 2. 16., 2002. 3. 7., 2004. 3. 12., 2005. 8. 4., 2010. 1. 25., 2012. 1. 17., 2012. 2. 29., 2014. 1. 17., 2016. 5. 29., 2020. 1. 14., 2020. 3. 25., 2020. 12. 29.〉

1. 대한민국 국민이 아닌 자. 다만, 제15조제2항제3호에 따른 외국인이 해당 선거에서 선거운동을 하는 경우에는 그러하지 아니하다.
2. 미성년자(18세 미만의 자를 말한다. 이하 같다)
3. 제18조(選擧權이 없는 者)제1항의 규정에 의하여 선거권이 없는 자
4. 「국가공무원법」 제2조(公務員의 구분)에 규정된 국가공무원과 「지방공무원법」 제2조(公務員의 구분)에 규정된 지방공무원. 다만, 「정당법」 제22조(발기인 및 당원의 자격)제1항제1호 단서의 규정에 의하여 정당의 당원이 될 수 있는 공무원(國會議員과 地方議會議員외의 政務職公務員을 제외한다)은 그러하지 아니하다.
5. 제53조(公務員 등의 立候補)제1항제2호 내지 제7호에 해당하는 자(제5호 및 제6호의 경우에는 그 常勤職員을 포함한다)
6. 예비군 중대장급 이상의 간부
7. 통·리·반의 장 및 읍·면·동주민자치센터(그 명칭에 관계없이 읍·면·동사무소 기능전환의 일환으로 조례에 의하여 설치된 각종 문화·복지·편익시설을 총칭한다. 이하 같다)에 설치된 주민자치위원회(주민자치센터의 운영을 위하여 조례에 의하여 읍·면·동사무소의 관할구역별로 두는 위원회를 말한다. 이하 같다)위원
8. 특별법에 의하여 설립된 국민운동단체로서 국가 또는 지방자치단체의 출연 또는 보조를 받는 단체(바르게살기運動協議會·새마을運動協議會·韓國自由總聯盟을 말한다)의 상근 임·직원 및 이들 단체 등(市·道組織 및 區·市·郡組織을 포함한다)의 대표자
9. 선상투표신고를 한 선원이 승선하고 있는 선박의 선장

② 각급선거관리위원회위원・예비군 중대장급 이상의 간부・주민자치위원회위원 또는 통・리・반의 장이 선거사무장, 선거연락소장, 선거사무원, 제62조제4항에 따른 활동보조인, 회계책임자, 연설원, 대담・토론자 또는 투표참관인이나 사전투표참관인이 되고자 하는 때에는 선거일 전 90일(선거일 전 90일 후에 실시사유가 확정된 보궐선거등에서는 그 선거의 실시사유가 확정된 때부터 5일 이내)까지 그 직을 그만두어야 하며, 선거일 후 6월 이내(주민자치위원회위원은 선거일까지)에는 종전의 직에 복직될 수 없다. 이 경우 그만둔 것으로 보는 시기에 관하여는 제53조제4항을 준용한다.

**제67조【현수막】** ① 후보자(비례대표국회의원후보자 및 비례대표지방의회의원후보자를 제외하며, 대통령선거에 있어서 정당추천후보자의 경우에는 그 추천정당을 말한다)는 선거운동을 위하여 해당 선거구안의 읍・면・동 수의 2배 이내의 현수막을 게시할 수 있다. 〈개정 2005. 8. 4., 2018. 4. 6.〉

② 삭제 〈2005. 8. 4.〉

③ 제1항의 현수막의 규격 및 게시방법 등에 관하여 필요한 사항은 중앙선거관리위원회규칙으로 정한다.

**제82조의7【인터넷광고】** ① 후보자(대통령선거의 정당추천후보자와 비례대표국회의원선거 및 비례대표지방의회의원선거에 있어서는 후보자를 추천한 정당을 말한다. 이하 이 조에서 같다)는 인터넷언론사의 인터넷홈페이지에 선거운동을 위한 광고(이하 "인터넷광고"라 한다)를 할 수 있다.

② 제1항의 인터넷광고에는 광고근거와 광고주명을 표시하여야 한다.

③ 같은 정당의 추천을 받은 2인 이상의 후보자는 합동으로 제1항의 규정에 따른 인터넷광고를 할 수 있다. 이 경우 그 비용은 당해 후보자간의 약정에 따라 분담하되, 그 분담내역을 광고계약서에 명시하여야 한다.

④ 삭제 〈2010. 1. 25.〉

⑤ 누구든지 제1항의 경우를 제외하고는 선거운동을 위하여 인터넷광고를 할 수 없다.

⑥ 광고근거의 표시방법 그 밖에 필요한 사항은 중앙선거관리위원회규칙으로 정한다. 〈개정 2010. 1. 25.〉 [본조신설 2005. 8. 4.]

**제82조의8【딥페이크영상등을 이용한 선거운동】** ① 누구든지 선거일 전 90일부터 선거일까지 선거운동을 위하여 인공지능 기술 등을 이용하여 만든 실제와 구분하기 어려운 가상의 음향, 이미지 또는 영상 등(이하 "딥페이크영상등"이라 한다)을 제작・편집・유포・상영 또는 게시하는 행위를 하여서는 아니 된다.

② 누구든지 제1항의 기간이 아닌 때에 선거운동을 위하여 딥페이크영상등을 제작・편집・유포・상영 또는 게시하는 경우에는 해당 정보가 인공지능 기술 등을 이용하여 만든 가상의 정보라는 사실을 명확하게 인식할 수 있도록 중앙선거관리위원회규칙으로 정하는 바에 따라 해당 사항을 딥페이크영상등에 표시하여야 한다.

[본조신설 2023. 12. 28.]

## 제8장 선거비용

**제119조【선거비용 등의 정의】** ① 이 법에서 "선거비용"이라 함은 당해 선거에서 선거운동을 위하여 소요되는 금전・물품 및 채무 그 밖에 모든 재산상의 가치가 있는 것으로서 당해 후보자(후보자가 되려는 사람을 포함하며, 대통령선거에 있어서 政黨推薦候補者와 比例代表國會議員選擧 및 비례대표지방의회의원선거에 있어서는 그 推薦政黨을 포함한다. 이하 이 항에서 같다)가 부담하는 비용과 다음 각 호의 어느 하나에 해당되는 비용을 말한다. 〈개정 1995. 4. 1., 2000. 2. 16., 2004. 3. 12., 2005. 8. 4., 2010. 1. 25.〉

1. 후보자가 이 법에 위반되는 선거운동을 위하여 지출한 비용과 기부행위제한규정을 위반하여 지출한 비용
2. 정당, 정당선거사무소의 소장, 후보자의 배우자 및 직계존비속, 선거사무장・선거연락소장・회계책임자가 해당 후보자의 선거운동(위법선거운동을 포함한다. 이하 이 항에서 같다)을 위하여 지출한 비용과 기부행위제한규정을 위반하여 지출한 비용
3. 선거사무장・선거연락소장・회계책임자로 선임된 사람이 선임・신고되기 전까지 해당 후보자의 선거운동을 위하여 지출한 비용과 기부행위제한규정을 위반하여 지출한 비용
4. 제2호 및 제3호에 규정되지 아니한 사람이라도 누구든지 후보자, 제2호 또는 제3호에 규정된 자와 통모하여 해당 후보자의 선거운동을 위하여 지출한 비용과 기부행위제한규정을 위반하여 지출한 비용

② 이 법에서 "수입"이라 함은 선거비용의 충당을 위한 금전 및 금전으로 환가할 수 있는 물품 기타 재산상의 이익을 받거나 받기로 한 약속을 말한다.

③ 이 법에서 "지출"이라 함은 선거비용의 제공・교부 또는 그 약속을 말한다.

④ 이 법에서 "회계책임자"라 함은 「정치자금법」 제34조(회계책임자의 선임신고 등)제1항제5호・제6호 또는 제3항의 규정에 의하여 선임신고된 각각의 회계책임자를 말한다. 〈신설 2005. 8. 4.〉

제147조【투표소의 설치】 ① 읍·면·동선거관리위원회는 선거일 전일까지 관할 구역 안의 투표구마다 투표소를 설치하여야 한다. 〈개정 2005. 8. 4.〉

② 투표소는 투표구안의 학교, 읍·면·동사무소 등 관공서, 공공기관·단체의 사무소, 주민회관 기타 선거인이 투표하기 편리한 곳에 설치한다. 다만, 당해 투표구안에 투표소를 설치할 적당한 장소가 없는 경우에는 인접한 다른 투표구안에 설치할 수 있다. 〈개정 2004. 3. 12., 2005. 8. 4.〉

③ 학교·관공서 및 공공기관·단체의 장은 선거관리위원회로부터 투표소 설치를 위한 장소사용 협조요구를 받은 때에는 우선적으로 이에 응하여야 한다. 〈신설 2004. 3. 12.〉

④ 병영 안과 종교시설 안에는 투표소를 설치하지 못한다. 다만, 종교시설의 경우 투표소를 설치할 적합한 장소가 없는 부득이한 경우에는 그러하지 아니하다. 〈개정 2010. 1. 25.〉

⑤ 투표소에는 기표소·투표함·참관인의 좌석 그 밖의 투표관리에 필요한 시설을 설비하여야 한다. 〈개정 2005. 8. 4.〉

⑥ 기표소는 그 안을 다른 사람이 엿볼 수 없도록 설비하여야 하며 어떠한 표지도 하여서는 아니된다.

⑦ 정당·후보자·선거사무장 또는 선거연락소장은 투표소의 설비에 대하여 그 시정을 요구할 수 있다.

⑧ 제1항의 규정에 의하여 투표소를 설치하는 때에는 읍·면·동선거관리위원회는 선거일전 10일까지 그 명칭과 소재지를 공고하여야 한다. 다만, 천재·지변 기타 부득이한 사유가 있는 때에는 이를 변경할 수 있으며, 이 경우에는 즉시 공고하여 선거인에게 알려야 한다. 〈개정 2005. 8. 4.〉

⑨ 읍·면·동선거관리위원회는 투표사무를 보조하게 하기 위하여 다음 각 호의 어느 하나에 해당하는 자중에서 투표사무원을 위촉하여야 한다. 〈개정 2000. 2. 16., 2002. 3. 7., 2004. 3. 12., 2005. 8. 4., 2007. 1. 3., 2010. 1. 25., 2010. 5. 17., 2018. 4. 6.〉

1. 「국가공무원법」 제2조에 규정된 국가공무원과 「지방공무원법」 제2조에 규정된 지방공무원. 다만, 일반직공무원의 행정직군 중 교정·보호·검찰사무·마약수사·출입국관리·철도공안 직렬의 공무원과 교육공무원 외의 특정직공무원 및 정무직공무원을 제외한다.
2. 각급학교의 교직원
3. 「은행법」 제2조의 규정에 의한 은행의 직원

4. 제53조제1항제4호 내지 제6호에 규정된 기관 등의 직원
5. 투표사무를 보조할 능력이 있는 공정하고 중립적인 자

⑩ 제9항제1호부터 제4호까지의 기관·단체의 장이 선거관리위원회로부터 투표사무원의 추천 협조요구를 받은 때에는 우선적으로 이에 따라야 한다. 〈신설 2014. 2. 13.〉

⑪ 투표소의 설비, 고령자·장애인·임산부 등 교통약자와 격리자등의 투표소 접근 편의를 보장하기 위한 제반 시설의 설치, 적절한 투표소 위치 확보 등의 조치, 그 밖에 필요한 사항은 중앙선거관리위원회규칙으로 정한다. 〈개정 2018. 4. 6., 2022. 2. 16.〉

**제158조【사전투표】** ① 선거인(거소투표자와 선상투표자는 제외한다)은 누구든지 사전투표기간 중에 사전투표소에 가서 투표할 수 있다.

② 사전투표를 하려는 선거인은 사전투표소에서 신분증명서를 제시하여 본인임을 확인받은 다음 전자적 방식으로 손도장을 찍거나 서명한 후 투표용지를 받아야 한다. 이 경우 중앙선거관리위원회는 해당 선거인에게 투표용지가 교부된 사실을 확인할 수 있도록 신분증명서의 일부를 전자적 이미지 형태로 저장하여 선거일의 투표마감시각까지 보관하여야 한다. 〈개정 2015. 8. 13.〉

③ 사전투표관리관은 투표용지 발급기로 선거권이 있는 해당 선거의 투표용지를 인쇄하여 "사전투표관리관"칸에 자신의 도장을 찍은 후 일련번호를 떼지 아니하고 회송용 봉투와 함께 선거인에게 교부한다.

④ 투표용지와 회송용 봉투를 받은 선거인은 기표소에 들어가 투표용지에 1명의 후보자(비례대표국회의원선거 및 비례대표지방의회의원선거에서는 하나의 정당을 말한다)를 선택하여 투표용지의 해당 칸에 기표한 다음 그 자리에서 기표내용이 다른 사람에게 보이지 아니하게 접어 이를 회송용 봉투에 넣어 봉함한 후 사전투표함에 넣어야 한다.

⑤ 제3항 및 제4항에도 불구하고 사전투표관리관은 중앙선거관리위원회규칙으로 정하는 구역의 선거인에게는 회송용 봉투를 교부하지 아니할 수 있다.

⑥ 사전투표관리관은 사전투표기간 중 매일의 사전투표마감 후 또는 사전투표기간 종료 후 투표지를 인계하는 경우에는 사전투표참관인의 참관 하에 다음 각 호에 따라 처리한다. 〈개정 2014. 2. 13., 2021. 3. 26.〉

1. 제3항 및 제4항에 따라 투표용지와 회송용 봉투를 함께 교부하여 투표하게 한 경우에는 사전투표함을 개함하고 사전투표자수를 계산한 후 관할 우체국장에게 인계하여 등기우편으로 발송한다. 이 경우 사전투표관리관은 후보자별로 사전투표참관인 1명씩을 지정하여 해당 우체국까지 동행하여야 하며, 사전투표관리관이 지정한 사전투표참관인이 정당한 사유 없이 동행을 거부한 때에는 그 권한을 포기한 것으로 보고 투표록

에 그 사유를 기재한다.

2. 제5항에 따라 회송용 봉투를 교부하지 아니하고 투표하게 한 경우에는 해당 사전투표함을 직접 관할 구·시·군선거관리위원회에 인계한다. 이 경우 사전투표함 등의 송부에 관하여는 제170조를 준용한다.

⑦ 투표용지를 교부하지 아니하는 경우와 투표소 출입 등에 관하여는 제157조제3항 및 제5항부터 제7항까지의 규정을 준용한다.

⑧ 전기통신 장애 등이 발생하는 경우 사전투표절차, 그 밖에 필요한 사항은 중앙선거관리위원회규칙으로 정한다. [전문개정 2014. 1. 17.]

## 제11장 개표

제179조 【무효투표】 ① 다음 각 호의 어느 하나에 해당하는 투표는 무효로 한다. 〈개정 2002. 3. 7., 2004. 3. 12., 2005. 8. 4., 2015. 8. 13.〉

1. 정규의 투표용지를 사용하지 아니한 것
2. 어느 란에도 표를 하지 아니한 것
3. 2란에 걸쳐서 표를 하거나 2 이상의 란에 표를 한 것
4. 어느 란에 표를 한 것인지 식별할 수 없는 것
5. ㉥ 표를 하지 아니하고 문자 또는 물형을 기입한 것
6. ㉥ 표 외에 다른 사항을 기입한 것
7. 선거관리위원회의 기표용구가 아닌 용구로 표를 한 것

② 사전투표 및 거소투표의 경우에는 제1항의 규정에 의하는 외에 다음 각 호의 어느 하나에 해당하는 투표도 이를 무효로 한다. 〈개정 2000. 2. 16., 2005. 8. 4., 2012. 2. 29., 2014. 1. 17.〉

1. 정규의 회송용 봉투를 사용하지 아니한 것
2. 회송용 봉투가 봉함되지 아니한 것
3. 삭제 〈2005. 8. 4.〉
4. 삭제 〈2014. 1. 17.〉

③ 선상투표의 경우에는 제1항에 따라 무효로 하는 경우 외에 다음 각 호의 어느 하나에 해당하는 경우에도 무효로 한다. 〈신설 2012. 2. 29., 2014. 1. 17.〉

1. 선상투표신고서에 기재된 팩시밀리 번호가 아닌 번호를 이용하여 전송되거나 전송한 팩시밀리 번호를 알 수 없는 것

2. 같은 선거인의 투표지가 2회 이상 수신된 경우 정상적으로 수신된 최초의 투표지 외의 것
3. 선거인이나 선장 또는 입회인의 서명이 누락된 것(제158조의3제3항 단서에 따라 입회인을 두지 아니한 경우 입회인의 서명이 누락된 것은 제외한다)
4. 표지부분에 후보자의 성명이나 정당의 명칭 또는 그 성명이나 명칭을 유추할 수 있는 내용이 표시된 것

④ 다음 각 호의 어느 하나에 해당하는 투표는 무효로 하지 아니한다. 〈개정 2000. 2. 16., 2005. 8. 4., 2012. 2. 29., 2014. 1. 17.〉

1. (卜)표가 일부분 표시되거나 (卜)표안이 메워진 것으로서 선거관리위원회의 기표용구를 사용하여 기표를 한 것이 명확한 것
2. 한 후보자(비례대표국회의원선거 및 비례대표지방의회의원선거에 있어서는 정당을 말한다. 이하 이 항에서 같다)란에만 2 이상 기표된 것
3. 후보자란 외에 추가 기표되었으나 추가 기표된 것이 어느 후보자에게도 기표한 것으로 볼 수 없는 것
4. 삭제 〈2015. 8. 13.〉
5. 기표한 것이 전사된 것으로서 어느 후보자에게 기표한 것인지가 명확한 것
6. 인육으로 오손되거나 훼손되었으나 정규의 투표용지임이 명백하고 어느 후보자에게 기표한 것인지가 명확한 것
7. 거소투표(선상투표를 포함한다)의 경우 이 법에 규정된 방법외의 다른 방법[인장(拇印을 제외한다)의 날인·성명기재 등 누가 투표한 것인지 알 수 있는 것을 제외한다]으로 표를 하였으나 어느 후보자에게 기표한 것인지가 명확한 것
8. 회송용 봉투에 성명 또는 거소가 기재되거나 사인이 날인된 것
9. 거소투표자 또는 선상투표자가 투표 후 선거일의 투표개시 전에 사망한 경우 그 거소투표 또는 선상투표
10. 사전투표소에서 투표한 선거인이 선거일의 투표개시 전에 사망한 경우 해당 선거인의 투표 [제목개정 2015. 8. 13.]

제189조【비례대표국회의원의석의 배분과 당선인의 결정・공고・통지】 ① 중앙선거관리위원회는 다음 각 호의 어느 하나에 해당하는 정당(이하 이 조에서 "의석할당정당"이라 한다)에 대하여 비례대표국회의원의석을 배분한다. 〈개정 2020. 1. 14.〉

1. 임기만료에 따른 비례대표국회의원선거에서 전국 유효투표총수의 100분의 3 이상을 득표한 정당
2. 임기만료에 따른 지역구국회의원선거에서 5 이상의 의석을 차지한 정당

② 비례대표국회의원의석은 다음 각 호에 따라 각 의석할당정당에 배분한다. 〈개정 2020. 1. 14.〉

1. 각 의석할당정당에 배분할 의석수(이하 이 조에서 "연동배분의석수"라 한다)는 다음 계산식에 따른 값을 소수점 첫째자리에서 반올림하여 산정한다. 이 경우 연동배분의석수가 1보다 작은 경우 연동배분의석수는 0으로 한다.

| | | |
|---|---|---|
| 연동배분 의석수 | = | [( 국회의원정수 − 의석할당정당이 추천하지 않은 지역구 국회의원 당선인수 ) |
| | | × 해당 정당의 비례대표 국회의원선거 득표비율 |
| | | − 해당 정당의 지역구국회의원 당선인 수 ] ÷ 2 |

2. 제1호에 따른 각 정당별 연동배분의석수의 합계가 비례대표국회의원 의석정수에 미달할 경우 각 의석할당정당에 배분할 잔여의석수(이하 이 조에서 "잔여배분의석수"라 한다)는 다음 계산식에 따라 산정한다. 이 경우 정수(整數)의 의석을 먼저 배정하고 잔여의석은 소수점 이하 수가 큰 순으로 각 의석할당정당에 1석씩 배분하되, 그 수가 같은 때에는 해당 정당 사이의 추첨에 따른다.

| | | |
|---|---|---|
| 잔여배분의석수 | = | (비례대표국회의원 의석정수 − 각 연동배분의석수의 합계) |
| | | × 비례대표 국회의원선거 득표비율 |

3. 제1호에 따른 각 정당별 연동배분의석수의 합계가 비례대표국회의원 의석정수를 초과할 경우에는 제1호 및 제2호에도 불구하고 다음 계산식에 따라 산출된 수(이하 이 조에서 "조정의석수"라 한다)를 각 연동배분의석 할당정당의 의석으로 산정한다. 이 경우 산출방식에 관하여는 제2호 후단을 준용한다.

| | | | | |
|---|---|---|---|---|
| 조정의석수 | = | 비례대표국회의원 의석정수 | × | 연동배분의석수 |
| | | ÷ 각 연동배분의석수의 합계 | | |

③ 제2항의 비례대표국회의원선거 득표비율은 각 의석할당정당의 득표수를 모든 의석할당정당의 득표수의 합계로 나누어 산출한다. 〈개정 2020. 1. 14.〉

④ 중앙선거관리위원회는 제출된 정당별 비례대표국회의원후보자명부에 기재된 당선인으로 될 순위에 따라 정당에 배분된 비례대표국회의원의 당선인을 결정한다.

⑤ 정당에 배분된 비례대표국회의원의석수가 그 정당이 추천한 비례대표국회의원후보자수를 넘는 때에는 그 넘는 의석은 공석으로 한다.

⑥ 중앙선거관리위원회는 비례대표국회의원선거에 있어서 제198조(천재·지변 등으로 인한 재투표)의 규정에 의한 재투표 사유가 발생한 경우에는 그 투표구의 선거인수를 전국선거인수로 나눈 수에 비례대표국회의원 의석정수를 곱하여 얻은 수의 정수(1 미만의 단수는 1로 본다)를 비례대표국회의원 의석정수에서 뺀 다음 제1항부터 제4항까지의 규정에 따라 비례대표국회의원의석을 배분하고 당선인을 결정한다. 다만, 재투표결과에 따라 의석할당정당이 추가될 것으로 예상되는 경우에는 추가가 예상되는 정당마다 비례대표국회의원 의석정수의 100분의 3에 해당하는 정수(1미만의 단수는 1로 본다)의 의석을 별도로 빼야 한다. 〈개정 2020. 1. 14.〉

⑦ 비례대표국회의원의 당선인이 결정된 때에는 중앙선거관리위원회위원장은 그 명단을 공고하고 지체없이 각 정당에 통지하며, 당선인에게 당선증을 교부하여야 한다.

⑧ 제187조(대통령당선인의 결정·공고·통지)제4항의 규정은 비례대표국회의원당선인의 결정에 이를 준용한다. [전문개정 2004. 3. 12.]

2004. 3. 12. 법률 제7189호에 의하여 2001. 7. 19. 헌법재판소에서 위헌결정된 이 조를 개정함.

## 제14장 동시선거에 관한 특례

제202조 【동시선거의 정의와 선거기간】 ① 이 법에서 "동시선거"라 함은 선거구의 일부 또는 전부가 서로 겹치는 구역에서 2 이상의 다른 종류의 선거를 같은 선거일에 실시하는 것을 말한다.

② 동시선거에 있어 선거기간 및 선거사무일정이 서로 다른 때에는 이 법의 다른 규정에 불구하고 선거기간이 긴 선거의 예에 의한다.

**제203조【동시선거의 범위와 선거일】** ① 임기만료일이 같은 지방의회의원 및 지방자치단체의 장의 선거는 그 임기만료에 의한 선거의 선거일에 동시실시한다.

② 제35조제2항제2호에 따른 지방자치단체의 장 선거가 다음 각호에 해당되는 때에는 임기만료에 의한 선거의 선거일에 동시실시한다. 〈개정 1998. 4. 30., 2000. 2. 16., 2015. 8. 13.〉

1. 임기만료에 의한 선거의 선거기간중에 그 선거를 실시할 수 있는 기간의 만료일이 있는 보궐선거 등
2. 선거를 실시할 수 있는 기간의 만료일이 임기만료에 의한 선거의 선거일후에 해당되나 그 선거의 실시사유가 임기만료에 의한 선거의 선거일 30일전까지 확정된 보궐선거 등

③ 임기만료에 따른 국회의원선거 또는 지방의회의원 및 지방자치단체의 장의 선거가 실시되는 연도에는 제35조제2항제1호에 따라 4월 첫 번째 수요일에 실시하는 보궐선거등은 임기만료에 따른 선거의 선거일에 동시 실시한다. 이 경우 4월 30일까지 실시사유가 확정된 보궐선거등은 임기만료에 따른 지방의회의원 및 지방자치단체의 장의 선거의 선거일에 동시 실시한다. 〈개정 2020. 12. 29.〉

④ 임기만료에 따른 대통령선거가 실시되는 연도에는 1월 31일까지 실시사유가 확정된 제35조제2항제1호가목 본문 및 나목에 따른 보궐선거등은 해당 임기만료에 따른 대통령선거의 선거일에 동시 실시한다. 〈개정 2020. 12. 29.〉

⑤ 제35조제2항제1호 각 목(가 목 단서에 따른 보궐선거등은 제외한다)에 따른 보궐선거등의 후보자등록신청개시일 전일까지 대통령의 궐위로 인한 선거 또는 재선거의 실시사유가 확정된 경우 그 보궐선거등은 대통령의 궐위로 인한 선거 또는 재선거의 선거일에 동시 실시한다. 〈신설 2018. 4. 6., 2020. 12. 29.〉

[제목개정 2015. 8. 13.]

**제204조【선거인명부에 관한 특례】** ① 동시선거에 있어서 선거인명부와 거소·선상투표신고인명부는 제44조제1항에도 불구하고 각각 하나의 선거인명부와 거소·선상투표신고인명부로 한다. 〈개정 2011.7.28., 2014.1.17.〉

② 삭제 〈1998.4.30.〉

③ 동시선거에 사용할 선거인명부 및 거소·선상투표신고인명부의 표지서식 기타 필요한 사항은 중앙선거관리위원회규칙으로 정한다. 〈개정 2014.1.17.〉

## 제15장 선거에 관한 쟁송

제219조 【선거소청】 ① 지방의회의원 및 지방자치단체의 장의 선거에 있어서 선거의 효력에 관하여 이의가 있는 선거인・정당(候補者를 추천한 政黨에 한한다. 이하 이 條에서 같다) 또는 후보자는 선거일부터 14일 이내에 당해 선거구선거관리위원회위원장을 피소청인으로 하여 지역구시・도의원선거(지역구세종특별자치시의회의원선거는 제외한다), 자치구・시・군의원선거 및 자치구・시・군의 장 선거에 있어서는 시・도선거관리위원회에, 비례대표시・도의원선거, 지역구세종특별자치시의회의원선거 및 시・도지사선거에 있어서는 중앙선거관리위원회에 소청할 수 있다. 〈개정 2002. 3. 7., 2015. 8. 13.〉

② 지방의회의원 및 지방자치단체의 장의 선거에 있어서 당선의 효력에 관하여 이의가 있는 정당 또는 후보자는 당선인결정일부터 14일 이내에 제52조제1항부터 제3항까지 또는 제192조제1항부터 제3항까지의 사유에 해당함을 이유로 하는 때에는 당선인을, 제190조(지역구지방의회의원당선인의 결정・공고・통지) 내지 제191조(地方自治團體의 長의 當選人의 決定・公告・통지)의 규정에 의한 결정의 위법을 이유로 하는 때에는 당해 선거구선거관리위원회위원장을 각각 피소청인으로 하여 지역구시・도의원선거(지역구세종특별자치시의회의원선거는 제외한다), 자치구・시・군의원선거 및 자치구 ・시・군의 장 선거에 있어서는 시・도선거관리위원회에, 비례대표시・도의원선거, 지역구세종특별자치시의회의원선거 및 시・도지사선거에 있어서는 중앙선거관리위원회에 소청할 수 있다. 〈개정 2002. 3. 7., 2005. 8. 4., 2010. 1. 25., 2010. 3. 12., 2015. 8. 13.〉

③ 제1항 및 제2항의 규정에 의하여 피소청인으로 될 당해 선거구선거관리위원회위원장이 궐위된 때에는 당해 선거구선거관리위원회위원 전원을 피소청인으로 한다.

④ 제2항의 규정에 의하여 피소청인으로 될 당선인이 사퇴 또는 사망하거나 제192조제2항의 규정에 의하여 당선의 효력이 상실되거나 같은조제3항의 규정에 의하여 당선이 무효로 된 때에는 당해 선거구선거관리위원회위원장을, 당해 선거구선거관리위원회위원장이 궐위된 때에는 당해 선거구선거관리위원회위원 전원을 피소청인으로 한다.

⑤ 제1항 및 제2항에 따른 소청은 서면으로 하여야 하되, 다음 각 호의 사항을 기재한 후 기명하고 날인하여야 한다. 이 경우 소청장에는 당사자수에 해당하는 부본을 첨부하여야 한다. 〈개정 2011. 7. 28.〉

1. 소청인의 성명과 주소
2. 피소청인의 성명과 주소
3. 소청의 취지 및 이유
4. 소청의 대상이 되는 처분의 내용

5. 대리인 또는 선정대표자가 있는 경우에는 그 성명과 주소

⑥ 제5항의 규정에 의한 소청장을 접수한 중앙선거관리위원회 또는 시・도선거관리위원회는 지체없이 소청장 부본을 당사자에게 송달하여야 한다.

⑦ 제6항의 규정에 의하여 소청장 부본을 송달받은 피소청인은 중앙선거관리위원회 또는 시・도선거관리위원회가 지정한 기일까지 답변서를 제출하여야 한다. 이 경우 당사자수에 상응하는 부본을 첨부하여야 하며, 답변서를 접수한 중앙선거관리위원회 또는 시・도선거관리위원회는 그 부본을 당사자에게 송달하여야 한다.

[제목개정 2011. 7. 28.]

**제222조【선거소송】** ① 대통령선거 및 국회의원선거에 있어서 선거의 효력에 관하여 이의가 있는 선거인・정당(候補者를 추천한 政黨에 한한다) 또는 후보자는 선거일부터 30일 이내에 당해 선거구선거관리위원회위원장을 피고로 하여 대법원에 소를 제기할 수 있다.

② 지방의회의원 및 지방자치단체의 장의 선거에 있어서 선거의 효력에 관한 제220조의 결정에 불복이 있는 소청인(當選人을 포함한다)은 해당 소청에 대하여 기각 또는 각하 결정이 있는 경우(제220조제1항의 기간 내에 결정하지 아니한 때를 포함한다)에는 해당 선거구선거관리위원회 위원장을, 인용결정이 있는 경우에는 그 인용결정을 한 선거관리위원회 위원장을 피고로 하여 그 결정서를 받은 날(제220조제1항의 기간 내에 결정하지 아니한 때에는 그 기간이 종료된 날)부터 10일 이내에 비례대표시・도의원선거 및 시・도지사선거에 있어서는 대법원에, 지역구시・도의원선거, 자치구・시・군의원선거 및 자치구・시・군의 장 선거에 있어서는 그 선거구를 관할하는 고등법원에 소를 제기할 수 있다. 〈개정 2002. 3. 7., 2010. 1. 25.〉

③ 제1항 또는 제2항에 따라 피고로 될 위원장이 궐위된 때에는 해당 선거관리위원회 위원 전원을 피고로 한다. 〈개정 2010. 1. 25.〉

**제223조【당선소송】** ① 대통령선거 및 국회의원선거에 있어서 당선의 효력에 이의가 있는 정당(候補者를 추천한 政黨에 한한다) 또는 후보자는 당선인결정일부터 30일이내에 제52조제1항・제3항 또는 제192조제1항부터 제3항까지의 사유에 해당함을 이유로 하는 때에는 당선인을, 제187조(大統領當選人의 決定・公告・통지)제1항・제2항, 제188조(地域區國會議員當選人의 決定・公告・통지)제1항 내지 제4항, 제189조(比例代表國會議員議席의 배분과 當選人의 決定・公告・통지) 또는 제194조(당선인의 재결정과 비례대표국회의원의석 및 비례대표지방의회의원의석의 재배분)제4항의 규정에 의한 결정의 위법을 이유로 하는 때에는 대통령선거에 있어서는 그 당선인을 결정한 중앙선거관리위원회위원장 또는 국회의장을, 국회의원선거에 있어서는 당해 선거구선거관리위원회위원

장을 각각 피고로 하여 대법원에 소를 제기할 수 있다. 〈개정 2000. 2. 16., 2002. 3. 7., 2005. 8. 4., 2010. 1. 25., 2010. 3. 12., 2020. 1. 14., 2020. 12. 29.〉

② 지방의회의원 및 지방자치단체의 장의 선거에 있어서 당선의 효력에 관한 제220조의 결정에 불복이 있는 소청인 또는 당선인인 피소청인(제219조제2항 후단에 따라 선거구선거관리위원회 위원장이 피소청인인 경우에는 당선인을 포함한다)은 해당 소청에 대하여 기각 또는 각하 결정이 있는 경우(제220조제1항의 기간 내에 결정하지 아니한 때를 포함한다)에는 당선인(제219조제2항 후단을 이유로 하는 때에는 관할선거구선거관리위원회 위원장을 말한다)을, 인용결정이 있는 경우에는 그 인용결정을 한 선거관리위원회 위원장을 피고로 하여 그 결정서를 받은 날(제220조제1항의 기간 내에 결정하지 아니한 때에는 그 기간이 종료된 날)부터 10일 이내에  비례대표시・도의원선거 및 시・도지사선거에 있어서는 대법원에, 지역구시・도의원선거, 자치구・시・군의원선거 및 자치구・시・군의 장 선거에 있어서는 그 선거구를 관할하는 고등법원에 소를 제기할 수 있다. 〈개정 2002. 3. 7., 2010. 1. 25.〉

③ 제1항 또는 제2항에 따라 피고로 될 위원장이 궐위된 때에는 해당 선거관리위원회 위원 전원을, 국회의장이 궐위된 때에는 부의장중 1인을 피고로 한다. 〈개정 2010. 1. 25.〉

④ 제1항 및 제2항의 규정에 의하여 피고로 될 당선인이 사퇴・사망하거나 제192조제2항의 규정에 의하여 당선의 효력이 상실되거나 같은조제3항의 규정에 의하여 당선이 무효로 된 때에는 대통령선거에 있어서는 법무부장관을, 국회의원선거・지방의회의원 및 지방자치단체의 장의 선거에 있어서는 관할고등검찰청검사장을 피고로 한다.

**제224조 【선거무효의 판결 등】** 소청이나 소장을 접수한 선거관리위원회 또는 대법원이나 고등법원은 선거쟁송에 있어 선거에 관한 규정에 위반된 사실이 있는 때라도 선거의 결과에 영향을 미쳤다고 인정하는 때에 한하여 선거의 전부나 일부의 무효 또는 당선의 무효를 결정하거나 판결한다.

**제225조 【소송 등의 처리】** 선거에 관한 소청이나 소송은 다른 쟁송에 우선하여 신속히 결정 또는 재판하여야 하며, 소송에 있어서는 수소법원은 소가 제기된 날 부터 180일 이내에 처리하여야 한다.

**제226조 【소송 등에 관한 통지】** ① 이 장의 규정에 의하여 소청이 제기된 때 또는 소청이 계속되지 아니하게 되거나 결정된 때에는 중앙선거관리위원회 또는 시・도선거관리위원회는 당해 지방자치단체와 지방의회 및 관할선거구선거관리위원회에 통지하여야 한다.

② 이 장의 규정에 의하여 소가 제기된 때 또는 소송이 계속되지 아니하게 되거나 판결이

확정된 때에는 대법원장 또는 고등법원장은 대통령선거 및 국회의원선거에 있어서는 국회와 중앙선거관리위원회 및 관할선거구선거관리위원회에, 지방의회의원 및 지방자치단체의 장의 선거에 있어서는 당해 지방자치단체와 지방의회 및 관할선거구선거관리위원회에 통지하여야 한다.

## 제17장 보칙

**제263조【선거비용의 초과지출로 인한 당선무효】** ① 제122조(선거비용제한액의 공고)의 규정에 의하여 공고된 선거비용제한액의 200분의 1이상을 초과지출한 이유로 선거사무장, 선거사무소의 회계책임자가 징역형 또는 300만원 이상의 벌금형의 선고를 받은 때에는 그 후보자의 당선은 무효로 한다. 다만, 다른 사람의 유도 또는 도발에 의하여 당해 후보자의 당선을 무효로 되게 하기 위하여 지출한 때에는 그러하지 아니하다. 〈개정 2004. 3. 12., 2005. 8. 4.〉

② 「정치자금법」 제49조(선거비용관련 위반행위에 관한 벌칙)제1항 또는 제2항제6호의 죄를 범함으로 인하여 선거사무소의 회계책임자가 징역형 또는 300만원 이상의 벌금형의 선고를 받은 때에는 그 후보자(대통령후보자, 비례대표국회의원후보자 및 비례대표지방의회의원후보자를 제외한다)의 당선은 무효로 한다. 이 경우 제1항 단서의 규정을 준용한다. 〈신설 2004. 3. 12., 2005. 8. 4.〉

**제264조【당선인의 선거범죄로 인한 당선무효】** 당선인이 당해 선거에 있어 이 법에 규정된 죄 또는 「정치자금법」 제49조의 죄를 범함으로 인하여 징역 또는 100만원이상의 벌금형의 선고를 받은 때에는 그 당선은 무효로 한다. 〈개정 2005. 8. 4., 2010. 1. 25.〉

**제265조【선거사무장등의 선거범죄로 인한 당선무효】** 선거사무장・선거사무소의 회계책임자(선거사무소의 회계책임자로 선임・신고되지 아니한 자로서 후보자와 통모하여 당해 후보자의 선거비용으로 지출한 금액이 선거비용제한액의 3분의 1 이상에 해당되는 자를 포함한다) 또는 후보자(후보자가 되려는 사람을 포함한다)의 직계존비속 및 배우자가 해당 선거에 있어서 제230조부터 제234조까지, 제257조제1항 중 기부행위를 한 죄 또는 「정치자금법」 제45조제1항의 정치자금 부정수수죄를 범함으로 인하여 징역형 또는 300만원 이상의 벌금형의 선고를 받은 때(선거사무장, 선거사무소의 회계책임자에 대하여는 선임・신고되기 전의 행위로 인한 경우를 포함한다)에는 그 선거구 후보자(大統領候補者, 比例代表國會議員候補者 및 비례대표지방의회의원후보자를 제외한다)의 당선은 무효로 한다. 다만, 다른 사람의 유도 또는 도발에 의하여 당해 후보자의 당선을 무효로 되

게 하기 위하여 죄를 범한 때에는 그러하지 아니하다. 〈개정 1995. 5. 10., 2000. 2. 16., 2004. 3. 12., 2005. 8. 4., 2010. 1. 25.〉

제268조【공소시효】① 이 법에 규정한 죄의 공소시효는 당해 선거일후 6개월(선거일후에 행하여진 범죄는 그 행위가 있는 날부터 6개월)을 경과함으로써 완성한다. 다만, 범인이 도피한 때나 범인이 공범 또는 범죄의 증명에 필요한 참고인을 도피시킨 때에는 그 기간은 3년으로 한다. 〈개정 2004. 3. 12., 2012. 2. 29.〉

② 제1항 본문에도 불구하고 선상투표와 관련하여 선박에서 범한 이 법에 규정된 죄의 공소시효는 범인이 국내에 들어온 날부터 6개월을 경과함으로써 완성된다. 〈신설 2012. 2. 29.〉

③ 제1항 및 제2항에도 불구하고 공무원(제60조제1항제4호 단서에 따라 선거운동을 할 수 있는 사람은 제외한다)이 직무와 관련하여 또는 지위를 이용하여 범한 이 법에 규정된 죄의 공소시효는 해당 선거일 후 10년(선거일 후에 행하여진 범죄는 그 행위가 있는 날부터 10년)을 경과함으로써 완성된다. 〈신설 2014. 2. 13.〉

제269조【재판의 관할】선거범과 그 공범에 관한 제1심재판은 「법원조직법」 제32조(合議部의 審判權)제1항의 규정에 의한 지방법원합의부 또는 그 지원의 합의부의 관할로 한다. 다만, 군사법원이 재판권을 갖는 선거범과 그 공범에 관한 제1심재판은 「군사법원법」 제11조에 따른 군사법원의 관할로 한다. 〈개정 2005. 8. 4., 2021. 9. 24.〉

제270조【선거범의 재판기간에 관한 강행규정】선거범과 그 공범에 관한 재판은 다른 재판에 우선하여 신속히 하여야 하며, 그 판결의 선고는 제1심에서는 공소가 제기된 날부터 6월 이내에, 제2심 및 제3심에서는 전심의 판결의 선고가 있은 날부터 각각 3월 이내에 반드시 하여야 한다.

제270조의2【피고인의 출정】① 선거범에 관한 재판에서 피고인이 공시송달에 의하지 아니한 적법한 소환을 받고서도 공판기일에 출석하지 아니한 때에는 다시 기일을 정하여야 한다.

② 피고인이 정당한 사유없이 다시 정한 기일 또는 그 후에 열린 공판기일에 출석하지 아니한 때에는 피고인의 출석없이 공판절차를 진행할 수 있다.

③ 제2항의 규정에 의하여 공판절차를 진행할 경우에는 출석한 검사 및 변호인의 의견을 들어야 한다.

④ 법원은 제2항의 규정에 따라 판결을 선고한 때에는 피고인 또는 변호인(변호인이 있는 경우에 한한다)에게 전화 기타 신속한 방법으로 그 사실을 통지하여야 한다.

출제예상 부속법률

# 지방자치법

## 제1장 총강(總綱)

### 제1절 총칙

제1조【목적】이 법은 지방자치단체의 종류와 조직 및 운영, 주민의 지방자치행정 참여에 관한 사항과 국가와 지방자치단체 사이의 기본적인 관계를 정함으로써 지방자치행정을 민주적이고 능률적으로 수행하고, 지방을 균형 있게 발전시키며, 대한민국을 민주적으로 발전시키려는 것을 목적으로 한다.

제2조【지방자치단체의 종류】① 지방자치단체는 다음의 두 가지 종류로 구분한다.

1. 특별시, 광역시, 특별자치시, 도, 특별자치도
2. 시, 군, 구

② 지방자치단체인 구(이하 "자치구"라 한다)는 특별시와 광역시의 관할 구역의 구만을 말하며, 자치구의 자치권의 범위는 법령으로 정하는 바에 따라 시・군과 다르게 할 수 있다.

③ 제1항의 지방자치단체 외에 특정한 목적을 수행하기 위하여 필요하면 따로 특별지방자치단체를 설치할 수 있다. 이 경우 특별지방자치단체의 설치 등에 관하여는 제12장에서 정하는 바에 따른다.

제3조【지방자치단체의 법인격과 관할】① 지방자치단체는 법인으로 한다.

② 특별시, 광역시, 특별자치시, 도, 특별자치도(이하 "시・도"라 한다)는 정부의 직할(直轄)로 두고, 시는 도 또는 특별자치도의 관할 구역 안에, 군은 광역시・도 또는 특별자치도의 관할 구역 안에 두며, 자치구는 특별시와 광역시의 관할 구역 안에 둔다. 다만, 특별자치도의 경우에는 법률이 정하는 바에 따라 관할 구역 안에 시 또는 군을 두지 아니할 수 있다.

③ 특별시・광역시 또는 특별자치시가 아닌 인구 50만 이상의 시에는 자치구가 아닌 구를 둘 수 있고, 군에는 읍・면을 두며, 시와 구(자치구를 포함한다)에는 동을, 읍・면에는 리를 둔다.

④ 제10조제2항에 따라 설치된 시에는 도시의 형태를 갖춘 지역에는 동을, 그 밖의 지역에는 읍・면을 두되, 자치구가 아닌 구를 둘 경우에는 그 구에 읍・면・동을 둘 수 있다.

⑤ 특별자치시와 관할 구역 안에 시 또는 군을 두지 아니하는 특별자치도의 하부행정기관에 관한 사항은 따로 법률로 정한다.

제4조 【지방자치단체의 기관구성 형태의 특례】 ① 지방자치단체의 의회(이하 "지방의회"라 한다)와 집행기관에 관한 이 법의 규정에도 불구하고 따로 법률로 정하는 바에 따라 지방자치단체의 장의 선임방법을 포함한 지방자치단체의 기관구성 형태를 달리 할 수 있다.

② 제1항에 따라 지방의회와 집행기관의 구성을 달리하려는 경우에는 「주민투표법」에 따른 주민투표를 거쳐야 한다.

## 제2장 주민

제16조 【주민의 자격】 지방자치단체의 구역에 주소를 가진 자는 그 지방자치단체의 주민이 된다.

제17조 【주민의 권리】 ① 주민은 법령으로 정하는 바에 따라 주민생활에 영향을 미치는 지방자치단체의 정책의 결정 및 집행 과정에 참여할 권리를 가진다.

② 주민은 법령으로 정하는 바에 따라 소속 지방자치단체의 재산과 공공시설을 이용할 권리와 그 지방자치단체로부터 균등하게 행정의 혜택을 받을 권리를 가진다.

③ 주민은 법령으로 정하는 바에 따라 그 지방자치단체에서 실시하는 지방의회의원과 지방자치단체의 장의 선거(이하 "지방선거"라 한다)에 참여할 권리를 가진다.

제18조 【주민투표】 ① 지방자치단체의 장은 주민에게 과도한 부담을 주거나 중대한 영향을 미치는 지방자치단체의 주요 결정사항 등에 대하여 주민투표에 부칠 수 있다.

② 주민투표의 대상·발의자·발의요건, 그 밖에 투표절차 등에 관한 사항은 따로 법률로 정한다.

제19조 【조례의 제정과 개정·폐지 청구】 ① 주민은 지방자치단체의 조례를 제정하거나 개정하거나 폐지할 것을 청구할 수 있다.

② 조례의 제정·개정 또는 폐지 청구의 청구권자·청구대상·청구요건 및 절차 등에 관한 사항은 따로 법률로 정한다.

제20조 【규칙의 제정과 개정·폐지 의견 제출】 ① 주민은 제29조에 따른 규칙(권리·의무와 직접 관련되는 사항으로 한정한다)의 제정, 개정 또는 폐지와 관련된 의견을 해당 지방자치단체의 장에게 제출할 수 있다.

② 법령이나 조례를 위반하거나 법령이나 조례에서 위임한 범위를 벗어나는 사항은 제1항에 따른 의견 제출 대상에서 제외한다.

③ 지방자치단체의 장은 제1항에 따라 제출된 의견에 대하여 의견이 제출된 날부터 30일 이내에 검토 결과를 그 의견을 제출한 주민에게 통보하여야 한다.

④ 제1항에 따른 의견 제출, 제3항에 따른 의견의 검토와 결과 통보의 방법 및 절차는 해당 지방자치단체의 조례로 정한다.

제21조 【주민의 감사 청구】 ① 지방자치단체의 18세 이상의 주민으로서 다음 각 호의 어느 하나에 해당하는 사람(「공직선거법」 제18조에 따른 선거권이 없는 사람은 제외한다. 이하 이 조에서 "18세 이상의 주민"이라 한다)은 시・도는 300명, 제198조에 따른 인구 50만 이상 대도시는 200명, 그 밖의 시・군 및 자치구는 150명 이내에서 그 지방자치단체의 조례로 정하는 수 이상의 18세 이상의 주민이 연대 서명하여 그 지방자치단체와 그 장의 권한에 속하는 사무의 처리가 법령에 위반되거나 공익을 현저히 해친다고 인정되면 시・도의 경우에는 주무부장관에게, 시・군 및 자치구의 경우에는 시・도지사에게 감사를 청구할 수 있다.

1. 해당 지방자치단체의 관할 구역에 주민등록이 되어 있는 사람
2. 「출입국관리법」 제10조에 따른 영주(永住)할 수 있는 체류자격 취득일 후 3년이 경과한 외국인으로서 같은 법 제34조에 따라 해당 지방자치단체의 외국인등록대장에 올라 있는 사람

② 다음 각 호의 사항은 감사 청구의 대상에서 제외한다.

1. 수사나 재판에 관여하게 되는 사항
2. 개인의 사생활을 침해할 우려가 있는 사항
3. 다른 기관에서 감사하였거나 감사 중인 사항. 다만, 다른 기관에서 감사한 사항이라도 새로운 사항이 발견되거나 중요 사항이 감사에서 누락된 경우와 제22조제1항에 따라 주민소송의 대상이 되는 경우에는 그러하지 아니하다.
4. 동일한 사항에 대하여 제22조제2항 각 호의 어느 하나에 해당하는 소송이 진행 중이거나 그 판결이 확정된 사항

③ 제1항에 따른 청구는 사무처리가 있었던 날이나 끝난 날부터 3년이 지나면 제기할 수 없다.

④ 지방자치단체의 18세 이상의 주민이 제1항에 따라 감사를 청구하려면 청구인의 대표자를 선정하여 청구인명부에 적어야 하며, 청구인의 대표자는 감사청구서를 작성하여 주

무부장관 또는 시・도지사에게 제출하여야 한다.

⑤ 주무부장관이나 시・도지사는 제1항에 따른 청구를 받으면 청구를 받은 날부터 5일 이내에 그 내용을 공표하여야 하며, 청구를 공표한 날부터 10일간 청구인명부나 그 사본을 공개된 장소에 갖추어 두어 열람할 수 있도록 하여야 한다.

⑥ 청구인명부의 서명에 관하여 이의가 있는 사람은 제5항에 따른 열람기간에 해당 주무부장관이나 시・도지사에게 이의를 신청할 수 있다.

⑦ 주무부장관이나 시・도지사는 제6항에 따른 이의신청을 받으면 제5항에 따른 열람기간이 끝난 날부터 14일 이내에 심사・결정하되, 그 신청이 이유 있다고 결정한 경우에는 청구인명부를 수정하고, 그 사실을 이의신청을 한 사람과 제4항에 따른 청구인의 대표자에게 알려야 하며, 그 이의신청이 이유 없다고 결정한 경우에는 그 사실을 즉시 이의신청을 한 사람에게 알려야 한다.

⑧ 주무부장관이나 시・도지사는 제6항에 따른 이의신청이 없는 경우 또는 제6항에 따라 제기된 모든 이의신청에 대하여 제7항에 따른 결정이 끝난 경우로서 제1항부터 제3항까지의 규정에 따른 요건을 갖춘 경우에는 청구를 수리하고, 그러하지 아니한 경우에는 청구를 각하하되, 수리 또는 각하 사실을 청구인의 대표자에게 알려야 한다.

⑨ 주무부장관이나 시・도지사는 감사 청구를 수리한 날부터 60일 이내에 감사 청구된 사항에 대하여 감사를 끝내야 하며, 감사 결과를 청구인의 대표자와 해당 지방자치단체의 장에게 서면으로 알리고, 공표하여야 한다. 다만, 그 기간에 감사를 끝내기가 어려운 정당한 사유가 있으면 그 기간을 연장할 수 있으며, 기간을 연장할 때에는 미리 청구인의 대표자와 해당 지방자치단체의 장에게 알리고, 공표하여야 한다.

⑩ 주무부장관이나 시・도지사는 주민이 감사를 청구한 사항이 다른 기관에서 이미 감사한 사항이거나 감사 중인 사항이면 그 기관에서 한 감사 결과 또는 감사 중인 사실과 감사가 끝난 후 그 결과를 알리겠다는 사실을 청구인의 대표자와 해당 기관에 지체 없이 알려야 한다.

⑪ 주무부장관이나 시・도지사는 주민 감사 청구를 처리(각하를 포함한다)할 때 청구인의 대표자에게 반드시 증거 제출 및 의견 진술의 기회를 주어야 한다.

⑫ 주무부장관이나 시・도지사는 제9항에 따른 감사 결과에 따라 기간을 정하여 해당 지방자치단체의 장에게 필요한 조치를 요구할 수 있다. 이 경우 그 지방자치단체의 장은 이를 성실히 이행하여야 하고, 그 조치 결과를 지방의회와 주무부장관 또는 시・도지사에게 보고하여야 한다.

⑬ 주무부장관이나 시·도지사는 제12항에 따른 조치 요구 내용과 지방자치단체의 장의 조치 결과를 청구인의 대표자에게 서면으로 알리고, 공표하여야 한다.

⑭ 제1항부터 제13항까지에서 규정한 사항 외에 18세 이상의 주민의 감사 청구에 필요한 사항은 대통령령으로 정한다.

**제25조【주민소환】** ① 주민은 그 지방자치단체의 장 및 지방의회의원(비례대표 지방의회의원은 제외한다)을 소환할 권리를 가진다.

② 주민소환의 투표 청구권자·청구요건·절차 및 효력 등에 관한 사항은 따로 법률로 정한다.

**제26조【주민에 대한 정보공개】** ① 지방자치단체는 사무처리의 투명성을 높이기 위하여 「공공기관의 정보공개에 관한 법률」에서 정하는 바에 따라 지방의회의 의정활동, 집행기관의 조직, 재무 등 지방자치에 관한 정보(이하 "지방자치정보"라 한다)를 주민에게 공개하여야 한다.

② 행정안전부장관은 주민의 지방자치정보에 대한 접근성을 높이기 위하여 이 법 또는 다른 법령에 따라 공개된 지방자치정보를 체계적으로 수집하고 주민에게 제공하기 위한 정보공개시스템을 구축·운영할 수 있다.

**제27조【주민의 의무】** 주민은 법령으로 정하는 바에 따라 소속 지방자치단체의 비용을 분담하여야 하는 의무를 진다.

## 제3장 조례와 규칙

**제28조【조례】** ① 지방자치단체는 법령의 범위에서 그 사무에 관하여 조례를 제정할 수 있다. 다만, 주민의 권리 제한 또는 의무 부과에 관한 사항이나 벌칙을 정할 때에는 법률의 위임이 있어야 한다.

② 법령에서 조례로 정하도록 위임한 사항은 그 법령의 하위 법령에서 그 위임의 내용과 범위를 제한하거나 직접 규정할 수 없다.

**제29조【규칙】** 지방자치단체의 장은 법령 또는 조례의 범위에서 그 권한에 속하는 사무에 관하여 규칙을 제정할 수 있다.

**제30조【조례와 규칙의 입법한계】** 시·군 및 자치구의 조례나 규칙은 시·도의 조례나 규칙을 위반해서는 아니 된다.

**제32조【조례와 규칙의 제정 절차 등】** ① 조례안이 지방의회에서 의결되면 지방의회의 의장은 의결된 날부터 5일 이내에 그 지방자치단체의 장에게 이송하여야 한다.

② 지방자치단체의 장은 제1항의 조례안을 이송받으면 20일 이내에 공포하여야 한다.

③ 지방자치단체의 장은 이송받은 조례안에 대하여 이의가 있으면 제2항의 기간에 이유를 붙여 지방의회로 환부(還付)하고, 재의(再議)를 요구할 수 있다. 이 경우 지방자치단체의 장은 조례안의 일부에 대하여 또는 조례안을 수정하여 재의를 요구할 수 없다.

④ 지방의회는 제3항에 따라 재의 요구를 받으면 조례안을 재의에 부치고 재적의원 과반수의 출석과 출석의원 3분의 2 이상의 찬성으로 전(前)과 같은 의결을 하면 그 조례안은 조례로서 확정된다.

⑤ 지방자치단체의 장이 제2항의 기간에 공포하지 아니하거나 재의 요구를 하지 아니하더라도 그 조례안은 조례로서 확정된다.

⑥ 지방자치단체의 장은 제4항 또는 제5항에 따라 확정된 조례를 지체 없이 공포하여야 한다. 이 경우 제5항에 따라 조례가 확정된 후 또는 제4항에 따라 확정된 조례가 지방자치단체의 장에게 이송된 후 5일 이내에 지방자치단체의 장이 공포하지 아니하면 지방의회의 의장이 공포한다.

⑦ 제2항 및 제6항 전단에 따라 지방자치단체의 장이 조례를 공포하였을 때에는 즉시 해당 지방의회의 의장에게 통지하여야 하며, 제6항 후단에 따라 지방의회의 의장이 조례를 공포하였을 때에는 그 사실을 즉시 해당 지방자치단체의 장에게 통지하여야 한다.

⑧ 조례와 규칙은 특별한 규정이 없으면 공포한 날부터 20일이 지나면 효력을 발생한다.

**제33조【조례와 규칙의 공포 방법 등】** ① 조례와 규칙의 공포는 해당 지방자치단체의 공보에 게재하는 방법으로 한다. 다만, 제32조제6항 후단에 따라 지방의회의 의장이 조례를 공포하는 경우에는 공보나 일간신문에 게재하거나 게시판에 게시한다.

② 제1항에 따른 공보는 종이로 발행되는 공보(이하 이 조에서 "종이공보"라 한다) 또는 전자적인 형태로 발행되는 공보(이하 이 조에서 "전자공보"라 한다)로 운영한다.

③ 공보의 내용 해석 및 적용 시기 등에 대하여 종이공보와 전자공보는 동일한 효력을 가진다.

④ 조례와 규칙의 공포에 관하여 그 밖에 필요한 사항은 대통령령으로 정한다.

**제34조【조례 위반에 대한 과태료】** ① 지방자치단체는 조례를 위반한 행위에 대하여 조례로써 1천만원 이하의 과태료를 정할 수 있다.

② 제1항에 따른 과태료는 해당 지방자치단체의 장이나 그 관할 구역의 지방자치단체의 장이 부과·징수한다.

## 제5장 지방의회

### 제1절 조직

제37조【의회의 설치】지방자치단체에 주민의 대의기관인 의회를 둔다.

제38조【지방의회의원의 선거】지방의회의원은 주민이 보통·평등·직접·비밀선거로 선출한다.

### 제2절 지방의회의원

제39조【의원의 임기】지방의회의원의 임기는 4년으로 한다.

제40조【의원의 의정활동비 등】① 지방의회의원에게는 다음 각 호의 비용을 지급한다.

1. 의정(議政) 자료를 수집하고 연구하거나 이를 위한 보조 활동에 사용되는 비용을 보전(補塡)하기 위하여 매월 지급하는 의정활동비
2. 지방의회의원의 직무활동에 대하여 지급하는 월정수당
3. 본회의 의결, 위원회 의결 또는 지방의회의 의장의 명에 따라 공무로 여행할 때 지급하는 여비

② 제1항 각 호에 규정된 비용은 대통령령으로 정하는 기준을 고려하여 해당 지방자치단체의 의정비심의위원회에서 결정하는 금액 이내에서 지방자치단체의 조례로 정한다. 다만, 제1항제3호에 따른 비용은 의정비심의위원회 결정 대상에서 제외한다.

③ 의정비심의위원회의 구성·운영 등에 필요한 사항은 대통령령으로 정한다.

제43조【겸직 등 금지】① 지방의회의원은 다음 각 호의 어느 하나에 해당하는 직(職)을 겸할 수 없다.

1. 국회의원, 다른 지방의회의원
2. 헌법재판소 재판관, 각급 선거관리위원회 위원
3. 「국가공무원법」 제2조에 따른 국가공무원과 「지방공무원법」 제2조에 따른 지방공무원(「정당법」 제22조에 따라 정당의 당원이 될 수 있는 교원은 제외한다)

4. 「공공기관의 운영에 관한 법률」 제4조에 따른 공공기관(한국방송공사, 한국교육방송공사 및 한국은행을 포함한다)의 임직원
5. 「지방공기업법」 제2조에 따른 지방공사와 지방공단의 임직원
6. 농업협동조합, 수산업협동조합, 산림조합, 엽연초생산협동조합, 신용협동조합, 새마을금고(이들 조합·금고의 중앙회와 연합회를 포함한다)의 임직원과 이들 조합·금고의 중앙회장이나 연합회장
7. 「정당법」 제22조에 따라 정당의 당원이 될 수 없는 교원
8. 다른 법령에 따라 공무원의 신분을 가지는 직
9. 그 밖에 다른 법률에서 겸임할 수 없도록 정하는 직

② 「정당법」 제22조에 따라 정당의 당원이 될 수 있는 교원이 지방의회의원으로 당선되면 임기 중 그 교원의 직은 휴직된다.

③ 지방의회의원이 당선 전부터 제1항 각 호의 직을 제외한 다른 직을 가진 경우에는 임기 개시 후 1개월 이내에, 임기 중 그 다른 직에 취임한 경우에는 취임 후 15일 이내에 지방의회의 의장에게 서면으로 신고하여야 하며, 그 방법과 절차는 해당 지방자치단체의 조례로 정한다.

④ 지방의회의 의장은 제3항에 따라 지방의회의원의 겸직신고를 받으면 그 내용을 연 1회 이상 해당 지방의회의 인터넷 홈페이지에 게시하거나 지방자치단체의 조례로 정하는 방법에 따라 공개하여야 한다.

⑤ 지방의회의원이 다음 각 호의 기관·단체 및 그 기관·단체가 설립·운영하는 시설의 대표, 임원, 상근직원 또는 그 소속 위원회(자문위원회는 제외한다)의 위원이 된 경우에는 그 겸한 직을 사임하여야 한다.

1. 해당 지방자치단체가 출자·출연(재출자·재출연을 포함한다)한 기관·단체
2. 해당 지방자치단체의 사무를 위탁받아 수행하고 있는 기관·단체
3. 해당 지방자치단체로부터 운영비, 사업비 등을 지원받고 있는 기관·단체
4. 법령에 따라 해당 지방자치단체의 장의 인가를 받아 설립된 조합(조합설립을 위한 추진위원회 등 준비단체를 포함한다)의 임직원

⑥ 지방의회의 의장은 지방의회의원이 다음 각 호의 어느 하나에 해당하는 경우에는 그 겸한 직을 사임할 것을 권고하여야 한다. 이 경우 지방의회의 의장은 제66조에 따른 윤리심사자문위원회의 의견을 들어야 하며 그 의견을 존중하여야 한다.

1. 제5항에 해당하는 데도 불구하고 겸한 직을 사임하지 아니할 때

2. 다른 직을 겸하는 것이 제44조제2항에 위반된다고 인정될 때

⑦ 지방의회의 의장은 지방의회의원의 행위 또는 양수인이나 관리인의 지위가 제5항 또는 제6항에 따라 제한되는지와 관련하여 제66조에 따른 윤리심사자문위원회의 의견을 들을 수 있다.

## 제4절 소집과 회기

제53조【정례회】① 지방의회는 매년 2회 정례회를 개최한다.

② 정례회의 집회일, 그 밖에 정례회 운영에 필요한 사항은 해당 지방자치단체의 조례로 정한다.

제54조【임시회】① 지방의회의원 총선거 후 최초로 집회되는 임시회는 지방의회 사무처장·사무국장·사무과장이 지방의회의원 임기 개시일부터 25일 이내에 소집한다.

② 지방자치단체를 폐지하거나 설치하거나 나누거나 합쳐 새로운 지방자치단체가 설치된 경우에 최초의 임시회는 지방의회 사무처장·사무국장·사무과장이 해당 지방자치단체가 설치되는 날에 소집한다.

③ 지방의회의 의장은 지방자치단체의 장이나 조례로 정하는 수 이상의 지방의회의원이 요구하면 15일 이내에 임시회를 소집하여야 한다. 다만, 지방의회의 의장과 부의장이 부득이한 사유로 임시회를 소집할 수 없을 때에는 지방의회의원 중 최다선의원이, 최다선의원이 2명 이상인 경우에는 그 중 연장자의 순으로 소집할 수 있다.

④ 임시회 소집은 집회일 3일 전에 공고하여야 한다. 다만, 긴급할 때에는 그러하지 아니하다.

## 제5절 의장과 부의장

제57조【의장·부의장의 선거와 임기】① 지방의회는 지방의회의원 중에서 시·도의 경우 의장 1명과 부의장 2명을, 시·군 및 자치구의 경우 의장과 부의장 각 1명을 무기명투표로 선출하여야 한다.

② 지방의회의원 총선거 후 처음으로 선출하는 의장·부의장 선거는 최초집회일에 실시한다.

③ 의장과 부의장의 임기는 2년으로 한다.

제58조【의장의 직무】 지방의회의 의장은 의회를 대표하고 의사(議事)를 정리하며, 회의장 내의 질서를 유지하고 의회의 사무를 감독한다.

제59조【의장 직무대리】 지방의회의 의장이 부득이한 사유로 직무를 수행할 수 없을 때에는 부의장이 그 직무를 대리한다.

제60조【임시의장】 지방의회의 의장과 부의장이 모두 부득이한 사유로 직무를 수행할 수 없을 때에는 임시의장을 선출하여 의장의 직무를 대행하게 한다.

제62조【의장·부의장 불신임의 의결】 ① 지방의회의 의장이나 부의장이 법령을 위반하거나 정당한 사유 없이 직무를 수행하지 아니하면 지방의회는 불신임을 의결할 수 있다.

② 제1항의 불신임 의결은 재적의원 4분의 1 이상의 발의와 재적의원 과반수의 찬성으로 한다.

③ 제2항의 불신임 의결이 있으면 지방의회의 의장이나 부의장은 그 직에서 해임된다.

제63조【의장 등을 선거할 때의 의장 직무 대행】 제57조제1항, 제60조 또는 제61조제1항에 따른 선거(이하 이 조에서 "의장등의 선거"라 한다)를 실시할 때 의장의 직무를 수행할 사람이 없으면 출석의원 중 최다선의원이, 최다선의원이 2명 이상이면 그 중 연장자가 그 직무를 대행한다. 이 경우 직무를 대행하는 지방의회의원이 정당한 사유 없이 의장등의 선거를 실시할 직무를 이행하지 아니할 때에는 다음 순위의 지방의회의원이 그 직무를 대행한다.

## 제6절 교섭단체 및 위원회

제63조의2【교섭단체】 ① 지방의회에 교섭단체를 둘 수 있다. 이 경우 조례로 정하는 수 이상의 소속의원을 가진 정당은 하나의 교섭단체가 된다.

② 제1항 후단에도 불구하고 다른 교섭단체에 속하지 아니하는 의원 중 조례로 정하는 수 이상의 의원은 따로 교섭단체를 구성할 수 있다.

③ 그 밖에 교섭단체의 구성 및 운영 등에 필요한 사항은 조례로 정한다.

제70조【위원회의 개회】 ① 위원회는 본회의의 의결이 있거나 지방의회의 의장 또는 위원장이 필요하다고 인정할 때, 재적위원 3분의 1 이상이 요구할 때에 개회한다.

② 폐회 중에는 지방자치단체의 장도 지방의회의 의장 또는 위원장에게 이유서를 붙여 위원회 개회를 요구할 수 있다.

제71조【위원회에 관한 조례】 위원회에 관하여 이 법에서 정한 것 외에 필요한 사항은 조례로 정한다.

## 제7절 회의

제72조【의사정족수】 ① 지방의회는 재적의원 3분의 1 이상의 출석으로 개의(開議)한다.

② 회의 참석 인원이 제1항의 정족수에 미치지 못할 때에는 지방의회의 의장은 회의를 중지하거나 산회(散會)를 선포한다.

제73조【의결정족수】 ① 회의는 이 법에 특별히 규정된 경우 외에는 재적의원 과반수의 출석과 출석의원 과반수의 찬성으로 의결한다.

② 지방의회의 의장은 의결에서 표결권을 가지며, 찬성과 반대가 같으면 부결된 것으로 본다.

제75조【회의의 공개 등】 ① 지방의회의 회의는 공개한다. 다만, 지방의회의원 3명 이상이 발의하고 출석의원 3분의 2 이상이 찬성한 경우 또는 지방의회의 의장이 사회의 안녕질서 유지를 위하여 필요하다고 인정하는 경우에는 공개하지 아니할 수 있다.

② 지방의회의 의장은 공개된 회의의 방청 허가를 받은 장애인에게 정당한 편의를 제공하여야 한다.

제77조【조례안 예고】 ① 지방의회는 심사대상인 조례안에 대하여 5일 이상의 기간을 정하여 그 취지, 주요 내용, 전문을 공보나 인터넷 홈페이지 등에 게재하는 방법으로 예고할 수 있다.

② 조례안 예고의 방법, 절차, 그 밖에 필요한 사항은 회의규칙으로 정한다.

제79조【회기계속의 원칙】 지방의회에 제출된 의안은 회기 중에 의결되지 못한 것 때문에 폐기되지 아니한다. 다만, 지방의회의원의 임기가 끝나는 경우에는 그러하지 아니하다.

제80조【일사부재의의 원칙】 지방의회에서 부결된 의안은 같은 회기 중에 다시 발의하거나 제출할 수 없다.

제81조【위원회에서 폐기된 의안】 ① 위원회에서 본회의에 부칠 필요가 없다고 결정된 의안은 본회의에 부칠 수 없다. 다만, 위원회의 결정이 본회의에 보고된 날부터 폐회나 휴회 중의 기간을 제외한 7일 이내에 지방의회의 의장이나 재적의원 3분의 1 이상이 요구하면 그 의안을 본회의에 부쳐야 한다.

② 제1항 단서의 요구가 없으면 그 의안은 폐기된다.

**제82조【의장이나 의원의 제척】** 지방의회의 의장이나 지방의회의원은 본인·배우자·직계존비속(直系尊卑屬) 또는 형제자매와 직접 이해관계가 있는 안건에 관하여는 그 의사에 참여할 수 없다. 다만, 의회의 동의가 있으면 의회에 출석하여 발언할 수 있다.

**제83조【회의규칙】** 지방의회는 회의 운영에 관하여 이 법에서 정한 것 외에 필요한 사항을 회의규칙으로 정한다.

## 제8절 청원

**제85조【청원서의 제출】** ① 지방의회에 청원을 하려는 자는 지방의회의원의 소개를 받아 청원서를 제출하여야 한다.

② 청원서에는 청원자의 성명(법인인 경우에는 그 명칭과 대표자의 성명을 말한다) 및 주소를 적고 서명·날인하여야 한다.

**제86조【청원의 불수리】** 재판에 간섭하거나 법령에 위배되는 내용의 청원은 수리하지 아니한다.

**제87조【청원의 심사·처리】** ① 지방의회의 의장은 청원서를 접수하면 소관 위원회나 본회의에 회부하여 심사를 하게 한다.

② 청원을 소개한 지방의회의원은 소관 위원회나 본회의가 요구하면 청원의 취지를 설명하여야 한다.

③ 위원회가 청원을 심사하여 본회의에 부칠 필요가 없다고 결정하면 그 처리 결과를 지방의회의 의장에게 보고하고, 지방의회의 의장은 청원한 자에게 알려야 한다.

**제88조【청원의 이송과 처리보고】** ① 지방의회가 채택한 청원으로서 그 지방자치단체의 장이 처리하는 것이 타당하다고 인정되는 청원은 의견서를 첨부하여 지방자치단체의 장에게 이송한다.

② 지방자치단체의 장은 제1항의 청원을 처리하고 그 처리결과를 지체 없이 지방의회에 보고하여야 한다.

## 제10절 질서

제94조【회의의 질서유지】 ① 지방의회의 의장이나 위원장은 지방의회의원이 본회의나 위원회의 회의장에서 이 법이나 회의규칙에 위배되는 발언이나 행위를 하여 회의장의 질서를 어지럽히면 경고 또는 제지를 하거나 발언의 취소를 명할 수 있다.

② 지방의회의 의장이나 위원장은 제1항의 명에 따르지 아니한 지방의회의원이 있으면 그 지방의회의원에 대하여 당일의 회의에서 발언하는 것을 금지하거나 퇴장시킬 수 있다.

③ 지방의회의 의장이나 위원장은 회의장이 소란하여 질서를 유지하기 어려우면 회의를 중지하거나 산회를 선포할 수 있다.

## 제11절 징계

제98조【징계의 사유】 지방의회는 지방의회의원이 이 법이나 자치법규에 위배되는 행위를 하면 윤리특별위원회의 심사를 거쳐 의결로써 징계할 수 있다.

제100조【징계의 종류와 의결】 ① 징계의 종류는 다음과 같다.

1. 공개회의에서의 경고
2. 공개회의에서의 사과
3. 30일 이내의 출석정지
4. 제명

② 제1항제4호에 따른 제명 의결에는 재적의원 3분의 2 이상의 찬성이 있어야 한다.

# 제6장 집행기관

## 제1절 지방자치단체의 장

### 제2관 지방자치단체의 장의 지위

제106조【지방자치단체의 장】 특별시에 특별시장, 광역시에 광역시장, 특별자치시에 특별자치시장, 도와 특별자치도에 도지사를 두고, 시에 시장, 군에 군수, 자치구에 구청장을 둔다.

제107조【지방자치단체의 장의 선거】 지방자치단체의 장은 주민이 보통·평등·직접·비밀선거로 선출한다.

제108조【지방자치단체의 장의 임기】 지방자치단체의 장의 임기는 4년으로 하며, 3기 내에서만 계속 재임(在任)할 수 있다.

제109조【겸임 등의 제한】 ① 지방자치단체의 장은 다음 각 호의 어느 하나에 해당하는 직을 겸임할 수 없다.

1. 대통령, 국회의원, 헌법재판소 재판관, 각급 선거관리위원회 위원, 지방의회의원
2. 「국가공무원법」 제2조에 따른 국가공무원과 「지방공무원법」 제2조에 따른 지방공무원
3. 다른 법령에 따라 공무원의 신분을 가지는 직
4. 「공공기관의 운영에 관한 법률」 제4조에 따른 공공기관(한국방송공사, 한국교육방송공사 및 한국은행을 포함한다)의 임직원
5. 농업협동조합, 수산업협동조합, 산림조합, 엽연초생산협동조합, 신용협동조합 및 새마을금고(이들 조합·금고의 중앙회와 연합회를 포함한다)의 임직원
6. 교원
7. 「지방공기업법」 제2조에 따른 지방공사와 지방공단의 임직원
8. 그 밖에 다른 법률에서 겸임할 수 없도록 정하는 직

② 지방자치단체의 장은 재임 중 그 지방자치단체와 영리를 목적으로 하는 거래를 하거나 그 지방자치단체와 관계있는 영리사업에 종사할 수 없다.

## 제4관 지방의회와의 관계

제120조【지방의회의 의결에 대한 재의 요구와 제소】 ① 지방자치단체의 장은 지방의회의 의결이 월권이거나 법령에 위반되거나 공익을 현저히 해친다고 인정되면 그 의결사항을 이송받은 날부터 20일 이내에 이유를 붙여 재의를 요구할 수 있다.

② 제1항의 요구에 대하여 재의한 결과 재적의원 과반수의 출석과 출석의원 3분의 2 이상의 찬성으로 전과 같은 의결을 하면 그 의결사항은 확정된다.

③ 지방자치단체의 장은 제2항에 따라 재의결된 사항이 법령에 위반된다고 인정되면 대법원에 소(訴)를 제기할 수 있다. 이 경우에는 제192조제4항을 준용한다.

**제121조【예산상 집행 불가능한 의결의 재의 요구】** ① 지방자치단체의 장은 지방의회의 의결이 예산상 집행할 수 없는 경비를 포함하고 있다고 인정되면 그 의결사항을 이송받은 날부터 20일 이내에 이유를 붙여 재의를 요구할 수 있다.

② 지방의회가 다음 각 호의 어느 하나에 해당하는 경비를 줄이는 의결을 할 때에도 제1항과 같다.

1. 법령에 따라 지방자치단체에서 의무적으로 부담하여야 할 경비
2. 비상재해로 인한 시설의 응급 복구를 위하여 필요한 경비

③ 제1항과 제2항의 경우에는 제120조제2항을 준용한다.

**제122조【지방자치단체의 장의 선결처분】** ① 지방자치단체의 장은 지방의회가 지방의회의원이 구속되는 등의 사유로 제73조에 따른 의결정족수에 미달될 때와 지방의회의 의결사항 중 주민의 생명과 재산 보호를 위하여 긴급하게 필요한 사항으로서 지방의회를 소집할 시간적 여유가 없거나 지방의회에서 의결이 지체되어 의결되지 아니할 때에는 선결처분(先決處分)을 할 수 있다.

② 제1항에 따른 선결처분은 지체 없이 지방의회에 보고하여 승인을 받아야 한다.

③ 지방의회에서 제2항의 승인을 받지 못하면 그 선결처분은 그때부터 효력을 상실한다.

④ 지방자치단체의 장은 제2항이나 제3항에 관한 사항을 지체 없이 공고하여야 한다.

## 제2절 보조기관

**제123조【부지사·부시장·부군수·부구청장】** ① 특별시·광역시 및 특별자치시에 부시장, 도와 특별자치도에 부지사, 시에 부시장, 군에 부군수, 자치구에 부구청장을 두며, 그 수는 다음 각 호의 구분과 같다.

1. 특별시의 부시장의 수: 3명을 넘지 아니하는 범위에서 대통령령으로 정한다.
2. 광역시와 특별자치시의 부시장 및 도와 특별자치도의 부지사의 수: 2명(인구 800만 이상의 광역시나 도는 3명)을 넘지 아니하는 범위에서 대통령령으로 정한다.
3. 시의 부시장, 군의 부군수 및 자치구의 부구청장의 수: 1명으로 한다.

② 특별시·광역시 및 특별자치시의 부시장, 도와 특별자치도의 부지사는 대통령령으로 정하는 바에 따라 정무직 또는 일반직 국가공무원으로 보한다. 다만, 제1항제1호 및 제2호에 따라 특별시·광역시 및 특별자치시의 부시장, 도와 특별자치도의 부지사를 2명이나 3명 두는 경우에 1명은 대통령령으로 정하는 바에 따라 정무직·일반직 또는 별정직

지방공무원으로 보하되, 정무직과 별정직 지방공무원으로 보할 때의 자격기준은 해당 지방자치단체의 조례로 정한다.

③ 제2항의 정무직 또는 일반직 국가공무원으로 보하는 부시장·부지사는 시·도지사의 제청으로 행정안전부장관을 거쳐 대통령이 임명한다. 이 경우 제청된 사람에게 법적 결격사유가 없으면 시·도지사가 제청한 날부터 30일 이내에 임명절차를 마쳐야 한다.

④ 시의 부시장, 군의 부군수, 자치구의 부구청장은 일반직 지방공무원으로 보하되, 그 직급은 대통령령으로 정하며 시장·군수·구청장이 임명한다.

⑤ 시·도의 부시장과 부지사, 시의 부시장·부군수·부구청장은 해당 지방자치단체의 장을 보좌하여 사무를 총괄하고, 소속 직원을 지휘·감독한다.

⑥ 제1항제1호 및 제2호에 따라 시·도의 부시장과 부지사를 2명이나 3명 두는 경우에 그 사무 분장은 대통령령으로 정한다. 이 경우 부시장·부지사를 3명 두는 시·도에서는 그중 1명에게 특정지역의 사무를 담당하게 할 수 있다.

**제124조【지방자치단체의 장의 권한대행 등】** ① 지방자치단체의 장이 다음 각 호의 어느 하나에 해당되면 부지사·부시장·부군수·부구청장(이하 이 조에서 "부단체장"이라 한다)이 그 권한을 대행한다.

1. 궐위된 경우
2. 공소 제기된 후 구금상태에 있는 경우
3. 「의료법」에 따른 의료기관에 60일 이상 계속하여 입원한 경우

② 지방자치단체의 장이 그 직을 가지고 그 지방자치단체의 장 선거에 입후보하면 예비후보자 또는 후보자로 등록한 날부터 선거일까지 부단체장이 그 지방자치단체의 장의 권한을 대행한다.

③ 지방자치단체의 장이 출장·휴가 등 일시적 사유로 직무를 수행할 수 없으면 부단체장이 그 직무를 대리한다.

④ 제1항부터 제3항까지의 경우에 부지사나 부시장이 2명 이상인 시·도에서는 대통령령으로 정하는 순서에 따라 그 권한을 대행하거나 직무를 대리한다.

⑤ 제1항부터 제3항까지의 규정에 따라 권한을 대행하거나 직무를 대리할 부단체장이 부득이한 사유로 직무를 수행할 수 없으면 그 지방자치단체의 규칙에 정해진 직제 순서에 따른 공무원이 그 권한을 대행하거나 직무를 대리한다.

## 제7장 재무

### 제2절 예산과 결산

제142조【예산의 편성 및 의결】 ① 지방자치단체의 장은 회계연도마다 예산안을 편성하여 시・도는 회계연도 시작 50일 전까지, 시・군 및 자치구는 회계연도 시작 40일 전까지 지방의회에 제출하여야 한다.

② 시・도의회는 제1항의 예산안을 회계연도 시작 15일 전까지, 시・군 및 자치구의회는 회계연도 시작 10일 전까지 의결하여야 한다.

③ 지방의회는 지방자치단체의 장의 동의 없이 지출예산 각 항의 금액을 증가시키거나 새로운 비용항목을 설치할 수 없다.

④ 지방자치단체의 장은 제1항의 예산안을 제출한 후 부득이한 사유로 그 내용의 일부를 수정하려면 수정예산안을 작성하여 지방의회에 다시 제출할 수 있다.

## 제11장 서울특별시 및 대도시 등과 세종특별자치시 및 제주특별자치도의 행정특례

제197조【특례의 인정】 ① 서울특별시의 지위・조직 및 운영에 대해서는 수도로서의 특수성을 고려하여 법률로 정하는 바에 따라 특례를 둘 수 있다.

② 세종특별자치시와 제주특별자치도의 지위・조직 및 행정・재정 등의 운영에 대해서는 행정체제의 특수성을 고려하여 법률로 정하는 바에 따라 특례를 둘 수 있다.

제198조【대도시 등에 대한 특례 인정】 ① 서울특별시・광역시 및 특별자치시를 제외한 인구 50만 이상 대도시의 행정, 재정 운영 및 국가의 지도・감독에 대해서는 그 특성을 고려하여 관계 법률로 정하는 바에 따라 특례를 둘 수 있다.

② 제1항에도 불구하고 서울특별시・광역시 및 특별자치시를 제외한 다음 각 호의 어느 하나에 해당하는 대도시 및 시・군・구의 행정, 재정 운영 및 국가의 지도・감독에 대해서는 그 특성을 고려하여 관계 법률로 정하는 바에 따라 추가로 특례를 둘 수 있다.

1. 인구 100만 이상 대도시(이하 "특례시"라 한다)
2. 실질적인 행정수요, 지역균형발전 및 지방소멸위기 등을 고려하여 대통령령으로 정하는 기준과 절차에 따라 행정안전부장관이 지정하는 시・군・구

③ 제1항에 따른 인구 50만 이상 대도시와 제2항제1호에 따른 특례시의 인구 인정기준은 대통령령으로 정한다.

출제예상 부속법률

# 주민소환에 관한 법률

## 제1장 총 칙

제1조 【목적】 이 법은 「지방자치법」 제25조에 따른 주민소환의 투표 청구권자・청구요건・절차 및 효력 등에 관하여 규정함으로써 지방자치에 관한 주민의 직접참여를 확대하고 지방행정의 민주성과 책임성을 제고함을 목적으로 한다.

제2조 【주민소환투표의 사무관리】 ① 주민소환투표사무는 「공직선거법」 제13조 제1항의 규정에 의하여 해당 지방자치단체의 장선거 및 지방의회의원선거의 선거구선거사무를 행하는 선거관리위원회(이하 "관할선거관리위원회"라 한다)가 관리한다.

② 제1항의 규정에 의하여 관할선거관리위원회가 주민소환투표의 사무를 관리함에 있어서는 「공직선거법」 제13조 제3항 내지 제6항의 규정을 준용한다. 이 경우 "선거관리"는 "주민소환투표관리"로, "선거"는 "주민소환투표"로, "선거사무" 및 "선거구선거사무"는 각각 "주민소환투표사무"로 본다.

★ 제3조 【주민소환투표권】 ① 제4조 제1항의 규정에 의한 주민소환투표인명부 작성기준일 현재 다음 각 호의 어느 하나에 해당하는 자는 주민소환투표권이 있다.

1. 19세 이상의 주민으로서 당해 지방자치단체 관할구역에 주민등록이 되어 있는 자(「공직선거법」 제18조의 규정에 의하여 선거권이 없는 자를 제외한다)
2. 19세 이상의 외국인으로서 「출입국관리법」 제10조의 규정에 따른 영주의 체류자격 취득일 후 3년이 경과한 자 중 같은 법 제34조의 규정에 따라 당해 지방자치단체 관할구역의 외국인등록대장에 등재된 자

② 주민소환투표권자의 연령은 주민소환투표일 현재를 기준으로 계산한다.

## 제2장 주민소환투표의 청구 등

제7조 【주민소환투표의 청구】 ① 전년도 12월 31일 현재 주민등록표 및 외국인등록표에 등록된 제3조 제1항 제1호 및 제2호에 해당하는 자(이하 "주민소환투표청구권자"라 한다)는 해당 지방자치단체의 장 및 지방의회의원(비례대표선거구시・도의회의원 및 비례대표선거구자치구・시・군의회의원은 제외하며, 이하 "선출직 지방공직자"라 한다)에 대하여 다음 각 호에 해당하는 주민의 서명으로 그 소환사유를 서면에 구체적으로 명시하여 관할선거관리위원회에 주민소환투표의 실시를 청구할 수 있다.

1. 특별시장・광역시장・도지사(이하 "시・도지사"라 한다) : 당해 지방자치단체의 주민소환투표청구권자 총수의 100분의 10 이상
2. 시장・군수・자치구의 구청장 : 당해 지방자치단체의 주민소환투표청구권자 총수의 100분의 15 이상
3. 지역선거구시・도의회의원(이하 "지역구시・도의원"이라 한다) 및 지역선거구자치구・시・군의회의원(이하 "지역구자치구・시・군의원"이라 한다) : 당해 지방의회의원의 선거구 안의 주민소환투표청구권자 총수의 100분의 20 이상

★ 제8조 【주민소환투표의 청구제한기간】 제7조 제1항 내지 제3항의 규정에 불구하고, 다음 각 호의 어느 하나에 해당하는 때에는 주민소환투표의 실시를 청구할 수 없다.
1. 선출직 지방공직자의 임기개시일부터 1년이 경과하지 아니한 때
2. 선출직 지방공직자의 임기만료일부터 1년 미만일 때
3. 해당 선출직 지방공직자에 대한 주민소환투표를 실시한 날부터 1년 이내인 때

## 제3장 주민소환투표의 실시 등

제12조 【주민소환투표의 발의】 ① 관할선거관리위원회는 제7조 제1항 내지 제3항의 규정에 의한 주민소환투표청구가 적법하다고 인정하는 경우에는 지체 없이 그 요지를 공표하고, 소환청구인대표자 및 해당선출직 지방공직자에게 그 사실을 통지하여야 한다.

② 관할선거관리위원회는 제1항의 규정에 따른 통지를 받은 선출직 지방공직자(이하 "주민소환투표대상자"라 한다)에 대한 주민소환투표를 발의하고자 하는 때에는 제14조 제2항의 규정에 의한 주민소환투표대상자의 소명요지 또는 소명서 제출기간이 경과한 날부터 7일 이내에 주민소환투표일과 주민소환투표안(소환청구서 요지를 포함한다)을 공고하여 주민소환투표를 발의하여야 한다.

제13조 【주민소환투표의 실시】 ① 주민소환투표일은 제12조 제2항의 규정에 의한 공고일부터 20일 이상 30일 이하의 범위 안에서 관할선거관리위원회가 정한다. 다만, 주민소환투표대상자가 자진사퇴, 피선거권 상실 또는 사망 등으로 궐위된 때에는 주민소환투표를 실시하지 아니한다.

② 제12조 제2항의 규정에 의한 주민소환투표 공고일 이후 90일 이내에 다음 각 호의 어느 하나에 해당하는 투표 또는 선거가 있을 때에는 제1항의 규정에 불구하고 주민소환투표를 그에 병합하거나 동시에 실시할 수 있다.

1. 「주민투표법」에 의한 주민투표
2. 「공직선거법」에 의한 선거・재선거 및 보궐선거(대통령 및 국회의원 선거를 제외한다)
3. 동일 또는 다른 선출직 지방공직자에 대한 주민소환투표

제14조 【소명기회의 보장】 ① 관할선거관리위원회는 제7조 제1항 내지 제3항의 규정에 의한 주민소환투표청구가 적법하다고 인정하는 때에는 지체 없이 주민소환투표대상자에게 서면으로 소명할 것을 요청하여야 한다.

② 제1항의 규정에 의하여 소명요청을 받은 주민소환투표대상자는 그 요청을 받은 날부터 20일 이내에 500자 이내의 소명요지와 소명서(필요한 자료를 기재한 소명자료를 포함한다)를 관할선거관리위원회에 제출하여야 한다. 이 경우 소명서 또는 소명요지를 제출하지 아니한 때에는 소명이 없는 것으로 본다.

③ 제12조 제2항의 규정에 의하여 주민소환투표일과 주민소환투표안을 공고하는 때에는 제2항의 규정에 의한 소명요지를 함께 공고하여야 한다.

제15조 【주민소환투표의 형식】 ① 주민소환투표는 찬성 또는 반대를 선택하는 형식으로 실시한다.

② 지방자치단체의 동일 관할구역에 2인 이상의 주민소환투표대상자가 있을 때에는 관할선거관리위원회는 하나의 투표용지에 그 대상자별로 제1항의 규정에 의한 형식으로 주민소환투표를 실시할 수 있다.

제16조 【주민소환투표의 실시구역】 ① 지방자치단체의 장에 대한 주민소환투표는 당해 지방자치단체 관할구역 전체를 대상으로 한다.

② 지역구지방의회의원에 대한 주민소환투표는 당해 지방의회의원의 지역선거구를 대상으로 한다.

## 제4장 주민소환투표의 효력 및 소송 등

제21조 【권한행사의 정지 및 권한대행】 ① 주민소환투표대상자는 관할선거관리위원회가 제12조 제2항의 규정에 의하여 주민소환투표안을 공고한 때부터 제22조 제3항의 규정에 의하여 주민소환투표결과를 공표할 때까지 그 권한행사가 정지된다.

② 제1항의 규정에 의하여 지방자치단체의 장의 권한이 정지된 경우에는 부지사・부시장・부군수・부구청장(이하 "부단체장"이라 한다)이 「지방자치법」 제124조 제4항의 규정을 준용하여 그 권한을 대행하고, 부단체장이 권한을 대행할 수 없는 경우에는 「지방

자치법」 제124조 제5항의 규정을 준용하여 그 권한을 대행한다.

③ 제1항의 규정에 따라 권한행사가 정지된 지방의회의원은 그 정지기간 동안 「공직선거법」 제111조의 규정에 의한 의정활동보고를 할 수 없다. 다만, 인터넷에 의정활동보고서를 게재할 수는 있다.

★ **제22조 【주민소환투표결과의 확정】** ① 주민소환은 제3조의 규정에 의한 주민소환투표권자(이하 "주민소환투표권자"라 한다) 총수의 3분의 1 이상의 투표와 유효투표 총수 과반수의 찬성으로 확정된다.

★ ② 전체 주민소환투표자의 수가 주민소환투표권자 총수의 3분의 1에 미달하는 때에는 개표를 하지 아니한다.

③ 관할선거관리위원회는 개표가 끝난 때에는 지체 없이 그 결과를 공표한 후 소환청구인대표자, 주민소환투표대상자, 관계 중앙행정기관의 장, 당해 지방자치단체의 장(지방자치단체의 장이 주민소환투표대상자인 경우에는 제21조 제2항의 규정에 의하여 권한을 대행하는 당해 지방자치단체의 부단체장 등을 말한다) 및 당해 지방의회의 의장(지방의회의원이 주민소환투표대상자인 경우에 한하며, 지방의회의 의장이 주민소환투표대상자인 경우에는 당해 지방의회의 부의장을 말한다)에게 통지하여야 한다. 제2항의 규정에 의하여 개표를 하지 아니한 때에도 또한 같다.

★ **제23조 【주민소환투표의 효력】** ① 제22조 제1항의 규정에 의하여 주민소환이 확정된 때에는 주민소환투표대상자는 그 결과가 공표된 시점부터 그 직을 상실한다.

② 제1항의 규정에 의하여 그 직을 상실한 자는 그로 인하여 실시하는 이 법 또는 「공직선거법」에 의한 해당 보궐선거에 후보자로 등록할 수 없다.

**제24조 【주민소환투표소송 등】** ① 주민소환투표의 효력에 관하여 이의가 있는 해당 주민소환투표대상자 또는 주민소환투표권자(주민소환투표권자 총수의 100분의 1 이상의 서명을 받아야 한다)는 제22조 제3항의 규정에 의하여 주민소환투표결과가 공표된 날부터 14일 이내에 관할선거관리위원회 위원장을 피소청인으로 하여 지역구시・도의원, 지역구자치구・시・군의원 또는 시장・군수・자치구의 구청장을 대상으로 한 주민소환투표에 있어서는 특별시・광역시・도선거관리위원회에, 시・도지사를 대상으로 한 주민소환투표에 있어서는 중앙선거관리위원회에 소청할 수 있다.

② 제1항의 규정에 따른 소청에 대한 결정에 관하여 불복이 있는 소청인은 관할선거관리위원회 위원장을 피고로 하여 그 결정서를 받은 날(결정서를 받지 못한 때에는 「공직선거법」 제220조 제1항의 규정에 의한 결정기간이 종료된 날을 말한다)부터 10일 이내에

지역구시·도의원, 지역구자치구·시·군의원 또는 시장·군수·자치구의 구청장을 대상으로 한 주민소환투표에 있어서는 그 선거구를 관할하는 고등법원에, 시·도지사를 대상으로 한 주민소환투표에 있어서는 대법원에 소를 제기할 수 있다.

③ 주민소환투표에 관한 소청 및 소송의 절차에 관하여는 이 법에 규정된 사항을 제외하고는 「공직선거법」 제219조 내지 제229조의 규정 중 지방자치단체의 장 및 지방의회의원에 관한 규정을 준용한다.

출제예상 부속법률

# 국가인권위원회법

## 제1장 총칙 〈개정 2011. 5. 19.〉

제1조 【목적】 이 법은 국가인권위원회를 설립하여 모든 개인이 가지는 불가침의 기본적 인권을 보호하고 그 수준을 향상시킴으로써 인간으로서의 존엄과 가치를 실현하고 민주적 기본질서의 확립에 이바지함을 목적으로 한다.

제3조 【국가인권위원회의 설립과 독립성】 ① 이 법에서 정하는 인권의 보호와 향상을 위한 업무를 수행하기 위하여 국가인권위원회(이하 "위원회"라 한다)를 둔다.

② 위원회는 그 권한에 속하는 업무를 독립하여 수행한다.

제4조 【적용범위】 이 법은 대한민국 국민과 대한민국의 영역에 있는 외국인에 대하여 적용한다.

## 제2장 위원회의 구성과 운영

제5조 【위원회의 구성】 ① 위원회는 위원장 1명과 상임위원 3명을 포함한 11명의 인권위원(이하 "위원"이라 한다)으로 구성한다.

② 위원은 다음 각 호의 사람을 대통령이 임명한다. 〈개정 2016. 2. 3.〉

1. 국회가 선출하는 4명(상임위원 2명을 포함한다)
2. 대통령이 지명하는 4명(상임위원 1명을 포함한다)
3. 대법원장이 지명하는 3명

③ 위원은 인권문제에 관하여 전문적인 지식과 경험이 있고 인권의 보장과 향상을 위한 업무를 공정하고 독립적으로 수행할 수 있다고 인정되는 사람으로서 다음 각 호의 어느 하나에 해당하는 자격을 갖추어야 한다. 〈신설 2016. 2. 3.〉

1. 대학이나 공인된 연구기관에서 부교수 이상의 직이나 이에 상당하는 직에 10년 이상 있거나 있었던 사람
2. 판사·검사 또는 변호사의 직에 10년 이상 있거나 있었던 사람
3. 인권 분야 비영리 민간단체·법인·국제기구에서 근무하는 등 인권 관련 활동에 10년 이상 종사한 경력이 있는 사람
4. 그 밖에 사회적 신망이 높은 사람으로서 시민사회단체로부터 추천을 받은 사람

④ 국회, 대통령 또는 대법원장은 다양한 사회계층으로부터 후보를 추천받거나 의견을 들은 후 인권의 보호와 향상에 관련된 다양한 사회계층의 대표성이 반영될 수 있도록 위원을 선출·지명하여야 한다. 〈신설 2016. 2. 3.〉

⑤ 위원장은 위원 중에서 대통령이 임명한다. 이 경우 위원장은 국회의 인사청문을 거쳐야 한다. 〈개정 2012. 3. 21., 2016. 2. 3.〉

⑥ 위원장과 상임위원은 정무직공무원으로 임명한다. 〈개정 2016. 2. 3.〉

⑦ 위원은 특정 성(性)이 10분의 6을 초과하지 아니하도록 하여야 한다. 〈개정 2016. 2. 3.〉

⑧ 임기가 끝난 위원은 후임자가 임명될 때까지 그 직무를 수행한다. 〈개정 2016. 2. 3.〉

[전문개정 2011. 5. 19.]

**제6조【위원장의 직무】** ① 위원장은 위원회를 대표하며 위원회의 업무를 총괄한다.

② 위원장이 부득이한 사유로 직무를 수행할 수 없을 때에는 위원장이 미리 지명한 상임위원이 그 직무를 대행한다.

③ 위원장은 국회에 출석하여 위원회의 소관 사무에 관하여 의견을 진술할 수 있으며, 국회에서 요구하면 출석하여 보고하거나 답변하여야 한다.

④ 위원장은 국무회의에 출석하여 발언할 수 있으며, 소관 사무에 관하여 국무총리에게 의안(이 법의 시행에 관한 대통령령안을 포함한다) 제출을 건의할 수 있다.

⑤ 위원장은 위원회의 예산 관련 업무를 수행할 때 「국가재정법」 제6조제3항에 따른 중앙관서의 장으로 본다. [전문개정 2011. 5. 19.]

**제7조【위원장 및 위원의 임기】** ① 위원장과 위원의 임기는 3년으로 하고, 한 번만 연임할 수 있다.

② 위원 중 결원이 생기면 대통령은 결원된 날부터 30일 이내에 후임자를 임명하여야 한다.

③ 결원이 된 위원의 후임으로 임명된 위원의 임기는 새로 시작된다.

[전문개정 2011. 5. 19.]

**제8조【위원의 신분 보장】** 위원은 금고 이상의 형의 선고에 의하지 아니하고는 본인의 의사에 반하여 면직되지 아니한다. 다만, 위원이 장기간의 심신쇠약으로 직무를 수행하기가 극히 곤란하게 되거나 불가능하게 된 경우에는 전체 위원 3분의 2 이상의 찬성에 의한 의결로 퇴직하게 할 수 있다. 〈개정 2016. 2. 3.〉

출제예상 부속법률

# 집회 및 시위에 관한 법률

제5조【집회 및 시위의 금지】① 누구든지 다음 각 호의 어느 하나에 해당하는 집회나 시위를 주최하여서는 아니 된다.

1. 헌법재판소의 결정에 따라 해산된 정당의 목적을 달성하기 위한 집회 또는 시위
2. 집단적인 폭행, 협박, 손괴(損壞), 방화 등으로 공공의 안녕 질서에 직접적인 위협을 끼칠 것이 명백한 집회 또는 시위

② 누구든지 제1항에 따라 금지된 집회 또는 시위를 할 것을 선전하거나 선동하여서는 아니 된다.

★ 제6조【옥외집회 및 시위의 신고 등】① 옥외집회나 시위를 주최하려는 자는 그에 관한 다음 각 호의 사항 모두를 적은 신고서를 옥외집회나 시위를 시작하기 720시간 전부터 48시간 전에 관할 경찰서장에게 제출하여야 한다. 다만, 옥외집회 또는 시위 장소가 두 곳 이상의 경찰서의 관할에 속하는 경우에는 관할 시·도경찰청장에게 제출하여야 하고, 두 곳 이상의 시·도경찰청 관할에 속하는 경우에는 주최지를 관할하는 시·도경찰청장에게 제출하여야 한다.

1. 목적
2. 일시(필요한 시간을 포함한다)
3. 장소
4. 주최자(단체인 경우에는 그 대표자를 포함한다), 연락책임자, 질서유지인에 관한 다음 각 목의 사항
   가. 주소
   나. 성명
   다. 직업
   라. 연락처
5. 참가 예정인 단체와 인원
6. 시위의 경우 그 방법(진로와 약도를 포함한다)

제7조【신고서의 보완 등】① 관할경찰관서장은 제6조 제1항에 따른 신고서의 기재 사항에 미비한 점을 발견하면 접수증을 교부한 때부터 12시간 이내에 주최자에게 24시간을 기한으로 그 기재 사항을 보완할 것을 통고할 수 있다.

② 제1항에 따른 보완 통고는 보완할 사항을 분명히 밝혀 서면으로 주최자 또는 연락책임자에게 송달하여야 한다.

**제9조【집회 및 시위의 금지 통고에 대한 이의 신청 등】** ① 집회 또는 시위의 주최자는 제8조에 따른 금지 통고를 받은 날부터 10일 이내에 해당 경찰관서의 바로 위의 상급경찰관서의 장에게 이의를 신청할 수 있다.

② 제1항에 따른 이의 신청을 받은 경찰관서의 장은 접수 일시를 적은 접수증을 이의 신청인에게 즉시 내주고 접수한 때부터 24시간 이내에 재결(裁決)을 하여야 한다. 이 경우 접수한 때부터 24시간 이내에 재결서를 발송하지 아니하면 관할경찰관서장의 금지 통고는 소급하여 그 효력을 잃는다.

③ 이의 신청인은 제2항에 따라 금지 통고가 위법하거나 부당한 것으로 재결되거나 그 효력을 잃게 된 경우 처음 신고한 대로 집회 또는 시위를 개최할 수 있다. 다만, 금지 통고 등으로 시기를 놓친 경우에는 일시를 새로 정하여 집회 또는 시위를 시작하기 24시간 전에 관할경찰관서장에게 신고함으로써 집회 또는 시위를 개최할 수 있다.

**제10조【옥외집회와 시위의 금지 시간】** 누구든지 해가 뜨기 전이나 해가 진 후에는 옥외집회 또는 시위를 하여서는 아니 된다. 다만, 집회의 성격상 부득이하여 주최자가 질서유지인을 두고 미리 신고한 경우에는 관할경찰관서장은 질서 유지를 위한 조건을 붙여 해가 뜨기 전이나 해가 진 후에도 옥외집회를 허용할 수 있다.

**관련 판례**

구 집회 및 시위에 관한 법률 제10조 등 위헌제청(헌재 2014.4.24, 2011헌가29) : 한정위헌

일출시간 전, 일몰시간 후의 옥외집회 또는 시위를 금지하고, 예외적으로 관할경찰관서장이 옥외집회를 허용할 수 있도록 한 구 '집회 및 시위에 관한 법률' 제10조와, 이에 위반하여 옥외집회 또는 시위에 참가한 자를 처벌하는 '집회 및 시위에 관한 법률' 제20조 제3호 부분은 각 '일몰시간 후부터 같은 날 24시까지의 옥외집회 또는 시위'에 적용하는 한 헌법에 위반된다.(사전허가금지위반×, 집회의 자유침해○)

**제11조【옥외집회와 시위의 금지 장소】** 누구든지 다음 각 호의 어느 하나에 해당하는 청사 또는 저택의 경계 지점으로부터 100 미터 이내의 장소에서는 옥외집회 또는 시위를 하여서는 아니 된다.

1. 국회의사당. 다만, 다음 각 목의 어느 하나에 해당하는 경우로서 국회의 기능이나 안녕을 침해할 우려가 없다고 인정되는 때에는 그러하지 아니하다.
   가. 국회의 활동을 방해할 우려가 없는 경우

나. 대규모 집회 또는 시위로 확산될 우려가 없는 경우

2. 각급 법원, 헌법재판소. 다만, 다음 각 목의 어느 하나에 해당하는 경우로서 각급 법원, 헌법재판소의 기능이나 안녕을 침해할 우려가 없다고 인정되는 때에는 그러하지 아니하다.

가. 법관이나 재판관의 직무상 독립이나 구체적 사건의 재판에 영향을 미칠 우려가 없는 경우

나. 대규모 집회 또는 시위로 확산될 우려가 없는 경우

3. 대통령 관저, 국회의장 공관, 대법원장 공관, 헌법재판소장 공관

4. 국무총리 공관. 다만, 다음 각 목의 어느 하나에 해당하는 경우로서 국무총리 공관의 기능이나 안녕을 침해할 우려가 없다고 인정되는 때에는 그러하지 아니하다.

가. 국무총리를 대상으로 하지 아니하는 경우

나. 대규모 집회 또는 시위로 확산될 우려가 없는 경우

5. 국내 주재 외국의 외교기관이나 외교사절의 숙소. 다만, 다음 각 목의 어느 하나에 해당하는 경우로서 외교기관 또는 외교사절 숙소의 기능이나 안녕을 침해할 우려가 없다고 인정되는 때에는 그러하지 아니하다.

가. 해당 외교기관 또는 외교사절의 숙소를 대상으로 하지 아니하는 경우

나. 대규모 집회 또는 시위로 확산될 우려가 없는 경우

다. 외교기관의 업무가 없는 휴일에 개최하는 경우

★ **제19조 【경찰관의 출입】** ① 경찰관은 집회 또는 시위의 주최자에게 알리고 그 집회 또는 시위의 장소에 정복(正服)을 입고 출입할 수 있다. 다만, 옥내집회 장소에 출입하는 것은 직무 집행을 위하여 긴급한 경우에만 할 수 있다.

② 집회나 시위의 주최자, 질서유지인 또는 장소관리자는 질서를 유지하기 위한 경찰관의 직무집행에 협조하여야 한다.

출제예상 부속법률

# 청원법

**제1조 【목적】** 이 법은 「대한민국헌법」 제26조에 따른 청원권 행사의 절차와 청원의 처리에 관한 사항을 규정하여 국민이 편리하게 청원권을 행사하고 국민이 제출한 청원이 객관적이고 공정하게 처리되도록 함을 목적으로 한다.

**제2조 【다른 법률과의 관계】** 청원에 관하여 다른 법률에 특별한 규정이 있는 경우를 제외하고는 이 법에 따른다.

**제3조 【적용범위】** 국회와 지방의회에 대해서는 제8조부터 제10조까지, 제11조제2항, 제13조부터 제15조까지 및 제21조부터 제23조까지를 적용하지 아니한다.

**제4조 【청원기관】** 이 법에 따라 국민이 청원을 제출할 수 있는 기관(이하 "청원기관"이라 한다)은 다음 각 호와 같다.

1. 국회·법원·헌법재판소·중앙선거관리위원회, 중앙행정기관(대통령 소속 기관과 국무총리 소속 기관을 포함한다)과 그 소속 기관
2. 지방자치단체와 그 소속 기관
3. 법령에 따라 행정권한을 가지고 있거나 행정권한을 위임 또는 위탁받은 법인·단체 또는 그 기관이나 개인

**제5조 【청원사항】** 국민은 다음 각 호의 어느 하나에 해당하는 사항에 대하여 청원기관에 청원할 수 있다.

1. 피해의 구제
2. 공무원의 위법·부당한 행위에 대한 시정이나 징계의 요구
3. 법률·명령·조례·규칙 등의 제정·개정 또는 폐지
4. 공공의 제도 또는 시설의 운영
5. 그 밖에 청원기관의 권한에 속하는 사항

**제6조 【청원 처리의 예외】** 청원기관의 장은 청원이 다음 각 호의 어느 하나에 해당하는 경우에는 처리를 하지 아니할 수 있다. 이 경우 사유를 청원인(제11조제3항에 따른 공동청원의 경우에는 대표자를 말한다)에게 알려야 한다.

1. 국가기밀 또는 공무상 비밀에 관한 사항
2. 감사·수사·재판·행정심판·조정·중재 등 다른 법령에 의한 조사·불복 또는 구제절차가 진행 중인 사항

3. 허위의 사실로 타인으로 하여금 형사처분 또는 징계처분을 받게 하는 사항
4. 허위의 사실로 국가기관 등의 명예를 실추시키는 사항
5. 사인간의 권리관계 또는 개인의 사생활에 관한 사항
6. 청원인의 성명, 주소 등이 불분명하거나 청원내용이 불명확한 사항

**제7조【청원기관의 장의 의무】** ① 청원기관의 장은 국민의 청원권이 존중될 수 있도록 이 법을 운영하고 소관 관계 법령을 정비하여야 한다.

② 청원기관의 장은 청원사항에 관한 업무를 주관하는 부서 및 담당하는 인력을 적정하게 두어야 한다.

**제8조【청원심의회】** ① 청원기관의 장은 다음 각 호의 사항을 심의하기 위하여 청원심의회(이하 "청원심의회"라 한다)를 설치·운영하여야 한다.

1. 제11조제2항에 따른 공개청원의 공개 여부에 관한 사항
2. 청원의 조사결과 등 청원처리에 관한 사항
3. 그 밖에 청원에 관한 사항

② 청원심의회의 구성 및 운영에 필요한 사항은 대법원규칙, 헌법재판소규칙, 중앙선거관리위원회규칙 및 대통령령으로 정한다.

**제9조【청원방법】** ① 청원은 청원서에 청원인의 성명(법인인 경우에는 명칭 및 대표자의 성명을 말한다)과 주소 또는 거소를 적고 서명한 문서(「전자문서 및 전자거래 기본법」에 따른 전자문서를 포함한다)로 하여야 한다.

② 제1항에 따라 전자문서로 제출하는 청원(이하 "온라인청원"이라 한다)은 본인임을 확인할 수 있는 전자적 방법을 통해 제출하여야 한다. 이 경우 서명이 대체된 것으로 본다.

③ 제2항에 따른 본인임을 확인할 수 있는 전자적 방법은 대법원규칙, 헌법재판소규칙, 중앙선거관리위원회규칙 및 대통령령으로 정한다.

**제10조【온라인청원시스템】** ① 행정안전부장관은 서면으로 제출된 청원을 전자적으로 관리하고, 전자문서로 제출된 청원을 효율적으로 접수·처리하기 위하여 정보처리시스템(이하 "온라인청원시스템"이라 한다)을 구축·운영하여야 한다.

② 대법원, 헌법재판소 및 중앙선거관리위원회는 별도의 온라인청원시스템을 구축·운영할 수 있다.

③ 온라인청원시스템의 구축·운영 등에 필요한 사항은 대법원규칙, 헌법재판소규칙, 중앙선거관리위원회규칙 및 대통령령으로 정한다.

제11조【청원서의 제출】① 청원인은 청원서를 해당 청원사항을 담당하는 청원기관에 제출하여야 한다.

② 청원인은 청원사항이 제5조제3호 또는 제4호에 해당하는 경우 청원의 내용, 접수 및 처리 상황과 결과를 온라인청원시스템에 공개하도록 청원(이하 "공개청원"이라 한다)할 수 있다. 이 경우 청원서에 공개청원으로 표시하여야 한다.

③ 다수 청원인이 공동으로 청원(이하 "공동청원"이라 한다)을 하는 경우에는 그 처리결과를 통지받을 3명 이하의 대표자를 선정하여 이를 청원서에 표시하여야 한다.

④ 청원인은 청원서에 이유와 취지를 밝히고, 필요한 때에는 참고자료를 붙일 수 있다.

제12조【청원의 접수】① 청원기관의 장은 제11조에 따라 제출된 청원서를 지체 없이 접수하여야 한다.

② 제1항에 따른 청원의 접수에 필요한 사항은 대법원규칙, 헌법재판소규칙, 중앙선거관리위원회규칙 및 대통령령으로 정한다.

제13조【공개청원의 공개 여부 결정 통지 등】① 공개청원을 접수한 청원기관의 장은 접수일부터 15일 이내에 청원심의회의 심의를 거쳐 공개 여부를 결정하고 결과를 청원인(공동청원의 경우 대표자를 말한다)에게 알려야 한다.

② 청원기관의 장은 공개청원의 공개결정일부터 30일간 청원사항에 관하여 국민의 의견을 들어야 한다.

③ 제2항에 따른 국민의 의견을 듣는 방식, 그 밖에 공개청원의 공개 여부 결정기준 등 공개청원의 운영에 필요한 사항은 대법원규칙, 헌법재판소규칙, 중앙선거관리위원회규칙 및 대통령령으로 정한다.

제14조【접수・처리 상황의 통지 및 공개】① 청원기관의 장은 청원의 접수 및 처리 상황을 청원인(공동청원의 경우 대표자를 말한다)에게 알려야 한다. 공개청원의 경우에는 온라인청원시스템에 접수 및 처리 상황을 공개하여야 한다.

② 제1항에 따른 통지 및 공개에 필요한 사항은 대법원규칙, 헌법재판소규칙, 중앙선거관리위원회규칙 및 대통령령으로 정한다.

제15조【청원서의 보완 요구 및 이송】① 청원기관의 장은 청원서에 부족한 사항이 있다고 판단되는 경우에는 보완사항 및 보완기간을 표시하여 청원인(공동청원의 경우 대표자를 말한다)에게 보완을 요구할 수 있다.

② 청원기관의 장은 청원사항이 다른 기관 소관인 경우에는 지체 없이 소관 기관에 청원

서를 이송하고 이를 청원인(공동청원의 경우 대표자를 말한다)에게 알려야 한다.

③ 그 밖에 청원서의 보완 요구 및 이송 등에 필요한 사항은 대법원규칙, 헌법재판소규칙, 중앙선거관리위원회규칙 및 대통령령으로 정한다.

**제16조【반복청원 및 이중청원】** ① 청원기관의 장은 동일인이 같은 내용의 청원서를 같은 청원기관에 2건 이상 제출한 반복청원의 경우에는 나중에 제출된 청원서를 반려하거나 종결처리할 수 있고, 종결처리하는 경우 이를 청원인에게 알려야 한다.

② 동일인이 같은 내용의 청원서를 2개 이상의 청원기관에 제출한 경우 소관이 아닌 청원기관의 장은 청원서를 소관 청원기관의 장에게 이송하여야 한다. 이 경우 반복청원의 처리에 관하여는 제1항을 준용한다.

③ 청원기관의 장은 제1항 및 제2항의 청원(반복청원을 포함한다)이 같은 내용의 청원인지 여부에 대해서는 해당 청원의 성격, 종전 청원과의 내용적 유사성 · 관련성 및 종전 청원과 같은 답변을 할 수밖에 없는 사정 등을 종합적으로 고려하여 결정하여야 한다.

**제17조【청원의 취하】** 청원인은 해당 청원의 처리가 종결되기 전에 청원을 취하할 수 있다.

**제18조【청원의 조사】** 청원기관의 장은 청원을 접수한 경우에는 지체 없이 청원사항을 성실하고 공정하게 조사하여야 한다. 다만, 청원사항이 별도의 조사를 필요로 하지 아니하는 경우에는 조사 없이 신속하게 처리할 수 있다.

**제19조【조사의 방법】** ① 청원기관의 장은 제18조에 따른 조사를 할 때 다음 각 호의 조치를 할 수 있다. 이 경우 출석하거나 의견진술 등을 한 사람(청원인은 제외한다)에게는 예산의 범위에서 여비와 수당을 지급할 수 있다.

1. 관계 기관 등에 대한 설명 요구 또는 관련 자료 등의 제출 요구
2. 관계 기관 등의 직원, 청원인, 이해관계인이나 참고인의 출석 및 의견진술 등의 요구
3. 조사사항과 관계있다고 인정되는 장소 · 시설 등에 대한 실지조사
4. 조사사항과 관계있다고 인정되는 문서 · 자료 등에 대한 감정의 의뢰

② 관계 기관 등의 장은 제1항에 따른 청원기관의 장의 요구나 조사에 성실하게 응하고 이에 협조하여야 한다.

**제20조【관계 기관 · 부서 간의 협조】** ① 청원기관의 장은 청원을 처리할 때 관계 기관 · 부서의 협조가 필요한 경우에는 청원을 접수한 후 청원 처리기간의 범위에서 회신기간을 정하여 협조를 요청하여야 하며, 요청받은 관계 기관 · 부서는 회신기간 내에 이를 회신하여야 한다.

② 협조를 요청받은 관계 기관・부서는 제1항에 따른 회신기간에 협조 요청 사항을 처리할 수 없는 특별한 사정이 있는 경우에는 제21조에 따른 처리기간의 범위에서 청원기관의 장과 협의하여 한 차례만 회신기간을 연장할 수 있다.

③ 협조를 요청받은 관계 기관・부서가 제2항에 따라 회신기간을 연장하는 경우에는 제1항에 따른 회신기간이 끝나기 전에 연장 사유, 진행 상황 및 회신예정일 등을 협조 요청한 청원기관의 장에게 알려야 한다.

제21조【청원의 처리 등】① 청원기관의 장은 청원심의회의 심의를 거쳐 청원을 처리하여야 한다. 다만, 청원심의회의 심의를 거칠 필요가 없는 사항에 대해서는 심의를 생략할 수 있다.

② 청원기관의 장은 청원을 접수한 때에는 특별한 사유가 없으면 90일 이내(제13조제1항에 따른 공개청원의 공개 여부 결정기간 및 같은 조 제2항에 따른 국민의 의견을 듣는 기간을 제외한다)에 처리결과를 청원인(공동청원의 경우 대표자를 말한다)에게 알려야 한다. 이 경우 공개청원의 처리결과는 온라인청원시스템에 공개하여야 한다.

③ 청원기관의 장은 부득이한 사유로 제2항에 따른 처리기간에 청원을 처리하기 곤란한 경우에는 60일의 범위에서 한 차례만 처리기간을 연장할 수 있다. 이 경우 그 사유와 처리예정기한을 지체 없이 청원인(공동청원의 경우 대표자를 말한다)에게 알려야 한다.

④ 제1항 단서의 청원심의회의 심의를 거칠 필요가 없는 사항 및 제2항에 따른 처리결과를 알리는 방식 등에 필요한 사항은 대법원규칙, 헌법재판소규칙, 중앙선거관리위원회규칙 및 대통령령으로 정한다.

제22조【이의신청】① 청원인은 다음 각 호의 어느 하나에 해당하는 경우로서 공개 부적합 결정 통지를 받은 날 또는 제21조에 따른 처리기간이 경과한 날부터 30일 이내에 청원기관의 장에게 문서로 이의신청을 할 수 있다.

1. 청원기관의 장의 공개 부적합 결정에 대하여 불복하는 경우
2. 청원기관의 장이 제21조에 따른 처리기간 내에 청원을 처리하지 못한 경우

② 청원기관의 장은 이의신청을 받은 날부터 15일 이내에 이의신청에 대하여 인용 여부를 결정하고, 그 결과를 청원인(공동청원의 경우 대표자를 말한다)에게 지체 없이 알려야 한다.

③ 제1항에 따른 이의신청의 절차 및 방법 등 필요한 사항은 대법원규칙, 헌법재판소규칙, 중앙선거관리위원회규칙 및 대통령령으로 정한다.

제23조【청원제도의 총괄 등】① 행정안전부장관은 청원의 활성화를 위하여 노력하여야 한다.

② 행정안전부장관은 청원제도의 효율적 운영을 위하여 청원제도의 운영 전반에 관한 사항을 확인·점검·지도하고 그 결과를 공개할 수 있다.

③ 법원·헌법재판소 및 중앙선거관리위원회는 청원제도 운영에 관한 사항을 자체적으로 확인·점검·지도할 수 있다.

제24조【청원의 사후관리】청원기관의 장은 청원인의 만족 여부 및 개선사항 등을 조사하여 업무에 반영할 수 있다.

제25조【모해의 금지】누구든지 타인을 모해(謀害)할 목적으로 허위의 사실을 적시한 청원을 하여서는 아니 된다.

제26조【차별대우의 금지】누구든지 청원을 하였다는 이유로 청원인을 차별대우하거나 불이익을 강요해서는 아니 된다.

제27조【벌칙】제25조를 위반한 자는 5년 이하의 징역 또는 5천만원 이하의 벌금에 처한다.

출제예상 부속법률

# 형사보상 및 명예회복에 관한 법률

## 제1장 총 칙

제1조 【목적】 이 법은 형사소송 절차에서 무죄재판 등을 받은 자에 대한 형사보상 및 명예회복을 위한 방법과 절차 등을 규정함으로써 무죄재판 등을 받은 자에 대한 정당한 보상과 실질적 명예회복에 이바지함을 목적으로 한다.

## 제2장 형사보상

★ 제2조 【보상 요건】 ① 「형사소송법」에 따른 일반 절차 또는 재심(再審)이나 비상상고(非常上告) 절차에서 무죄재판을 받아 확정된 사건의 피고인이 미결구금(未決拘禁)을 당하였을 때에는 이 법에 따라 국가에 대하여 그 구금에 대한 보상을 청구할 수 있다.

② 상소권회복에 의한 상소, 재심 또는 비상상고의 절차에서 무죄재판을 받아 확정된 사건의 피고인이 원판결(原判決)에 의하여 구금되거나 형 집행을 받았을 때에는 구금 또는 형의 집행에 대한 보상을 청구할 수 있다.

③ 「형사소송법」 제470조 제3항에 따른 구치(拘置)와 같은 법 제473조부터 제475조까지의 규정에 따른 구속은 제2항을 적용할 때에는 구금 또는 형의 집행으로 본다.

★ 제3조 【상속인에 의한 보상청구】 ① 제2조에 따라 보상을 청구할 수 있는 자가 그 청구를 하지 아니하고 사망하였을 때에는 그 상속인이 이를 청구할 수 있다.

② 사망한 자에 대하여 재심 또는 비상상고의 절차에서 무죄재판이 있었을 때에는 보상의 청구에 관하여는 사망한 때에 무죄재판이 있었던 것으로 본다.

★ 제4조 【보상하지 아니할 수 있는 경우】 다음 각 호의 어느 하나에 해당하는 경우에는 법원은 재량(裁量)으로 보상청구의 전부 또는 일부를 기각(棄却)할 수 있다.

1. 「형법」 제9조 및 제10조 제1항의 사유로 무죄재판을 받은 경우
2. 본인이 수사 또는 심판을 그르칠 목적으로 거짓 자백을 하거나 다른 유죄의 증거를 만듦으로써 기소(起訴), 미결구금 또는 유죄재판을 받게 된 것으로 인정된 경우
3. 1개의 재판으로 경합범(競合犯)의 일부에 대하여 무죄재판을 받고 다른 부분에 대하여 유죄재판을 받았을 경우

**제5조【보상의 내용】** ① 구금에 대한 보상을 할 때에는 그 구금일수(拘禁日數)에 따라 1일당 보상청구의 원인이 발생한 연도의 「최저임금법」에 따른 일급(日給) 최저임금액 이상 대통령령으로 정하는 금액 이하의 비율에 의한 보상금을 지급한다.

② 법원은 제1항의 보상금액을 산정할 때 다음 각 호의 사항을 고려하여야 한다.

1. 구금의 종류 및 기간의 장단(長短)
2. 구금기간 중에 입은 재산상의 손실과 얻을 수 있었던 이익의 상실 또는 정신적인 고통과 신체 손상
3. 경찰·검찰·법원의 각 기관의 고의 또는 과실 유무
4. 무죄재판의 실질적 이유가 된 사정
5. 그 밖에 보상금액 산정과 관련되는 모든 사정

③ 사형 집행에 대한 보상을 할 때에는 집행 전 구금에 대한 보상금 외에 3천만원 이내에서 모든 사정을 고려하여 법원이 타당하다고 인정하는 금액을 더하여 보상한다. 이 경우 본인의 사망으로 인하여 발생한 재산상의 손실액이 증명되었을 때에는 그 손실액도 보상한다.

④ 벌금 또는 과료(科料)의 집행에 대한 보상을 할 때에는 이미 징수한 벌금 또는 과료의 금액에 징수일의 다음 날부터 보상 결정일까지의 일수에 대하여 「민법」 제379조의 법정이율을 적용하여 계산한 금액을 더한 금액을 보상한다.

★ ⑤ 노역장유치(勞役場留置)의 집행을 한 경우 그에 대한 보상에 관하여는 제1항을 준용한다.

⑥ 몰수(沒收) 집행에 대한 보상을 할 때에는 그 몰수물을 반환하고, 그것이 이미 처분되었을 때에는 보상결정 시의 시가(時價)를 보상한다.

⑦ 추징금(追徵金)에 대한 보상을 할 때에는 그 액수에 징수일의 다음 날부터 보상 결정일까지의 일수에 대하여 「민법」 제379조의 법정이율을 적용하여 계산한 금액을 더한 금액을 보상한다.

**제6조【손해배상과의 관계】** ① 이 법은 보상을 받을 자가 다른 법률에 따라 손해배상을 청구하는 것을 금지하지 아니한다.

② 이 법에 따른 보상을 받을 자가 같은 원인에 대하여 다른 법률에 따라 손해배상을 받은 경우에 그 손해배상의 액수가 이 법에 따라 받을 보상금의 액수와 같거나 그보다 많을 때에는 보상하지 아니한다. 그 손해배상의 액수가 이 법에 따라 받을 보상금의 액수보다 적을 때에는 그 손해배상 금액을 빼고 보상금의 액수를 정하여야 한다.

③ 다른 법률에 따라 손해배상을 받을 자가 같은 원인에 대하여 이 법에 따른 보상을 받았을 때에는 그 보상금의 액수를 빼고 손해배상의 액수를 정하여야 한다.

**제7조 【관할법원】** 보상청구는 무죄재판을 한 법원에 대하여 하여야 한다.

★ **제8조 【보상청구의 기간】** 보상청구는 무죄재판이 확정된 사실을 안 날부터 3년, 무죄재판이 확정된 때부터 5년 이내에 하여야 한다.

**제9조 【보상청구의 방식】** ① 보상청구를 할 때에는 보상청구서에 재판서의 등본과 그 재판의 확정증명서를 첨부하여 법원에 제출하여야 한다.

② 보상청구서에는 다음 각 호의 사항을 적어야 한다.

1. 청구자의 등록기준지, 주소, 성명, 생년월일
2. 청구의 원인이 된 사실과 청구액

**제10조 【상속인의 소명】** 상속인이 보상을 청구할 때에는 본인과의 관계와 같은 순위의 상속인 유무를 소명(疏明)할 수 있는 자료를 제출하여야 한다.

**제11조 【상속인의 보상청구의 효과】** ① 보상청구를 할 수 있는 같은 순위의 상속인이 여러 명인 경우에 그 중 1명이 보상청구를 하였을 때에는 보상을 청구할 수 있는 모두를 위하여 그 전부에 대하여 보상청구를 한 것으로 본다.

② 제1항의 경우에 청구를 한 상속인 외의 상속인은 공동청구인으로서 절차에 참가할 수 있다.

③ 법원은 제1항의 경우에 보상을 청구할 수 있는 같은 순위의 다른 상속인이 있다는 사실을 알았을 때에는 지체 없이 그 상속인에게 보상청구가 있었음을 통지하여야 한다.

**제12조 【보상청구의 취소】** ① 같은 순위의 상속인이 여러 명인 경우에 보상을 청구한 자는 나머지 모두의 동의 없이 청구를 취소할 수 없다.

② 보상청구를 취소한 경우에 보상청구권자는 다시 보상을 청구할 수 없다.

**제13조 【대리인에 의한 보상청구】** 보상청구는 대리인을 통하여서도 할 수 있다.

**제14조 【보상청구에 대한 재판】** ① 보상청구는 법원 합의부에서 재판한다.

② 보상청구에 대하여는 법원은 검사와 청구인의 의견을 들은 후 결정을 하여야 한다.

③ 보상청구를 받은 법원은 6개월 이내에 보상결정을 하여야 한다.

④ 제2항에 따른 결정의 정본(正本)은 검사와 청구인에게 송달하여야 한다.

제15조【직권조사사항】법원은 보상청구의 원인이 된 사실인 구금일수 또는 형 집행의 내용에 관하여 직권으로 조사를 하여야 한다.

제16조【보상청구 각하의 결정】법원은 다음 각 호의 어느 하나에 해당하는 경우에는 보상청구를 각하(却下)하는 결정을 하여야 한다.

1. 보상청구의 절차가 법령으로 정한 방식을 위반하여 보정(補正)할 수 없을 경우
2. 청구인이 법원의 보정명령에 따르지 아니할 경우
3. 제8조에 따른 보상청구의 기간이 지난 후에 보상을 청구하였을 경우

제17조【보상 또는 청구기각의 결정】① 보상의 청구가 이유 있을 때에는 보상결정을 하여야 한다.

② 보상의 청구가 이유 없을 때에는 청구기각의 결정을 하여야 한다.

제18조【결정의 효과】보상청구를 할 수 있는 같은 순위의 상속인이 여러 명인 경우에 그 중 1명에 대한 제17조의 보상결정이나 청구기각의 결정은 같은 순위자 모두에 대하여 한 것으로 본다.

제19조【보상청구의 중단과 승계】① 보상을 청구한 자가 청구절차 중 사망하거나 상속인 자격을 상실한 경우에 다른 청구인이 없을 때에는 청구의 절차는 중단된다.

② 제1항의 경우에 보상을 청구한 자의 상속인 또는 보상을 청구한 상속인과 같은 순위의 상속인은 2개월 이내에 청구의 절차를 승계할 수 있다.

③ 법원은 제2항에 따라 절차를 승계할 수 있는 자로서 법원에 알려진 자에게는 지체 없이 제2항의 기간 내에 청구의 절차를 승계할 것을 통지하여야 한다.

④ 제2항의 기간 내에 절차를 승계하는 신청이 없을 때에는 법원은 청구를 각하하는 결정을 하여야 한다.

제20조【불복신청】① 제17조 제1항에 따른 보상결정에 대하여는 1주일 이내에 즉시항고(卽時抗告)를 할 수 있다.

② 제17조 제2항에 따른 청구기각 결정에 대하여는 즉시항고를 할 수 있다.

★ 제21조【보상금 지급청구】① 보상금 지급을 청구하려는 자는 보상을 결정한 법원에 대응하는 검찰청에 보상금 지급청구서를 제출하여야 한다.

② 제1항의 청구서에는 법원의 보상결정서를 첨부하여야 한다.

③ 보상결정이 송달된 후 2년 이내에 보상금 지급청구를 하지 아니할 때에는 권리를 상실한다.

④ 보상금을 받을 수 있는 자가 여러 명인 경우에는 그 중 1명이 한 보상금 지급청구는 보상결정을 받은 모두를 위하여 그 전부에 대하여 보상금 지급청구를 한 것으로 본다.

**제21조의2【보상금 지급기한 등】** ① 보상금 지급청구서를 제출받은 검찰청은 3개월 이내에 보상금을 지급하여야 한다.

② 제1항에 따른 기한까지 보상금을 지급하지 아니한 경우에는 그 다음 날부터 지급하는 날까지의 지연 일수에 대하여 「민법」 제379조의 법정이율에 따른 지연이자를 지급하여야 한다.

**제22조【보상금 지급의 효과】** 보상금을 받을 수 있는 자가 여러 명인 경우에는 그 중 1명에 대한 보상금 지급은 그 모두에 대하여 효력이 발생한다.

★ **제23조【보상청구권의 양도 및 압류의 금지】** 보상청구권은 양도하거나 압류할 수 없다. 보상금 지급청구권도 또한 같다.

**제24조【준용규정】** 이 법에 따른 결정과 즉시항고에 관하여는 이 법에 특별한 규정이 있는 것을 제외하고는 「형사소송법」의 규정을 준용한다. 기간에 관하여도 또한 같다.

**제25조【보상결정의 공시】** ① 법원은 보상결정이 확정되었을 때에는 2주일 내에 보상결정의 요지를 관보에 게재하여 공시하여야 한다. 이 경우 보상결정을 받은 자의 신청이 있을 때에는 그 결정의 요지를 신청인이 선택하는 두 종류 이상의 일간신문에 각각 한 번씩 공시하여야 하며 그 공시는 신청일부터 30일 이내에 하여야 한다.

② 제6조 제2항 전단에 규정된 이유로 보상청구를 기각하는 결정이 확정되었을 때에는 제1항을 준용한다.

**제26조【면소 등의 경우】** ① 다음 각 호의 어느 하나에 해당하는 경우에도 국가에 대하여 구금에 대한 보상을 청구할 수 있다. 다만, 제3호의 경우 재심 절차에서 선고된 형을 초과하여 집행된 구금일수를 제5조제1항에 따른 구금일수로 본다. 〈개정 2023. 12. 29.〉

1. 「형사소송법」에 따라 면소(免訴) 또는 공소기각(公訴棄却)의 재판을 받아 확정된 피고인이 면소 또는 공소기각의 재판을 할 만한 사유가 없었더라면 무죄재판을 받을 만한 현저한 사유가 있었을 경우
2. 「치료감호법」 제7조에 따라 치료감호의 독립 청구를 받은 피치료감호청구인의 치료감호사건이 범죄로 되지 아니하거나 범죄사실의 증명이 없는 때에 해당되어 청구기각의 판결을 받아 확정된 경우
3. 「헌법재판소법」에 따른 재심 절차에서 원판결보다 가벼운 형으로 확정됨에 따라 원판

결에 의한 형 집행이 재심 절차에서 선고된 형을 초과한 경우

② 제1항에 따른 보상에 대하여는 무죄재판을 받아 확정된 사건의 피고인에 대한 보상에 관한 규정을 준용한다. 보상결정의 공시에 대하여도 또한 같다.

③ 제1항제3호에 따른 보상청구의 경우에 법원은 재량으로 보상청구의 전부 또는 일부를 기각할 수 있다.

제27조【피의자에 대한 보상】① 피의자로서 구금되었던 자 중 검사로부터 불기소처분을 받거나 사법경찰관으로부터 불송치결정을 국가에 대하여 그 구금에 대한 보상(이하 "피의자보상"이라 한다)을 청구할 수 있다. 불기소처분 또는 불송치결정의 사유가 있는 경우와 해당 불기소처분 또는 불송치결정이 종국적(終局的)인 것이 아니거나 「형사소송법」 제247조에 따른 것일 경우에는 그러하지 아니하다.

② 다음 각 호의 어느 하나에 해당하는 경우에는 피의자보상의 전부 또는 일부를 지급하지 아니할 수 있다.

1. 본인이 수사 또는 재판을 그르칠 목적으로 거짓 자백을 하거나 다른 유죄의 증거를 만듦으로써 구금된 것으로 인정되는 경우
2. 구금기간 중에 다른 사실에 대하여 수사가 이루어지고 그 사실에 관하여 범죄가 성립한 경우
3. 보상을 하는 것이 선량한 풍속이나 그 밖에 사회질서에 위배된다고 인정할 특별한 사정이 있는 경우

③ 피의자보상에 관한 사항을 심의·결정하기 위하여 지방검찰청에 피의자보상심의회(이하 "심의회"라 한다)를 둔다.

④ 심의회는 법무부장관의 지휘·감독을 받는다.

⑤ 심의회의 관할·구성·운영, 그 밖에 필요한 사항은 대통령령으로 정한다.

제28조【피의자보상의 청구 등】① 피의자보상을 청구하려는 자는 불기소처분을 한 검사가 소속된 지방검찰청(지방검찰청 지청의 검사가 불기소처분을 한 경우에는 그 지청이 소속하는 지방검찰청을 말한다) 또는 불송치결정을 한 사법경찰관이 소속된 경찰관서에 대응하는 지방검찰청의 심의회에 보상을 청구하여야 한다.

② 제1항에 따라 피의자보상을 청구하는 자는 보상청구서에 불기소처분 또는 불송치결정을 받은 사실을 증명하는 서류를 첨부하여 제출하여야 한다.

③ 피의자보상의 청구는 불기소처분 또는 불송치결정의 고지(告知) 또는 통지를 받은 날부터 3년 이내에 하여야 한다.

④ 피의자보상의 청구에 대한 심의회의 결정에 대하여는 「행정심판법」에 따른 행정심판을 청구하거나 「행정소송법」에 따른 행정소송을 제기할 수 있다.

⑤ 심의회의 보상결정이 송달(제4항의 심판을 청구하거나 소송을 제기한 경우에는 그 재결 또는 판결에 따른 심의회의 보상결정이 송달된 때를 말한다)된 후 2년 이내에 보상금 지급청구를 하지 아니할 때에는 그 권리를 상실한다.

## 제3장 명예회복

**제30조 【무죄재판서 게재 청구】** 무죄재판을 받아 확정된 사건(이하 "무죄재판사건"이라 한다)의 피고인은 무죄재판이 확정된 때부터 3년 이내에 확정된 무죄재판사건의 재판서(이하 "무죄재판서"라 한다)를 법무부 인터넷 홈페이지에 게재하도록 해당 사건을 기소한 검사가 소속된 지방검찰청(지방검찰청 지청을 포함한다)에 청구할 수 있다.

**제31조 【청구방법】** ① 제30조에 따른 청구를 할 때에는 무죄재판서 게재 청구서에 재판서의 등본과 그 재판의 확정증명서를 첨부하여 제출하여야 한다.

② 상속인에 의한 청구 및 그 소명에 대하여는 제3조 및 제10조를 준용한다. 이 경우 "보상"은 "게재"로 보며, 같은 순위의 상속인이 여러 명일 때에는 상속인 모두가 무죄재판서 게재 청구에 동의하였음을 소명할 자료를 제출하여야 한다.

③ 대리인에 의한 청구에 대하여는 제13조를 준용한다. 이 경우 "보상"은 "게재"로 본다.

④ 청구의 취소에 대하여는 제12조를 준용한다. 이 경우 "보상"은 "게재"로 본다.

**제32조 【청구에 대한 조치】** ① 제30조에 따른 청구가 있을 때에는 그 청구를 받은 날부터 1개월 이내에 무죄재판서를 법무부 인터넷 홈페이지에 게재하여야 한다. 다만, 청구를 받은 때에 무죄재판사건의 확정재판기록이 해당 지방검찰청에 송부되지 아니한 경우에는 무죄재판사건의 확정재판기록이 해당 지방검찰청에 송부된 날부터 1개월 이내에 게재하여야 한다.

② 다음 각 호의 어느 하나에 해당할 때에는 무죄재판서의 일부를 삭제하여 게재할 수 있다.

1. 청구인이 무죄재판서 중 일부 내용의 삭제를 원하는 의사를 명시적으로 밝힌 경우
2. 무죄재판서의 공개로 인하여 사건 관계인의 명예나 사생활의 비밀 또는 생명・신체의 안전이나 생활의 평온을 현저히 해칠 우려가 있는 경우

③ 제2항 제1호의 경우에는 청구인의 의사를 서면으로 확인하여야 한다. 다만, 소재불명 등으로 청구인의 의사를 확인할 수 없을 때에는 「민법」 제779조에 따른 가족 중 1명의

의사를 서면으로 확인하는 것으로 대신할 수 있다.

④ 제1항에 따른 무죄재판서의 게재기간은 1년으로 한다.

제33조 【청구에 대한 조치의 통지 등】 ① 제32조 제1항에 따라 무죄재판서를 법무부 인터넷 홈페이지에 게재한 경우에는 지체 없이 그 사실을 청구인에게 서면으로 통지하여야 한다.

② 제30조의 청구에 따른 집행절차 등에 관한 세부사항은 대통령령으로 정한다.

제34조 【면소 등의 경우】 ① 제26조 제1항 각 호의 경우에 해당하는 자는 확정된 사건의 재판서를 게재하도록 청구할 수 있다.

② 제1항에 따른 청구에 대하여는 무죄재판사건 피고인의 무죄재판서 게재 청구에 관한 규정을 준용한다.

출제예상 부속법률

# 범죄피해자 보호법

## 제1장 총 칙

제1조 【목적】 이 법은 범죄피해자 보호·지원의 기본 정책 등을 정하고 타인의 범죄행위로 인하여 생명·신체에 피해를 받은 사람을 구조(救助)함으로써 범죄피해자의 복지 증진에 기여함을 목적으로 한다.

제2조 【기본이념】 ① 범죄피해자는 범죄피해 상황에서 빨리 벗어나 인간의 존엄성을 보장받을 권리가 있다.

② 범죄피해자의 명예와 사생활의 평온은 보호되어야 한다.

③ 범죄피해자는 해당 사건과 관련하여 각종 법적 절차에 참여할 권리가 있다.

제3조 【정의】 ① 이 법에서 사용하는 용어의 뜻은 다음과 같다.

1. "범죄피해자"란 타인의 범죄행위로 피해를 당한 사람과 그 배우자(사실상의 혼인관계를 포함한다), 직계친족 및 형제자매를 말한다.
2. "범죄피해자 보호·지원"이란 범죄피해자의 손실 복구, 정당한 권리 행사 및 복지 증진에 기여하는 행위를 말한다. 다만, 수사·변호 또는 재판에 부당한 영향을 미치는 행위는 포함되지 아니한다.
3. "범죄피해자 지원법인"이란 범죄피해자 보호·지원을 주된 목적으로 설립된 비영리법인을 말한다.
4. "구조대상 범죄피해"란 대한민국의 영역 안에서 또는 대한민국의 영역 밖에 있는 대한민국의 선박이나 항공기 안에서 행하여진 사람의 생명 또는 신체를 해치는 죄에 해당하는 행위(「형법」 제9조, 제10조 제1항, 제12조, 제22조 제1항에 따라 처벌되지 아니하는 행위를 포함하며, 같은 법 제20조 또는 제21조 제1항에 따라 처벌되지 아니하는 행위 및 과실에 의한 행위는 제외한다)로 인하여 사망하거나 장해 또는 중상해를 입은 것을 말한다.
5. "장해"란 범죄행위로 입은 부상이나 질병이 치료(그 증상이 고정된 때를 포함한다)된 후에 남은 신체의 장해로서 대통령령으로 정하는 경우를 말한다.
6. "중상해"란 범죄행위로 인하여 신체나 그 생리적 기능에 손상을 입은 것으로서 대통령령으로 정하는 경우를 말한다.

② 제1항 제1호에 해당하는 사람 외에 범죄피해 방지 및 범죄피해자 구조 활동으로 피해를 당한 사람도 범죄피해자로 본다.

## 제2장 범죄피해자 보호 · 지원의 기본 정책

제8조 【형사절차 참여 보장 등】 ① 국가는 범죄피해자가 해당 사건과 관련하여 수사담당자와 상담하거나 재판절차에 참여하여 진술하는 등 형사절차상의 권리를 행사할 수 있도록 보장하여야 한다.

② 국가는 범죄피해자가 요청하면 가해자에 대한 수사 결과, 공판기일, 재판 결과, 형 집행 및 보호관찰 집행 상황 등 형사절차 관련 정보를 대통령령으로 정하는 바에 따라 제공할 수 있다.

제8조의2 【범죄피해자에 대한 정보 제공 등】 ① 국가는 수사 및 재판 과정에서 다음 각 호의 정보를 범죄피해자에게 제공하여야 한다.

1. 범죄피해자의 해당 재판절차 참여 진술권 등 형사절차상 범죄피해자의 권리에 관한 정보
2. 범죄피해 구조금 지급 및 범죄피해자 보호 · 지원 단체 현황 등 범죄피해자의 지원에 관한 정보
3. 그 밖에 범죄피해자의 권리보호 및 복지증진을 위하여 필요하다고 인정되는 정보

② 제1항에 따른 정보 제공의 구체적인 방법 및 절차 등에 필요한 사항은 대통령령으로 정한다.

[시행일 2015.4.16.]

## 제3장 범죄피해자 보호 · 지원의 기본계획 등

제15조 【범죄피해자보호위원회】 ① 범죄피해자 보호 · 지원에 관한 기본계획 및 주요 사항 등을 심의하기 위하여 법무부장관 소속으로 범죄피해자보호위원회(이하 "보호위원회"라 한다)를 둔다.

② 보호위원회는 다음 각 호의 사항을 심의한다.

1. 기본계획 및 시행계획에 관한 사항
2. 범죄피해자 보호 · 지원을 위한 주요 정책의 수립 · 조정에 관한 사항

3. 범죄피해자 보호·지원 단체에 대한 지원·감독에 관한 사항

4. 그 밖에 위원장이 심의를 요청한 사항

③ 보호위원회는 위원장을 포함하여 20명 이내의 위원으로 구성한다.

④ 제1항부터 제3항까지의 규정에서 정한 사항 외에 보호위원회의 구성 및 운영 등에 관한 사항은 대통령령으로 정한다.

## 제4장 구조대상 범죄피해에 대한 구조

제16조【구조금의 지급요건】 국가는 구조대상 범죄피해를 받은 사람(이하 "구조피해자"라 한다)이 다음 각 호의 어느 하나에 해당하면 구조피해자 또는 그 유족에게 범죄피해 구조금(이하 "구조금"이라 한다)을 지급한다.

1. 구조피해자가 피해의 전부 또는 일부를 배상받지 못하는 경우

2. 자기 또는 타인의 형사사건의 수사 또는 재판에서 고소·고발 등 수사단서를 제공하거나 진술, 증언 또는 자료제출을 하다가 구조피해자가 된 경우

★ 제17조【구조금의 종류 등】 ① 구조금은 유족구조금·장해구조금 및 중상해구조금으로 구분하며, 일시금으로 지급한다.

② 유족구조금은 구조피해자가 사망하였을 때 제18조에 따라 맨 앞의 순위인 유족에게 지급한다. 다만, 순위가 같은 유족이 2명 이상이면 똑같이 나누어 지급한다.

③ 장해구조금 및 중상해구조금은 해당 구조피해자에게 지급한다.

제18조【유족의 범위 및 순위】 ① 유족구조금을 지급받을 수 있는 유족은 다음 각 호의 어느 하나에 해당하는 사람으로 한다.

1. 배우자(사실상 혼인관계를 포함한다) 및 구조피해자의 사망 당시 구조피해자의 수입으로 생계를 유지하고 있는 구조피해자의 자녀

2. 구조피해자의 사망 당시 구조피해자의 수입으로 생계를 유지하고 있는 구조피해자의 부모, 손자·손녀, 조부모 및 형제자매

3. 제1호 및 제2호에 해당하지 아니하는 구조피해자의 자녀, 부모, 손자·손녀, 조부모 및 형제자매

② 제1항에 따른 유족의 범위에서 태아는 구조피해자가 사망할 때 이미 출생한 것으로 본다.

③ 유족구조금을 받을 유족의 순위는 제1항 각 호에 열거한 순서로 하고, 같은 항 제2호 및 제3호에 열거한 사람 사이에서는 해당 각 호에 열거한 순서로 하며, 부모의 경우에는 양부모를 선순위로 하고 친부모를 후순위로 한다.

④ 유족이 다음 각 호의 어느 하나에 해당하면 유족구조금을 받을 수 있는 유족으로 보지 아니한다.

1. 구조피해자를 고의로 사망하게 한 경우
2. 구조피해자가 사망하기 전에 그가 사망하면 유족구조금을 받을 수 있는 선순위 또는 같은 순위의 유족이 될 사람을 고의로 사망하게 한 경우
3. 구조피해자가 사망한 후 유족구조금을 받을 수 있는 선순위 또는 같은 순위의 유족을 고의로 사망하게 한 경우

★ **제19조 【구조금을 지급하지 아니할 수 있는 경우】** ① 범죄행위 당시 구조피해자와 가해자 사이에 다음 각 호의 어느 하나에 해당하는 친족관계가 있는 경우에는 구조금을 지급하지 아니한다.

1. 부부(사실상의 혼인관계를 포함한다)
2. 직계혈족
3. 4촌 이내의 친족
4. 동거친족

② 범죄행위 당시 구조피해자와 가해자 사이에 제1항 각 호의 어느 하나에 해당하지 아니하는 친족관계가 있는 경우에는 구조금의 일부를 지급하지 아니한다.

③ 구조피해자가 다음 각 호의 어느 하나에 해당하는 행위를 한 때에는 구조금을 지급하지 아니한다.

1. 해당 범죄행위를 교사 또는 방조하는 행위
2. 과도한 폭행·협박 또는 중대한 모욕 등 해당 범죄행위를 유발하는 행위
3. 해당 범죄행위와 관련하여 현저하게 부정한 행위
4. 해당 범죄행위를 용인하는 행위
5. 집단적 또는 상습적으로 불법행위를 행할 우려가 있는 조직에 속하는 행위(다만, 그 조직에 속하고 있는 것이 해당 범죄피해를 당한 것과 관련이 없다고 인정되는 경우는 제외한다)
6. 범죄행위에 대한 보복으로 가해자 또는 그 친족이나 그 밖에 가해자와 밀접한 관계가 있는 사람의 생명을 해치거나 신체를 중대하게 침해하는 행위

④ 구조피해자가 다음 각 호의 어느 하나에 해당하는 행위를 한 때에는 구조금의 일부를 지급하지 아니한다.

1. 폭행·협박 또는 모욕 등 해당 범죄행위를 유발하는 행위
2. 해당 범죄피해의 발생 또는 증대에 가공(加功)한 부주의한 행위 또는 부적절한 행위

⑤ 유족구조금을 지급할 때에는 제1항부터 제4항까지의 규정을 적용할 때 "구조피해자"는 "구조피해자 또는 맨 앞의 순위인 유족"으로 본다.

⑥ 구조피해자 또는 그 유족과 가해자 사이의 관계, 그 밖의 사정을 고려하여 구조금의 전부 또는 일부를 지급하는 것이 사회통념에 위배된다고 인정될 때에는 구조금의 전부 또는 일부를 지급하지 아니할 수 있다.

⑦ 제1항부터 제6항까지의 규정에도 불구하고 구조금의 실질적인 수혜자가 가해자로 귀착될 우려가 없는 경우 등 구조금을 지급하지 아니하는 것이 사회통념에 위배된다고 인정할 만한 특별한 사정이 있는 경우에는 구조금의 전부 또는 일부를 지급할 수 있다.

★ **제20조【다른 법령에 따른 급여 등과의 관계】** 구조피해자나 유족이 해당 구조대상 범죄피해를 원인으로 하여 「국가배상법」이나 그 밖의 법령에 따른 급여 등을 받을 수 있는 경우에는 대통령령으로 정하는 바에 따라 구조금을 지급하지 아니한다.

**제21조【손해배상과의 관계】** ① 국가는 구조피해자나 유족이 해당 구조대상 범죄피해를 원인으로 하여 손해배상을 받았으면 그 범위에서 구조금을 지급하지 아니한다.

② 국가는 지급한 구조금의 범위에서 해당 구조금을 받은 사람이 구조대상 범죄피해를 원인으로 하여 가지고 있는 손해배상청구권을 대위한다.

③ 국가는 제2항에 따라 손해배상청구권을 대위할 때 대통령령으로 정하는 바에 따라 가해자인 수형자나 보호감호대상자의 작업장려금 또는 근로보상금에서 손해배상금을 받을 수 있다.

**제22조【구조금액】** ① 유족구조금은 구조피해자의 사망 당시(신체에 손상을 입고 그로 인하여 사망한 경우에는 신체에 손상을 입은 당시를 말한다)의 월급액이나 월실수입액 또는 평균임금에 24개월 이상 48개월 이하의 범위에서 유족의 수와 연령 및 생계유지상황 등을 고려하여 대통령령으로 정하는 개월 수를 곱한 금액으로 한다.

② 장해구조금과 중상해구조금은 구조피해자가 신체에 손상을 입은 당시의 월급액이나 월실수입액 또는 평균임금에 2개월 이상 48개월 이하의 범위에서 피해자의 장해 또는 중상해의 정도와 부양가족의 수 및 생계유지상황 등을 고려하여 대통령령으로 정한 개월 수를 곱한 금액으로 한다.

③ 제1항 및 제2항에 따른 월급액이나 월실수입액 또는 평균임금 등은 피해자의 주소지를 관할하는 세무서장, 시장 · 군수 · 구청장(자치구의 구청장을 말한다) 또는 피해자의 근무기관의 장(長)의 증명이나 그 밖에 대통령령으로 정하는 공신력 있는 증명에 따른다.

④ 제1항 및 제2항에서 구조피해자의 월급액이나 월실수입액이 평균임금의 2배를 넘는 경우에는 평균임금의 2배에 해당하는 금액을 구조피해자의 월급액이나 월실수입액으로 본다.

★ **제23조 【외국인에 대한 구조】** 이 법은 외국인이 구조피해자이거나 유족인 경우에는 해당 국가의 상호보증이 있는 경우에만 적용한다.

**제24조 【범죄피해구조심의회 등】** ① 구조금 지급에 관한 사항을 심의 · 결정하기 위하여 각 지방검찰청에 범죄피해구조심의회(이하 "지구심의회"라 한다)를 두고 법무부에 범죄피해구조본부심의회(이하 "본부심의회"라 한다)를 둔다.

② 지구심의회는 설치된 지방검찰청 관할 구역(지청이 있는 경우에는 지청의 관할 구역을 포함한다)의 구조금 지급에 관한 사항을 심의 · 결정한다.

③ 본부심의회는 다음 각 호의 사항을 심의 · 결정한다.

1. 제27조에 따른 재심신청사건
2. 그 밖에 법령에 따라 그 소관에 속하는 사항

④ 지구심의회 및 본부심의회는 법무부장관의 지휘 · 감독을 받는다.

⑤ 지구심의회 및 본부심의회 위원 중 공무원이 아닌 위원은 「형법」 제127조 및 제129조부터 제132조까지의 규정을 적용할 때에는 공무원으로 본다.

⑥ 지구심의회 및 본부심의회의 구성 및 운영 등에 관한 사항은 대통령령으로 정한다.

**제25조 【구조금의 지급신청】** ① 구조금을 받으려는 사람은 법무부령으로 정하는 바에 따라 그 주소지, 거주지 또는 범죄 발생지를 관할하는 지구심의회에 신청하여야 한다.

★ ② 제1항에 따른 신청은 해당 구조대상 범죄피해의 발생을 안 날부터 3년이 지나거나 해당 구조대상 범죄피해가 발생한 날부터 10년이 지나면 할 수 없다.

**제26조 【구조결정】** 지구심의회는 제25조 제1항에 따른 신청을 받으면 신속하게 구조금을 지급하거나 지급하지 아니한다는 결정(지급한다는 결정을 하는 경우에는 그 금액을 정하는 것을 포함한다)을 하여야 한다.

**제27조【재심신청】** ① 지구심의회에서 구조금 지급신청을 기각(일부기각된 경우를 포함한다) 또는 각하하면 신청인은 결정의 정본이 송달된 날부터 2주일 이내에 그 지구심의회를 거쳐 본부심의회에 재심을 신청할 수 있다.

② 제1항의 재심신청이 있으면 지구심의회는 1주일 이내에 구조금 지급신청 기록 일체를 본부심의회에 송부하여야 한다.

③ 본부심의회는 제1항의 신청에 대하여 심의를 거쳐 4주일 이내에 다시 구조결정을 하여야 한다.

④ 본부심의회는 구조금 지급신청을 각하한 지구심의회의 결정이 법령에 위반되면 사건을 그 지구심의회에 환송할 수 있다.

⑤ 본부심의회는 구조금 지급신청이 각하된 신청인이 잘못된 부분을 보정하여 재심신청을 하면 사건을 해당 지구심의회에 환송할 수 있다.

**제28조【긴급구조금의 지급 등】** ① 지구심의회는 제25조 제1항에 따른 신청을 받았을 때 구조피해자의 장해 또는 중상해 정도가 명확하지 아니하거나 그 밖의 사유로 인하여 신속하게 결정을 할 수 없는 사정이 있으면 신청 또는 직권으로 대통령령으로 정하는 금액의 범위에서 긴급구조금을 지급하는 결정을 할 수 있다.

② 제1항에 따른 긴급구조금 지급신청은 법무부령으로 정하는 바에 따라 그 주소지, 거주지 또는 범죄 발생지를 관할하는 지구심의회에 할 수 있다.

③ 국가는 지구심의회가 긴급구조금 지급 결정을 하면 긴급구조금을 지급한다.

④ 긴급구조금을 받은 사람에 대하여 구조금을 지급하는 결정이 있으면 국가는 긴급구조금으로 지급된 금액 내에서 구조금을 지급할 책임을 면한다.

⑤ 긴급구조금을 받은 사람은 지구심의회에서 결정된 구조금의 금액이 긴급구조금으로 받은 금액보다 적을 때에는 그 차액을 국가에 반환하여야 하며, 지구심의회에서 구조금을 지급하지 아니한다는 결정을 하면 긴급구조금으로 받은 금액을 모두 반환하여야 한다.

**제29조【결정을 위한 조사 등】** ① 지구심의회는 구조금 지급에 관한 사항을 심의하기 위하여 필요하면 신청인이나 그 밖의 관계인을 조사하거나 의사의 진단을 받게 할 수 있고 행정기관, 공공기관이나 그 밖의 단체에 조회하여 필요한 사항을 보고하게 할 수 있다.

② 지구심의회는 신청인이 정당한 이유 없이 제1항에 따른 조사에 따르지 아니하거나 의사의 진단을 거부하면 그 신청을 기각할 수 있다.

제30조 【구조금의 환수】 ① 국가는 이 법에 따라 구조금을 받은 사람이 다음 각 호의 어느 하나에 해당하면 지구심의회 또는 본부심의회의 결정을 거쳐 그가 받은 구조금의 전부 또는 일부를 환수할 수 있다.

1. 거짓이나 그 밖의 부정한 방법으로 구조금을 받은 경우
2. 구조금을 받은 후 제19조에 규정된 사유가 발견된 경우
3. 구조금이 잘못 지급된 경우

② 국가가 제1항에 따라 환수를 할 때에는 국세징수의 예에 따르고, 그 환수의 우선순위는 국세 및 지방세 다음으로 한다.

★ 제31조 【소멸시효】 구조금을 받을 권리는 그 구조결정이 해당 신청인에게 송달된 날부터 2년간 행사하지 아니하면 시효로 인하여 소멸된다.

제32조 【구조금 수급권의 보호】 구조금을 받을 권리는 양도하거나 담보로 제공하거나 압류할 수 없다.

## 제6장 형사조정

제41조 【형사조정 회부】 ① 검사는 피의자와 범죄피해자(이하 "당사자"라 한다) 사이에 형사분쟁을 공정하고 원만하게 해결하여 범죄피해자가 입은 피해를 실질적으로 회복하는 데 필요하다고 인정하면 당사자의 신청 또는 직권으로 수사 중인 형사사건을 형사조정에 회부할 수 있다.

② 형사조정에 회부할 수 있는 형사사건의 구체적인 범위는 대통령령으로 정한다. 다만, 다음 각 호의 어느 하나에 해당하는 경우에는 형사조정에 회부하여서는 아니 된다.

1. 피의자가 도주하거나 증거를 인멸할 염려가 있는 경우
2. 공소시효의 완성이 임박한 경우
3. 불기소처분의 사유에 해당함이 명백한 경우(다만, 기소유예처분의 사유에 해당하는 경우는 제외한다)

제42조 【형사조정위원회】 ① 제41조에 따른 형사조정을 담당하기 위하여 각급 지방검찰청 및 지청에 형사조정위원회를 둔다.

② 형사조정위원회는 2명 이상의 형사조정위원으로 구성한다.

③ 형사조정위원은 형사조정에 필요한 법적 지식 등 전문성과 덕망을 갖춘 사람 중에서 관할 지방검찰청 또는 지청의 장이 미리 위촉한다.

④ 「국가공무원법」 제33조 각 호의 어느 하나에 해당하는 사람은 형사조정위원으로 위촉될 수 없다.

⑤ 형사조정위원의 임기는 2년으로 하며, 연임할 수 있다.

⑥ 형사조정위원회의 위원장은 관할 지방검찰청 또는 지청의 장이 형사조정위원 중에서 위촉한다.

⑦ 형사조정위원에게는 예산의 범위에서 법무부령으로 정하는 바에 따라 수당을 지급할 수 있으며, 필요한 경우에는 여비, 일당 및 숙박료를 지급할 수 있다.

⑧ 제1항부터 제7항까지에서 정한 사항 외에 형사조정위원회의 구성과 운영 및 형사조정위원의 임면(任免) 등에 관한 사항은 대통령령으로 정한다.

제43조 【형사조정의 절차】 ① 형사조정위원회는 당사자 사이의 공정하고 원만한 화해와 범죄피해자가 입은 피해의 실질적인 회복을 위하여 노력하여야 한다.

② 형사조정위원회는 형사조정이 회부되면 지체 없이 형사조정 절차를 진행하여야 한다.

③ 형사조정위원회는 필요하다고 인정하면 형사조정의 결과에 이해관계가 있는 사람의 신청 또는 직권으로 이해관계인을 형사조정에 참여하게 할 수 있다.

④ 제1항부터 제3항까지에서 정한 사항 외에 형사조정의 절차에 관한 사항은 대통령령으로 정한다.

출제예상 부속법률

# 국민투표법

## 제1장 총 칙

제1조 【목적】 이 법은 헌법 제72조의 규정에 의한 외교·국방·통일 기타 국가안위에 관한 중요정책과 헌법 제130조의 규정에 의한 헌법개정안에 대한 국민투표에 관하여 필요한 사항을 규정함을 목적으로 한다.

제2조 【투표인의 정의】 이 법에서 "투표인"이라 함은 투표권이 있는 자로서 투표인명부에 등재된 자를 말한다.

제4조 【투표권행사에 대한 보장】 공무원·학생 또는 다른 사람에게 고용된 자가 투표인명부의 열람 또는 투표에 필요한 시간은 휴무 또는 휴업으로 보지 아니한다.

## 제2장 투표권

★ 제7조 【투표권】 19세 이상의 국민은 투표권이 있다.

제8조 【연령산정기준】 투표권자의 연령은 국민투표일 현재로 산정한다.

제9조 【투표권이 없는 자】 투표일 현재 「공직선거법」 제18조의 규정에 따라 선거권이 없는 자는 투표권이 없다.

## 제3장 국민투표에 관한 구역

★ 제10조 【국민투표의 단위】 국민투표는 전국을 단위로 하여 이를 행한다.

제11조 【투표구】 투표구는 국민투표일공고일 현재의 공직선거및선거부정방지법에 의한 투표구로 한다.

## 제6장 국민투표에 관한 운동

제25조 【정의】 ① 이 법에서 "국민투표에 관한 운동"이라 함은 국민투표의 대상이 되는 사항에 관하여 찬성하게 하거나 반대하게 하는 행위를 말한다.

② 국민투표의 대상이 되는 사항에 관한 단순한 의견의 개진, 의사의 표시는 국민투표에 관한 운동으로 보지 아니한다.

제26조 【국민투표에 관한 운동의 기간】 국민투표에 관한 운동(이하 "운동"이라 한다)은 국민투표일공고일로부터 투표일 전일까지에 한하여 이를 할 수 있다.

제27조 【운동의 한계】 운동은 이 법에 규정된 이외의 방법으로는 이를 할 수 없다.

제28조 【운동을 할 수 없는 자】 ① 정당법상의 당원의 자격이 없는 자는 운동을 할 수 없다.

② 예비군 소대장급 이상의 간부 및 리・동・통・반의 장은 국민투표일공고일 이전에 그 직에서 해임되지 아니하고는 운동을 할 수 없으며 연설원 또는 투・개표참관인이 될 수 없다.

제44조 【각종 집회등의 제한】 누구든지 운동기간 중 국민투표에 영향을 미치게 할 목적으로 단합대회(정당활동은 제외한다)・향우회・야유회・종친회 및 동창회등의 집회를 개최할 수 없다.

제45조 【공무원등의 출장제한】 운동기간 중 공무원과 정부투자기관의 임・직원은 정상적인 업무외의 출장을 할 수 없다.

## 제7장 국민투표일과 투표

제49조 【국민투표일의 공고】 대통령은 늦어도 국민투표일전 18일까지 국민투표일과 국민투표안을 동시에 공고하여야 한다.

제50조 【투표방법】 ① 국민투표는 기표방법에 의한 투표로써 한다.

② 투표는 직접 또는 우편으로 하되, 1인 1표로 한다.

③ 투표를 함에 있어서는 투표인의 성명을 표시하여서는 아니 된다.

## 제8장 개 표

**제82조【개표결과의 공표와 보고】** 구·시·군선거관리위원회는 개표의 결과를 즉시 공표하는 동시에 시·도선거관리위원회에 개표록을 첨부하여 보고하여야 한다.

**제83조【서류등의 보존】** 구·시·군선거관리위원회는 투표지·투표록 및 개표록 기타 국민투표에 관한 모든 서류를 투표일로부터 1년간 보존하여야 한다.

## 제10장 소 송

★ **제92조【국민투표무효의 소송】** 국민투표의 효력에 관하여 이의가 있는 투표인은 투표인 10만인 이상의 찬성을 얻어 중앙선거관리위원회위원장을 피고로 하여 투표일로부터 20일 이내에 대법원에 제소할 수 있다.

**제93조【국민투표무효의 판결】** 대법원은 제92조의 규정에 의한 소송에 있어서 국민투표에 관하여 이 법 또는 이 법에 의하여 발하는 명령에 위반하는 사실이 있는 경우라도 국민투표의 결과에 영향이 미쳤다고 인정하는 때에 한하여 국민투표의 전부 또는 일부의 무효를 판결한다.

**제94조【국민투표소송의 우선처리】** 국민투표에 관한 소송은 다른 소송에 우선하여 신속히 재판하여야 한다.

**제95조【소송절차】** 국민투표에 관한 소송에는 이 법에서 규정하는 외에 행정소송법 제8조의 규정을 준용한다. 다만, 민사소송법중 제145조·제147조 제2항·제149조·제150조 제1항·제220조·제225조 내지 제232조·제284조 제1항·제285조 및 제288조의 규정은 준용하지 아니한다.

**제96조【국민투표소송에 관한 통지】** 이 법의 규정에 의하여 소송이 제기된 때에는 대법원장은 그 사실을 대통령·국회의장과 중앙선거관리위원회위원장에게 통지하여야 한다. 소송이 계속되지 아니하게 되었거나 판결이 확정된 때에도 또한 같다.

## 제11장 재투표

제97조【재투표】① 제93조의 규정에 의하여 국민투표의 전부 또는 일부의 무효판결이 있을 때에는 재투표를 실시하여야 한다.

② 투표의 전부 무효판결이 있을 때에는 그 판결이 확정된 날로부터 30일 이내에 재투표를 실시하여야 하며, 투표일은 늦어도 투표일전 18일까지 대통령이 공고하여야 한다.

## 제13장 벌 칙

제108조【투표나 개표의 간섭죄】① 투표소나 개표소에서 정당한 이유없이 투표나 개표에 간섭한 자 또는 투표를 권유하거나 기타 투표 또는 개표에 영향을 주는 행위를 한 자는 3년 이하의 징역 또는 금고에 처한다.

② 선거관리위원회의 위원이나 직원 또는 검사・경찰공무원・군인이나 국민투표사무에 관계있는 공무원이 제1항의 죄를 범한 때에는 7년 이하의 징역이나 금고에 처한다.

출제예상 부속법률

# 국회법

## 제1장 총 칙 〈개정 2018. 4. 17.〉

제1조 【목적】 이 법은 국회의 조직·의사(議事), 그 밖에 필요한 사항을 규정함으로써 국민의 대의기관인 국회의 민주적이고 효율적인 운영에 기여함을 목적으로 한다.

[전문개정 2018. 4. 17.]

제2조 【당선 통지 및 등록】 ① 중앙선거관리위원회 위원장은 국회의원 당선인이 결정된 때에는 그 명단을 즉시 국회에 통지하여야 한다.

② 국회의원 당선인은 당선인으로 결정된 후 당선증서를 국회사무처에 제시하고 등록하여야 한다.

[전문개정 2018. 4. 17.]

제3조 【의석 배정】 국회의원(이하 "의원"이라 한다)의 의석은 국회의장(이하 "의장"이라 한다)이 각 교섭단체 대표의원과 협의하여 정한다. 다만, 협의가 이루어지지 아니할 때에는 의장이 잠정적으로 이를 정한다.

[전문개정 2018. 4. 17.]

제4조 【정기회】 정기회는 매년 9월 1일에 집회한다. 다만, 그 날이 공휴일인 때에는 그 다음 날에 집회한다.

[전문개정 2018. 4. 17.]

제5조 【임시회】 ① 의장은 임시회의 집회 요구가 있을 때에는 집회기일 3일 전에 공고한다. 이 경우 둘 이상의 집회 요구가 있을 때에는 집회일이 빠른 것을 공고하되, 집회일이 같은 때에는 그 요구서가 먼저 제출된 것을 공고한다.

② 의장은 제1항에도 불구하고 다음 각 호의 어느 하나에 해당하는 경우에는 집회기일 1일 전에 공고할 수 있다.

1. 내우외환, 천재지변 또는 중대한 재정·경제상의 위기가 발생한 경우
2. 국가의 안위에 관계되는 중대한 교전 상태나 전시·사변 또는 이에 준하는 국가비상사태인 경우

③ 국회의원 총선거 후 첫 임시회는 의원의 임기 개시 후 7일에 집회하며, 처음 선출된 의장의 임기가 폐회 중에 만료되는 경우에는 늦어도 임기만료일 5일 전까지 집회한다. 다만, 그 날이 공휴일인 때에는 그 다음 날에 집회한다.

[전문개정 2018. 4. 17.]

**제5조의2【연간 국회 운영 기본일정 등】** ① 의장은 국회의 연중 상시 운영을 위하여 각 교섭단체 대표의원과의 협의를 거쳐 매년 12월 31일까지 다음 연도의 국회 운영 기본일정(국정감사를 포함한다)을 정하여야 한다. 다만, 국회의원 총선거 후 처음 구성되는 국회의 해당 연도 국회 운영 기본일정은 6월 30일까지 정하여야 한다.

② 제1항의 연간 국회 운영 기본일정은 다음 각 호의 기준에 따라 작성한다. 〈개정 2020. 12. 22.〉

1. 2월·3월·4월·5월 및 6월 1일과 8월 16일에 임시회를 집회한다. 다만, 국회의원 총선거가 있는 경우 임시회를 집회하지 아니하며, 집회일이 공휴일인 경우에는 그 다음 날에 집회한다.
2. 정기회의 회기는 100일로, 제1호에 따른 임시회의 회기는 해당 월의 말일까지로 한다. 다만, 임시회의 회기가 30일을 초과하는 경우에는 30일로 한다.
3. 2월, 4월 및 6월에 집회하는 임시회의 회기 중 한 주(週)는 제122조의2에 따라 정부에 대한 질문을 한다.

[전문개정 2018. 4. 17.]

**제5조의3【법률안 제출계획의 통지】** ① 정부는 부득이한 경우를 제외하고는 매년 1월 31일까지 해당 연도에 제출할 법률안에 관한 계획을 국회에 통지하여야 한다.

② 정부는 제1항에 따른 계획을 변경하였을 때에는 분기별로 주요 사항을 국회에 통지하여야 한다.

[전문개정 2018. 4. 17.]

**제6조【개회식】** 국회는 집회일에 개회식을 실시한다. 다만, 임시회의 경우에는 개회식을 생략할 수 있다.

[전문개정 2018. 4. 17.]

## 제2장 국회의 회기와 휴회 〈개정 2018. 4. 17.〉

**제7조【회기】** ① 국회의 회기는 의결로 정하되, 의결로 연장할 수 있다.

② 국회의 회기는 집회 후 즉시 정하여야 한다.

[전문개정 2018. 4. 17.]

## 제3장 국회의 기관과 경비 〈개정 2018. 4. 17.〉

제9조 【의장 · 부의장의 임기】 ① 의장과 부의장의 임기는 2년으로 한다. 다만, 국회의원 총선거 후 처음 선출된 의장과 부의장의 임기는 그 선출된 날부터 개시하여 의원의 임기 개시 후 2년이 되는 날까지로 한다.

② 보궐선거로 당선된 의장 또는 부의장의 임기는 전임자 임기의 남은 기간으로 한다.

[전문개정 2018. 4. 17.]

제10조 【의장의 직무】 의장은 국회를 대표하고 의사를 정리하며, 질서를 유지하고 사무를 감독한다.

[전문개정 2018. 4. 17.]

제11조 【의장의 위원회 출석과 발언】 의장은 위원회에 출석하여 발언할 수 있다. 다만, 표결에는 참가할 수 없다.

[전문개정 2018. 4. 17.]

제12조 【부의장의 의장 직무대리】 ① 의장이 사고(事故)가 있을 때에는 의장이 지정하는 부의장이 그 직무를 대리한다.

② 의장이 심신상실 등 부득이한 사유로 의사표시를 할 수 없게 되어 직무대리자를 지정할 수 없을 때에는 소속 의원 수가 많은 교섭단체 소속 부의장의 순으로 의장의 직무를 대행한다.

[전문개정 2018. 4. 17.]

제13조 【임시의장】 의장과 부의장이 모두 사고가 있을 때에는 임시의장을 선출하여 의장의 직무를 대행하게 한다.

[전문개정 2018. 4. 17.]

제14조 【사무총장의 의장 직무대행】 국회의원 총선거 후 의장이나 부의장이 선출될 때까지는 사무총장이 임시회 집회 공고에 관하여 의장의 직무를 대행한다. 처음 선출된 의장과 부의장의 임기만료일까지 부득이한 사유로 의장이나 부의장을 선출하지 못한 경우와 폐회 중에 의장 · 부의장이 모두 궐위(闕位)된 경우에도 또한 같다.

[전문개정 2018. 4. 17.]

제15조 【의장 · 부의장의 선거】 ① 의장과 부의장은 국회에서 무기명투표로 선거하고 재적의원 과반수의 득표로 당선된다.

② 제1항에 따른 선거는 국회의원 총선거 후 첫 집회일에 실시하며, 처음 선출된 의장 또는 부의장의 임기가 만료되는 경우에는 그 임기만료일 5일 전에 실시한다. 다만, 그 날이 공휴일인 경우에는 그 다음 날에 실시한다.

③ 제1항의 득표자가 없을 때에는 2차투표를 하고, 2차투표에도 제1항의 득표자가 없을 때에는 최고득표자가 1명이면 최고득표자와 차점자에 대하여, 최고득표자가 2명 이상이면 최고득표자에 대하여 결선투표를 하되, 재적의원 과반수의 출석과 출석의원 다수득표자를 당선자로 한다.

[전문개정 2018. 4. 17.]

**제16조【보궐선거】** 의장 또는 부의장이 궐위된 때나 의장과 부의장이 모두 궐위된 때에는 지체 없이 보궐선거를 실시한다.

[전문개정 2018. 4. 17.]

**제17조【임시의장 선거】** 임시의장은 무기명투표로 선거하고 재적의원 과반수의 출석과 출석의원 다수득표자를 당선자로 한다.

[전문개정 2018. 4. 17.]

**제18조【의장 등 선거 시의 의장 직무대행】** 의장 등의 선거에서 다음 각 호의 어느 하나에 해당할 때에는 출석의원 중 최다선(最多選) 의원이, 최다선 의원이 2명 이상인 경우에는 그 중 연장자가 의장의 직무를 대행한다.

1. 국회의원 총선거 후 처음으로 의장과 부의장을 선거할 때
2. 제15조제2항에 따라 처음 선출된 의장 또는 부의장의 임기가 만료되는 경우 그 임기만료일 5일 전에 의장과 부의장의 선거가 실시되지 못하여 그 임기 만료 후 의장과 부의장을 선거할 때
3. 의장과 부의장이 모두 궐위되어 그 보궐선거를 할 때
4. 의장 또는 부의장의 보궐선거에서 의장과 부의장이 모두 사고가 있을 때
5. 의장과 부의장이 모두 사고가 있어 임시의장을 선거할 때

[전문개정 2018. 4. 17.]

**제19조【의장·부의장의 사임】** 의장과 부의장은 국회의 동의를 받아 그 직을 사임할 수 있다.

[전문개정 2018. 4. 17.]

**제20조【의장·부의장의 겸직 제한】** ① 의장과 부의장은 특별히 법률로 정한 경우를 제외하고는 의원 외의 직을 겸할 수 없다.

② 다른 직을 겸한 의원이 의장이나 부의장으로 당선된 때에는 당선된 날에 그 직에서 해직된 것으로 본다.

[전문개정 2018. 4. 17.]

**제20조의2【의장의 당적 보유 금지】** ① 의원이 의장으로 당선된 때에는 당선된 다음 날부터 의장으로 재직하는 동안은 당적(黨籍)을 가질 수 없다. 다만, 국회의원 총선거에서 「공직선거법」 제47조에 따른 정당추천후보자로 추천을 받으려는 경우에는 의원 임기만료일 90일 전부터 당적을 가질 수 있다.

② 제1항 본문에 따라 당적을 이탈한 의장의 임기가 만료된 때에는 당적을 이탈할 당시의 소속 정당으로 복귀한다.

## 제4장 의원 〈개정 2018. 4. 17.〉

**제24조【선서】** 의원은 임기 초에 국회에서 다음의 선서를 한다.

"나는 헌법을 준수하고 국민의 자유와 복리의 증진 및 조국의 평화적 통일을 위하여 노력하며, 국가이익을 우선으로 하여 국회의원의 직무를 양심에 따라 성실히 수행할 것을 국민 앞에 엄숙히 선서합니다."

[전문개정 2018. 4. 17.]

**제25조【품위유지의 의무】** 의원은 의원으로서의 품위를 유지하여야 한다.

[전문개정 2018. 4. 17.]

**제26조【체포동의 요청의 절차】** ① 의원을 체포하거나 구금하기 위하여 국회의 동의를 받으려고 할 때에는 관할법원의 판사는 영장을 발부하기 전에 체포동의 요구서를 정부에 제출하여야 하며, 정부는 이를 수리(受理)한 후 지체 없이 그 사본을 첨부하여 국회에 체포동의를 요청하여야 한다.

② 의장은 제1항에 따른 체포동의를 요청받은 후 처음 개의하는 본회의에 이를 보고하고, 본회의에 보고된 때부터 24시간 이후 72시간 이내에 표결한다. 다만, 체포동의안이 72시간 이내에 표결되지 아니하는 경우에는 그 이후에 최초로 개의하는 본회의에 상정하여 표결한다.

[전문개정 2018. 4. 17.]

**제27조【의원 체포의 통지】** 정부는 체포 또는 구금된 의원이 있을 때에는 지체 없이 의장에게 영장 사본을 첨부하여 이를 통지하여야 한다. 구속기간이 연장되었을 때에도 또한 같다.

[전문개정 2018. 4. 17.]

**제28조【석방 요구의 절차】** 의원이 체포 또는 구금된 의원의 석방 요구를 발의할 때에는 재적의원 4분의 1 이상의 연서(連書)로 그 이유를 첨부한 요구서를 의장에게 제출하여야 한다.

[전문개정 2018. 4. 17.]

**제29조【겸직 금지】** ① 의원은 국무총리 또는 국무위원 직 외의 다른 직을 겸할 수 없다. 다만, 다음 각 호의 어느 하나에 해당하는 경우에는 그러하지 아니하다.

1. 공익 목적의 명예직
2. 다른 법률에서 의원이 임명・위촉되도록 정한 직
3. 「정당법」에 따른 정당의 직

② 의원이 당선 전부터 제1항 각 호의 직 외의 직을 가진 경우에는 임기개시일 전까지(재선거・보궐선거 등의 경우에는 당선이 결정된 날의 다음 날까지를 말한다. 이하 이 항에서 같다) 그 직을 휴직하거나 사직하여야 한다. 다만, 다음 각 호의 어느 하나의 직을 가진 경우에는 임기개시일 전까지 그 직을 사직하여야 한다.

1. 「공공기관의 운영에 관한 법률」 제4조에 따른 공공기관(한국은행을 포함한다)의 임직원
2. 「농업협동조합법」, 「수산업협동조합법」에 따른 조합, 중앙회와 그 자회사(손자회사를 포함한다)의 임직원
3. 「정당법」 제22조제1항에 따라 정당의 당원이 될 수 있는 교원

③ 의원이 당선 전부터 제1항 각 호의 직(제3호의 직은 제외한다. 이하 이 조에서 같다)을 가지고 있는 경우에는 임기 개시 후 1개월 이내에, 임기 중에 제1항 각 호의 직을 가지는 경우에는 지체 없이 이를 의장에게 서면으로 신고하여야 한다.

④ 의장은 제3항에 따라 신고한 직(본회의 의결 또는 의장의 추천・지명 등에 따라 임명・위촉된 경우는 제외한다)이 제1항 각 호의 직에 해당하는지 여부를 제46조의2에 따른 윤리심사자문위원회(이하 "윤리심사자문위원회"라 한다)의 의견을 들어 결정하고 그 결과를 해당 의원에게 통보한다. 이 경우 의장은 윤리심사자문위원회의 의견을 존중하여야 한다. 〈개정 2021. 5. 18.〉

⑤ 윤리심사자문위원회는 의장으로부터 의견제출을 요구받은 날부터 1개월 이내에 그 의견을 의장에게 제출하여야 한다. 다만, 필요한 경우에는 1개월의 범위에서 한 차례만 의견제출 기간을 연장할 수 있다.

⑥ 의원은 의장으로부터 겸하고 있는 직이 제1항 각 호의 직에 해당하지 아니한다는 통보를 받은 때에는 통보를 받은 날부터 3개월 이내에 그 직을 휴직하거나 사직하여야 한다.

⑦ 의장은 제4항에 따라 의원에게 통보한 날부터 15일 이내(본회의 의결 또는 의장의 추천·지명 등에 따라 임명·위촉된 경우에는 해당 의원이 신고한 날부터 15일 이내)에 겸직 내용을 국회공보 또는 국회 인터넷 홈페이지 등에 게재하는 방법으로 공개하여야 한다.

⑧ 의원이 제1항 각 호의 직을 겸하는 경우에는 그에 따른 보수를 받을 수 없다. 다만, 실비 변상은 받을 수 있다.

[전문개정 2018. 4. 17.]

**제29조의2【영리업무 종사 금지】** ① 의원은 그 직무 외에 영리를 목적으로 하는 업무에 종사할 수 없다. 다만, 의원 본인 소유의 토지·건물 등의 재산을 활용한 임대업 등 영리업무를 하는 경우로서 의원 직무수행에 지장이 없는 경우에는 그러하지 아니하다.

② 의원이 당선 전부터 제1항 단서의 영리업무 외의 영리업무에 종사하고 있는 경우에는 임기 개시 후 6개월 이내에 그 영리업무를 휴업하거나 폐업하여야 한다.

③ 의원이 당선 전부터 제1항 단서의 영리업무에 종사하고 있는 경우에는 임기 개시 후 1개월 이내에, 임기 중에 제1항 단서의 영리업무에 종사하게 된 경우에는 지체 없이 이를 의장에게 서면으로 신고하여야 한다.

④ 의장은 의원이 제3항에 따라 신고한 영리업무가 제1항 단서의 영리업무에 해당하는지를 윤리심사자문위원회의 의견을 들어 결정하고 그 결과를 해당 의원에게 통보한다. 이 경우 의장은 윤리심사자문위원회의 의견을 존중하여야 한다. 〈개정 2021. 5. 18.〉

⑤ 윤리심사자문위원회는 의장으로부터 의견제출을 요구받은 날부터 1개월 이내에 그 의견을 의장에게 제출하여야 한다. 다만, 필요한 경우에는 1개월의 범위에서 한 차례만 의견제출 기간을 연장할 수 있다.

⑥ 의원은 의장으로부터 종사하고 있는 영리업무가 제1항 단서의 영리업무에 해당하지 아니한다는 통보를 받은 때에는 통보를 받은 날부터 6개월 이내에 그 영리업무를 휴업하거나 폐업하여야 한다.

[전문개정 2018. 4. 17.]

제30조 【수당·여비】 의원은 따로 법률에서 정하는 바에 따라 수당과 여비를 받는다.
[전문개정 2018. 4. 17.]

제31조 삭제 〈2014. 3. 18.〉

제32조 【청가 및 결석】 ① 의원이 사고로 국회에 출석하지 못하게 되거나 출석하지 못한 때에는 청가서(請暇書) 또는 결석신고서를 의장에게 제출하여야 한다.

② 의원이 청가서를 제출하여 의장의 허가를 받거나 정당한 사유로 결석하여 결석신고서를 제출한 경우 외에는 「국회의원의 보좌직원과 수당 등에 관한 법률」에 따른 특별활동비에서 그 결석한 회의일수에 상당하는 금액을 감액한다. 〈개정 2022. 1. 4.〉

③ 제1항의 청가 및 결석에 관하여 필요한 사항은 국회규칙으로 정한다.

[전문개정 2018. 4. 17.]

## 제4장의2 의원의 이해충돌 방지 〈신설 2021. 5. 18.〉

제32조의2 【사적 이해관계의 등록】 ① 의원 당선인은 당선인으로 결정된 날부터 30일 이내(재선거·보궐선거 등의 경우에는 당선인으로 결정된 날부터 10일 이내를 말한다)에 당선인으로 결정된 날을 기준으로 다음 각 호의 사항을 윤리심사자문위원회에 등록하여야 한다. 〈개정 2023. 6. 7., 2023. 7. 18., 2024. 3. 12.〉

1. 의원 본인, 그 배우자 또는 직계존비속이 임원·대표자·관리자 또는 사외이사로 재직하고 있는 법인·단체의 명단 및 그 업무내용
2. 의원 본인, 그 배우자 또는 직계존비속이 대리하거나 고문·자문 등을 제공하는 개인이나 법인·단체의 명단 및 그 업무내용
3. 의원으로 당선되기 전 3년 이내에 의원 본인이 재직하였던 법인·단체의 명단 및 그 업무내용
4. 의원으로 당선되기 전 3년 이내에 의원 본인이 대리하거나 고문·자문 등을 제공하였던 개인이나 법인·단체의 명단 및 그 업무내용
5. 의원으로 당선되기 전 3년 이내에 의원 본인이 민간 부문에서 관리·운영하였던 사업 또는 영리행위의 내용
6. 의원 본인, 그 배우자 또는 직계존비속이 단독으로 또는 합산하여 다음 각 목에 따른 비율의 주식 또는 지분을 소유하고 있는 법인·단체의 명단

가. 발행주식 총수의 100분의 30 이상

나. 출자지분 총수의 100분의 30 이상

6의2. 의원 본인, 그 배우자 또는 직계존비속이 단독으로 또는 합산하여 소유하고 있는 다음 각 목에 따른 비율 또는 금액의 가상자산(「가상자산 이용자 보호 등에 관한 법률」 제2조제1호에 따른 가상자산을 말한다)과 발행인 명단

가. 발행가상자산 총수의 100분의 30 이상

나. 1천만원 이상

7. 의원 본인, 그 배우자 또는 직계존비속이 소유하고 있는 다음 각 목의 재산(소유 명의와 관계없이 사실상 소유하는 재산, 비영리법인에 출연한 재산과 외국에 있는 재산을 포함한다)

가. 부동산에 관한 소유권・지상권 및 전세권

나. 광업권・어업권・양식업권, 그 밖에 부동산에 관한 규정이 준용되는 권리

8. 그 밖에 의원의 사적 이해관계와 관련되는 사항으로서 국회규칙으로 정하는 재산사항

② 의원은 매년 6월 30일 및 12월 31일 기준의 제1항 각 호에 따른 등록사항에 대한 변경사항을 그 기준일부터 30일 이내에 윤리심사자문위원회에 변경등록하여야 한다. 다만, 국회의원 총선거가 있는 해의 경우 6월 30일 기준의 변경사항은 변경등록하지 아니한다. 〈개정 2024. 3. 12.〉

③ 윤리심사자문위원회는 다른 법령에서 정보공개가 금지되지 아니하는 범위에서 다음 각 호의 사항 중 의원 본인에 관한 사항을 제32조의3제2항에 따른 의견 제출기한 종료 후 30일 이내에 국회공보 또는 국회 인터넷 홈페이지 등에 게재하는 방법으로 공개한다. 〈신설 2024. 3. 12.〉

1. 제1항 각 호에 따른 등록사항

2. 제2항에 따른 변경등록사항

④ 윤리심사자문위원회는 제1항 또는 제2항에 따라 등록 또는 변경등록된 사적 이해관계의 검토에 필요한 경우에는 기간을 정하여 의원(의원 당선인을 포함한다. 이하 이 조에서 같다)에게 소명자료의 제출을 요청할 수 있다. 〈개정 2024. 3. 12.〉

⑤ 의원, 그 배우자 및 직계존비속은 제1항 또는 제2항에 따른 사적 이해관계의 등록 또는 변경등록이나 제32조의3에 따른 윤리심사자문위원회의 등록 및 변경등록 사항에 관한 검토 과정에 성실하게 응하여야 한다. 〈개정 2024. 3. 12.〉

⑥ 제1항부터 제4항까지에 따른 등록・변경등록, 공개, 소명자료 제출의 절차・방법・관리 등에 필요한 사항은 국회규칙으로 정한다. 〈개정 2024. 3. 12.〉

[본조신설 2021. 5. 18.]

[시행일: 2024. 7. 19.] 제32조의2

제32조의3【윤리심사자문위원회의 의견 제출】 ① 윤리심사자문위원회는 제32조의2에 따른 등록 및 변경등록 사항을 바탕으로 이해충돌(의원이 직무를 수행할 때 본인의 사적 이해관계가 관련되어 공정하고 청렴한 직무수행이 저해되거나 저해될 우려가 있는 상황을 말한다. 이하 같다) 여부를 검토하여 그 의견을 의장, 해당 의원 및 소속 교섭단체 대표의원에게 제출하여야 한다.

② 윤리심사자문위원회는 제1항에 따른 의견을 다음 각 호에서 정하고 있는 기한까지 의장, 해당 의원 및 소속 교섭단체 대표의원에게 제출하여야 한다. 〈개정 2024. 3. 12.〉

1. 국회의원 총선거 후 처음 상임위원회의 위원(이하 "상임위원"이라 한다)을 선임하는 경우: 6월 1일까지. 다만, 해당 기한까지 의장이 선출되지 아니한 경우에는 의장이 선출되는 즉시 의장에게 제출하여야 한다.
2. 처음 선임된 상임위원 임기가 만료되어 상임위원을 다시 선임하는 경우: 그 임기만료일 15일 전까지
3. 재선거·보궐선거 등으로 제32조의2제1항에 따라 등록을 한 경우: 등록한 날부터 10일 이내
4. 제32조의2제2항에 따라 변경등록을 한 경우: 변경등록기간 만료 후 30일 이내

③ 제2항에 따른 의견 제출의 절차·방법 등에 필요한 사항은 국회규칙으로 정한다.

[본조신설 2021. 5. 18.]

## 제5장 교섭단체·위원회와 위원 〈개정 2018. 4. 17.〉

제33조【교섭단체】 ① 국회에 20명 이상의 소속 의원을 가진 정당은 하나의 교섭단체가 된다. 다만, 다른 교섭단체에 속하지 아니하는 20명 이상의 의원으로 따로 교섭단체를 구성할 수 있다.

② 교섭단체 대표의원은 그 단체의 소속 의원이 연서·날인한 명부를 의장에게 제출하여야 하며, 그 소속 의원에 이동(異動)이 있거나 소속 정당의 변경이 있을 때에는 그 사실을 지체 없이 의장에게 보고하여야 한다. 다만, 특별한 사유가 있을 때에는 해당 의원이 관계 서류를 첨부하여 이를 보고할 수 있다.

③ 어느 교섭단체에도 속하지 아니하는 의원이 당적을 취득하거나 소속 정당을 변경한 때에는 그 사실을 즉시 의장에게 보고하여야 한다.

[전문개정 2018. 4. 17.]

**제34조【교섭단체 정책연구위원】** ① 교섭단체 소속 의원의 입법 활동을 보좌하기 위하여 교섭단체에 정책연구위원을 둔다.

② 정책연구위원은 해당 교섭단체 대표의원의 제청(提請)에 따라 의장이 임면한다.

③ 정책연구위원은 별정직공무원으로 하고, 그 인원·자격·임면절차·직급 등에 필요한 사항은 국회규칙으로 정한다.

[전문개정 2018. 4. 17.]

**제35조【위원회의 종류】** 국회의 위원회는 상임위원회와 특별위원회 두 종류로 한다.

[전문개정 2018. 4. 17.]

**제36조【상임위원회의 직무】** 상임위원회는 그 소관에 속하는 의안과 청원 등의 심사, 그 밖에 법률에서 정하는 직무를 수행한다.

[전문개정 2018. 4. 17.]

**제37조【상임위원회와 그 소관】** ① 상임위원회의 종류와 소관 사항은 다음과 같다. 〈개정 2018. 7. 17., 2020. 8. 18., 2020. 12. 15., 2023. 7. 11.〉

1. 국회운영위원회
   가. 국회 운영에 관한 사항
   나. 「국회법」과 국회규칙에 관한 사항
   다. 국회사무처 소관에 속하는 사항
   라. 국회도서관 소관에 속하는 사항
   마. 국회예산정책처 소관에 속하는 사항
   바. 국회입법조사처 소관에 속하는 사항
   사. 대통령비서실, 국가안보실, 대통령경호처 소관에 속하는 사항
   아. 국가인권위원회 소관에 속하는 사항
2. 법제사법위원회
   가. 법무부 소관에 속하는 사항
   나. 법제처 소관에 속하는 사항
   다. 감사원 소관에 속하는 사항

라. 고위공직자범죄수사처 소관에 속하는 사항
마. 헌법재판소 사무에 관한 사항
바. 법원·군사법원의 사법행정에 관한 사항
사. 탄핵소추에 관한 사항
아. 법률안·국회규칙안의 체계·형식과 자구의 심사에 관한 사항

3. 정무위원회
가. 국무조정실, 국무총리비서실 소관에 속하는 사항
나. 국가보훈부 소관에 속하는 사항
다. 공정거래위원회 소관에 속하는 사항
라. 금융위원회 소관에 속하는 사항
마. 국민권익위원회 소관에 속하는 사항

4. 기획재정위원회
가. 기획재정부 소관에 속하는 사항
나. 한국은행 소관에 속하는 사항

5. 교육위원회
가. 교육부 소관에 속하는 사항
나. 국가교육위원회 소관에 속하는 사항

6. 과학기술정보방송통신위원회
가. 과학기술정보통신부 소관에 속하는 사항
나. 방송통신위원회 소관에 속하는 사항
다. 원자력안전위원회 소관에 속하는 사항

7. 외교통일위원회
가. 외교부 소관에 속하는 사항
나. 통일부 소관에 속하는 사항
다. 민주평화통일자문회의 사무에 관한 사항

8. 국방위원회
국방부 소관에 속하는 사항

9. 행정안전위원회
가. 행정안전부 소관에 속하는 사항
나. 인사혁신처 소관에 속하는 사항

다. 중앙선거관리위원회 사무에 관한 사항
라. 지방자치단체에 관한 사항
10. 문화체육관광위원회
문화체육관광부 소관에 속하는 사항
11. 농림축산식품해양수산위원회
가. 농림축산식품부 소관에 속하는 사항
나. 해양수산부 소관에 속하는 사항
12. 산업통상자원중소벤처기업위원회
가. 산업통상자원부 소관에 속하는 사항
나. 중소벤처기업부 소관에 속하는 사항
13. 보건복지위원회
가. 보건복지부 소관에 속하는 사항
나. 식품의약품안전처 소관에 속하는 사항
14. 환경노동위원회
가. 환경부 소관에 속하는 사항
나. 고용노동부 소관에 속하는 사항
15. 국토교통위원회
국토교통부 소관에 속하는 사항
16. 정보위원회
가. 국가정보원 소관에 속하는 사항
나. 「국가정보원법」 제4조제1항제5호에 따른 정보 및 보안 업무의 기획·조정 대상 부처 소관의 정보 예산안과 결산 심사에 관한 사항
17. 여성가족위원회
여성가족부 소관에 속하는 사항
② 의장은 어느 상임위원회에도 속하지 아니하는 사항은 국회운영위원회와 협의하여 소관 상임위원회를 정한다.
[전문개정 2018. 4. 17.]

**제38조 【상임위원회의 위원 정수】** 상임위원회의 위원 정수(定數)는 국회규칙으로 정한다. 다만, 정보위원회의 위원 정수는 12명으로 한다.
[전문개정 2018. 4. 17.]

**第39条【상임위원회의 위원】** ① 의원은 둘 이상의 상임위원이 될 수 있다. 〈개정 2021. 5. 18.〉

② 각 교섭단체 대표의원은 국회운영위원회의 위원이 된다.

③ 의장은 상임위원이 될 수 없다.

④ 국무총리 또는 국무위원의 직을 겸한 의원은 상임위원을 사임할 수 있다. 〈개정 2020. 2. 18.〉

[전문개정 2018. 4. 17.]

**第40条【상임위원의 임기】** ① 상임위원의 임기는 2년으로 한다. 다만, 국회의원 총선거 후 처음 선임된 위원의 임기는 선임된 날부터 개시하여 의원의 임기 개시 후 2년이 되는 날까지로 한다.

② 보임(補任)되거나 개선(改選)된 상임위원의 임기는 전임자 임기의 남은 기간으로 한다.

[전문개정 2018. 4. 17.]

**第40条의2【상임위원의 직무 관련 영리행위 금지】** 상임위원은 소관 상임위원회의 직무와 관련한 영리행위를 하여서는 아니 된다.

[전문개정 2018. 4. 17.]

**第41条【상임위원장】** ① 상임위원회에 위원장(이하 "상임위원장"이라 한다) 1명을 둔다.

② 상임위원장은 제48조제1항부터 제3항까지에 따라 선임된 해당 상임위원 중에서 임시의장 선거의 예에 준하여 본회의에서 선거한다.

③ 제2항의 선거는 국회의원 총선거 후 첫 집회일부터 3일 이내에 실시하며, 처음 선출된 상임위원장의 임기가 만료되는 경우에는 그 임기만료일까지 실시한다.

④ 상임위원장의 임기는 상임위원의 임기와 같다.

⑤ 상임위원장은 본회의의 동의를 받아 그 직을 사임할 수 있다. 다만, 폐회 중에는 의장의 허가를 받아 사임할 수 있다.

**第44条【특별위원회】** ① 국회는 둘 이상의 상임위원회와 관련된 안건이거나 특히 필요하다고 인정한 안건을 효율적으로 심사하기 위하여 본회의의 의결로 특별위원회를 둘 수 있다.

② 제1항에 따른 특별위원회를 구성할 때에는 그 활동기간을 정하여야 한다. 다만, 본회의 의결로 그 기간을 연장할 수 있다.

③ 특별위원회는 활동기한의 종료 시까지 존속한다. 다만, 활동기한의 종료 시까지 제86조에 따라 법제사법위원회에 체계·자구 심사를 의뢰하였거나 제66조에 따라 심사보고서를 제출한 경우에는 해당 안건이 본회의에서 의결될 때까지 존속하는 것으로 본다.

④ 제2항에도 불구하고 특별위원회 활동기간 중 연속하여 3개월 이상 회의가 열리지 아니하는 때에는 본회의의 의결로 특별위원회의 활동을 종료시킬 수 있다.

⑤ 특별위원회는 활동기간을 연장할 필요가 있다고 판단되는 경우 활동기간 종료 15일 전까지 특별위원회의 활동에 관한 중간보고서 및 활동기간 연장 사유를 국회운영위원회에 제출하여야 한다.

⑥ 특별위원회는 활동기간 종료(제3항 단서 또는 제4항에 해당하는 경우에는 해당 안건이 본회의에서 의결된 날을 말한다) 후 15일 이내에 활동결과보고서를 국회운영위원회에 제출하여야 한다. 국회운영위원회는 이를 심사한 후 국회 인터넷 홈페이지 등에 게재하는 방법으로 공개하여야 한다.

**제45조【예산결산특별위원회】** ① 예산안, 기금운용계획안 및 결산(세입세출결산과 기금결산을 말한다. 이하 같다)을 심사하기 위하여 예산결산특별위원회를 둔다.

② 예산결산특별위원회의 위원 수는 50명으로 한다. 이 경우 의장은 교섭단체 소속 의원 수의 비율과 상임위원회 위원 수의 비율에 따라 각 교섭단체 대표의원의 요청으로 위원을 선임한다.

③ 예산결산특별위원회 위원의 임기는 1년으로 한다. 다만, 국회의원 총선거 후 처음 선임된 위원의 임기는 선임된 날부터 개시하여 의원의 임기 개시 후 1년이 되는 날까지로 하며, 보임되거나 개선된 위원의 임기는 전임자 임기의 남은 기간으로 한다.

④ 예산결산특별위원회의 위원장은 예산결산특별위원회의 위원 중에서 임시의장 선거의 예에 준하여 본회의에서 선거한다.

⑤ 예산결산특별위원회에 대해서는 제44조제2항 및 제3항을 적용하지 아니한다.

⑥ 예산결산특별위원회 위원장의 선거 및 임기 등과 위원의 선임에 관하여는 제41조제3항부터 제5항까지, 제48조제1항 후단 및 제2항을 준용한다.

[전문개정 2018. 4. 17.]

**제46조【윤리특별위원회】** ① 의원의 자격심사·징계에 관한 사항을 심사하기 위하여 제44조제1항에 따라 윤리특별위원회를 구성한다. 〈개정 2018. 7. 17.〉

② 삭제 〈2018. 7. 17.〉

③ 윤리특별위원회는 의원의 징계에 관한 사항을 심사하기 전에 윤리심사자문위원회의 의견을 청취하여야 한다. 이 경우 윤리특별위원회는 윤리심사자문위원회의 의견을 존중하여야 한다. 〈개정 2021. 5. 18.〉

④ 삭제 〈2018. 7. 17.〉

⑤ 삭제 〈2018. 7. 17.〉

⑥ 윤리특별위원회의 운영 등에 관하여 이 법에서 정한 사항 외에 필요한 사항은 국회규칙으로 정한다. 〈개정 2018. 7. 17.〉

[전문개정 2018. 4. 17.]

**제46조의2【윤리심사자문위원회】** ① 다음 각 호의 사무를 수행하기 위하여 국회에 윤리심사자문위원회를 둔다. 〈개정 2021. 5. 18.〉

1. 의원의 겸직, 영리업무 종사와 관련된 의장의 자문
2. 의원 징계에 관한 윤리특별위원회의 자문
3. 의원의 이해충돌 방지에 관한 사항

② 윤리심사자문위원회는 위원장 1명을 포함한 8명의 자문위원으로 구성하며, 자문위원은 각 교섭단체 대표의원의 추천에 따라 의장이 위촉한다. 〈개정 2021. 5. 18.〉

③ 자문위원의 임기는 2년으로 한다. 〈신설 2021. 5. 18.〉

④ 각 교섭단체 대표의원이 추천하는 자문위원 수는 교섭단체 소속 의원 수의 비율에 따른다. 이 경우 소속 의원 수가 가장 많은 교섭단체 대표의원이 추천하는 자문위원 수는 그 밖의 교섭단체 대표의원이 추천하는 자문위원 수와 같아야 한다. 〈개정 2021. 5. 18.〉

⑤ 윤리심사자문위원회 위원장은 자문위원 중에서 호선하되, 위원장이 선출될 때까지는 자문위원 중 연장자가 위원장의 직무를 대행한다. 〈개정 2021. 5. 18.〉

⑥ 의원은 윤리심사자문위원회의 자문위원이 될 수 없다. 〈개정 2021. 5. 18.〉

⑦ 자문위원은 「형법」 제127조 및 제129조부터 제132조까지의 규정을 적용할 때에는 공무원으로 본다. 〈신설 2021. 5. 18.〉

⑧ 윤리심사자문위원회의 사무를 지원하기 위하여 국회규칙으로 정하는 바에 따라 필요한 공무원을 둔다. 〈신설 2021. 5. 18.〉

⑨ 자문위원은 제1항 각 호의 사무와 관련하여 직접적인 이해관계가 있거나 공정을 기할 수 없는 현저한 사유가 있는 경우에는 심사에 참여할 수 없다. 이 경우 윤리심사자문위원회는 그 의결로 해당 자문위원의 심사를 중지시킬 수 있다. 〈신설 2021. 5. 18.〉

⑩ 제1항부터 제9항까지에서 규정한 사항 외에 자문위원의 자격 및 윤리심사자문위원회의 운영·지원 등에 필요한 사항은 국회규칙으로 정한다. 〈개정 2021. 5. 18.〉

[전문개정 2018. 4. 17.]

**제46조의3【인사청문특별위원회】** ① 국회는 다음 각 호의 임명동의안 또는 의장이 각 교섭단체 대표의원과 협의하여 제출한 선출안 등을 심사하기 위하여 인사청문특별위원회를 둔다. 다만, 「대통령직 인수에 관한 법률」 제5조제2항에 따라 대통령당선인이 국무총리 후보자에 대한 인사청문의 실시를 요청하는 경우에 의장은 각 교섭단체 대표의원과 협의하여 그 인사청문을 실시하기 위한 인사청문특별위원회를 둔다.

1. 헌법에 따라 그 임명에 국회의 동의가 필요한 대법원장·헌법재판소장·국무총리·감사원장 및 대법관에 대한 임명동의안
2. 헌법에 따라 국회에서 선출하는 헌법재판소 재판관 및 중앙선거관리위원회 위원에 대한 선출안

② 인사청문특별위원회의 구성과 운영에 필요한 사항은 따로 법률로 정한다.

[전문개정 2018. 4. 17.]

**제47조【특별위원회의 위원장】** ① 특별위원회에 위원장 1명을 두되, 위원회에서 호선하고 본회의에 보고한다.

② 특별위원회의 위원장이 선임될 때까지는 위원 중 연장자가 위원장의 직무를 대행한다.

③ 특별위원회의 위원장은 그 특별위원회의 동의를 받아 그 직을 사임할 수 있다. 다만, 폐회 중에는 의장의 허가를 받아 사임할 수 있다.

**제48조의2【이해충돌 위원의 선임 제한】** ① 의장과 교섭단체 대표의원은 의원의 이해충돌 여부에 관한 제32조의3제1항에 따른 윤리심사자문위원회의 의견을 고려하여 의원을 위원회의 위원으로 선임하는 것이 공정을 기할 수 없는 뚜렷한 사유가 있다고 인정할 때에는 그 의원을 해당 위원회의 위원으로 선임하거나 선임을 요청하여서는 아니 된다.

② 윤리심사자문위원회는 위원이 소속 위원회 활동과 관련하여 이해충돌이 발생할 우려가 있으면 의장의 요청 또는 직권으로 위원의 이해충돌 여부를 검토하여 의장, 해당 의원 및 소속 교섭단체 대표의원에게 그 의견을 제출할 수 있다.

③ 의장과 교섭단체 대표의원은 윤리심사자문위원회로부터 제2항, 제32조의3제2항제4호 및 제32조의4제2항에 따라 위원이 소속 위원회 활동과 관련하여 이해충돌이 발생할 우려가 있다는 의견을 받은 경우 해당 위원이 직무에 공정을 기할 수 없다고 인정하면 해

당 위원을 개선하거나 개선하도록 요청할 수 있다.

④ 의장과 교섭단체 대표의원은 위원의 선임·선임요청 또는 개선·개선요청과 관련하여 윤리심사자문위원회에 이해충돌 여부에 관하여 자문을 요청할 수 있다.

[본조신설 2021. 5. 18.]

제49조【위원장의 직무】① 위원장은 위원회를 대표하고 의사를 정리하며, 질서를 유지하고 사무를 감독한다.

② 위원장은 위원회의 의사일정과 개회일시를 간사와 협의하여 정한다.

[전문개정 2018. 4. 17.]

제49조의2【위원회 의사일정의 작성기준】① 위원장(소위원회의 위원장을 포함한다)은 예측 가능한 국회운영을 위하여 특별한 사정이 없으면 다음 각 호의 기준에 따라 제49조 제2항의 의사일정 및 개회일시를 정한다. 〈개정 2019. 4. 16., 2020. 12. 22.〉

1. 위원회 개회일시: 매주 월요일·화요일 오후 2시

2. 소위원회 개회일시: 매주 수요일·목요일 오전 10시

② 위원회(소위원회는 제외한다)는 매월 2회 이상 개회한다. 다만, 다음 각 호의 어느 하나에 해당하는 경우에는 그러하지 아니하다. 〈신설 2020. 12. 22.〉

1. 해당 위원회의 국정감사 또는 국정조사 실시기간

2. 그 밖에 회의를 개회하기 어렵다고 의장이 인정하는 기간

③ 제2항에도 불구하고, 국회운영위원회, 정보위원회, 여성가족위원회, 특별위원회 및 예산결산특별위원회의 경우에는 위원장이 개회 횟수를 달리 정할 수 있다. 〈신설 2020. 12. 22.〉

[전문개정 2018. 4. 17.]

제49조의3【위원 회의 출석 현황 공개】위원장은 위원회(소위원회는 제외한다) 회의가 종료되면 그 다음 날까지 소속 위원의 회의 출석 여부를 국회공보 또는 인터넷 홈페이지 등에 게재하는 방법으로 공개하여야 한다.

[본조신설 2020. 12. 22.]

제51조【위원회의 제안】① 위원회는 그 소관에 속하는 사항에 관하여 법률안과 그 밖의 의안을 제출할 수 있다.

② 제1항의 의안은 위원장이 제안자가 된다.

**第54条【위원회의 의사정족수·의결정족수】** 위원회는 재적위원 5분의 1 이상의 출석으로 개회하고, 재적위원 과반수의 출석과 출석위원 과반수의 찬성으로 의결한다.

**第54条의2【정보위원회에 대한 특례】** ① 정보위원회의 회의는 공개하지 아니한다. 다만, 공청회 또는 제65조의2에 따른 인사청문회를 실시하는 경우에는 위원회의 의결로 이를 공개할 수 있다.

② 정보위원회의 위원 및 소속 공무원(의원 보좌직원을 포함한다. 이하 이 조에서 같다)은 직무수행상 알게 된 국가기밀에 속하는 사항을 공개하거나 타인에게 누설해서는 아니 된다.

③ 정보위원회의 활동을 보좌하는 소속 공무원에 대해서는 국가정보원장에게 신원조사를 의뢰하여야 한다.

④ 이 법에서 정한 사항 외에 정보위원회의 구성과 운영 등에 필요한 사항은 국회규칙으로 정한다.

**第55条【위원회에서의 방청 등】** ① 의원이 아닌 사람이 위원회를 방청하려면 위원장의 허가를 받아야 한다.

② 위원장은 질서 유지를 위하여 필요할 때에는 방청인의 퇴장을 명할 수 있다.

[전문개정 2018. 4. 17.]

**第56条【본회의 중 위원회의 개회】** 위원회는 본회의 의결이 있거나 의장이 필요하다고 인정하여 각 교섭단체 대표의원과 협의한 경우를 제외하고는 본회의 중에는 개회할 수 없다. 다만, 국회운영위원회는 그러하지 아니하다.

**第58条의2【헌법재판소 위헌결정에 대한 위원회의 심사】** ① 헌법재판소는 종국결정이 법률의 제정 또는 개정과 관련이 있으면 그 결정서 등본을 국회로 송부하여야 한다.

② 의장은 제1항에 따라 송부된 결정서 등본을 해당 법률의 소관 위원회와 관련위원회에 송부한다.

③ 위원장은 제2항에 따라 송부된 종국결정을 검토하여 소관 법률의 제정 또는 개정이 필요하다고 판단하는 경우 소위원회에 회부하여 이를 심사하도록 한다.

**第63条【연석회의】** ① 소관 위원회는 다른 위원회와 협의하여 연석회의(連席會議)를 열고 의견을 교환할 수 있다. 다만, 표결은 할 수 없다.

② 연석회의를 열려는 위원회는 위원장이 부의할 안건명과 이유를 서면에 적어 다른 위원회의 위원장에게 요구하여야 한다.

③ 연석회의는 안건의 소관 위원회의 회의로 한다.

④ 세입예산안과 관련 있는 법안을 회부받은 위원회는 예산결산특별위원회 위원장의 요청이 있을 때에는 연석회의를 열어야 한다.

**제63조의2【전원위원회】** ① 국회는 위원회의 심사를 거치거나 위원회가 제안한 의안 중 정부조직에 관한 법률안, 조세 또는 국민에게 부담을 주는 법률안 등 주요 의안의 본회의 상정 전이나 본회의 상정 후에 재적의원 4분의 1 이상이 요구할 때에는 그 심사를 위하여 의원 전원으로 구성되는 전원위원회(全院委員會)를 개회할 수 있다. 다만, 의장은 주요 의안의 심의 등 필요하다고 인정하는 경우 각 교섭단체 대표의원의 동의를 받아 전원위원회를 개회하지 아니할 수 있다.

② 전원위원회는 제1항에 따른 의안에 대한 수정안을 제출할 수 있다. 이 경우 해당 수정안은 전원위원장이 제안자가 된다.

③ 전원위원회에 위원장 1명을 두되, 의장이 지명하는 부의장으로 한다.

④ 전원위원회는 제54조에도 불구하고 재적위원 5분의 1 이상의 출석으로 개회하고, 재적위원 4분의 1 이상의 출석과 출석위원 과반수의 찬성으로 의결한다.

⑤ 그 밖에 전원위원회 운영에 필요한 사항은 국회규칙으로 정한다.

[전문개정 2018. 4. 17.]

**제64조【공청회】** ① 위원회(소위원회를 포함한다. 이하 이 조에서 같다)는 중요한 안건 또는 전문지식이 필요한 안건을 심사하기 위하여 그 의결 또는 재적위원 3분의 1 이상의 요구로 공청회를 열고 이해관계자 또는 학식·경험이 있는 사람 등(이하 "진술인"이라 한다)으로부터 의견을 들을 수 있다. 다만, 제정법률안과 전부개정법률안의 경우에는 제58조제6항에 따른다.

② 위원회에서 공청회를 열 때에는 안건·일시·장소·진술인·경비, 그 밖의 참고사항을 적은 문서로 의장에게 보고하여야 한다.

③ 진술인의 선정, 진술인과 위원의 발언시간은 위원회에서 정하며, 진술인의 발언은 그 의견을 듣고자 하는 안건의 범위를 벗어나서는 아니 된다.

④ 위원회가 주관하는 공청회는 그 위원회의 회의로 한다.

⑤ 그 밖에 공청회 운영에 필요한 사항은 국회규칙으로 정한다.

[전문개정 2018. 4. 17.]

**제65조【청문회】** ① 위원회(소위원회를 포함한다. 이하 이 조에서 같다)는 중요한 안건의 심사와 국정감사 및 국정조사에 필요한 경우 증인 · 감정인 · 참고인으로부터 증언 · 진술을 청취하고 증거를 채택하기 위하여 위원회 의결로 청문회를 열 수 있다.

② 제1항에도 불구하고 법률안 심사를 위한 청문회는 재적위원 3분의 1 이상의 요구로 개회할 수 있다. 다만, 제정법률안과 전부개정법률안의 경우에는 제58조제6항에 따른다.

③ 위원회는 청문회 개회 5일 전에 안건 · 일시 · 장소 · 증인 등 필요한 사항을 공고하여야 한다.

④ 청문회는 공개한다. 다만, 위원회의 의결로 청문회의 전부 또는 일부를 공개하지 아니할 수 있다.

⑤ 위원회는 필요한 경우 국회사무처, 국회예산정책처 또는 국회입법조사처 소속 공무원이나 교섭단체의 정책연구위원을 지정하거나 전문가를 위촉하여 청문회에 필요한 사전조사를 실시하게 할 수 있다.

⑥ 청문회에서의 발언 · 감정 등에 대하여 이 법에서 정한 것을 제외하고는 「국회에서의 증언 · 감정 등에 관한 법률」에 따른다.

⑦ 청문회에 대해서는 제64조제2항부터 제4항까지를 준용한다.

⑧ 그 밖에 청문회 운영에 필요한 사항은 국회규칙으로 정한다.

[전문개정 2018. 4. 17.]

**제65조의2【인사청문회】** ① 제46조의3에 따른 심사 또는 인사청문을 위하여 인사에 관한 청문회(이하 "인사청문회"라 한다)를 연다.

② 상임위원회는 다른 법률에 따라 다음 각 호의 어느 하나에 해당하는 공직후보자에 대한 인사청문 요청이 있는 경우 인사청문을 실시하기 위하여 각각 인사청문회를 연다. 〈개정 2020. 8. 18.〉

1. 대통령이 임명하는 헌법재판소 재판관, 중앙선거관리위원회 위원, 국무위원, 방송통신위원회 위원장, 국가정보원장, 공정거래위원회 위원장, 금융위원회 위원장, 국가인권위원회 위원장, 고위공직자범죄수사처장, 국세청장, 검찰총장, 경찰청장, 합동참모의장, 한국은행 총재, 특별감찰관 또는 한국방송공사 사장의 후보자
2. 대통령당선인이 「대통령직 인수에 관한 법률」 제5조제1항에 따라 지명하는 국무위원 후보자
3. 대법원장이 지명하는 헌법재판소 재판관 또는 중앙선거관리위원회 위원의 후보자

③ 상임위원회가 구성되기 전(국회의원 총선거 후 또는 상임위원장의 임기 만료 후에 제41조제2항에 따라 상임위원장이 선출되기 전을 말한다)에 제2항 각 호의 어느 하나에 해당하는 공직후보자에 대한 인사청문 요청이 있는 경우에는 제44조제1항에 따라 구성되는 특별위원회에서 인사청문을 실시할 수 있다. 이 경우 특별위원회의 설치·구성은 의장이 각 교섭단체 대표의원과 협의하여 제의하며, 위원 선임에 관하여는 제48조제4항을 적용하지 아니하고 「인사청문회법」 제3조제3항 및 제4항을 준용한다.

④ 제3항에 따라 실시한 인사청문은 소관 상임위원회의 인사청문회로 본다.

⑤ 헌법재판소 재판관 후보자가 헌법재판소장 후보자를 겸하는 경우에는 제2항제1호에도 불구하고 제1항에 따른 인사청문특별위원회의 인사청문회를 연다. 이 경우 제2항에 따른 소관 상임위원회의 인사청문회를 겸하는 것으로 본다.

⑥ 인사청문회의 절차 및 운영 등에 필요한 사항은 따로 법률로 정한다.

## 제6장 회의

### 제1절 개의·산회와 의사일정

제72조【개의】 본회의는 오후 2시(토요일은 오전 10시)에 개의한다. 다만, 의장은 각 교섭단체 대표의원과 협의하여 그 개의시(開議時)를 변경할 수 있다.

[전문개정 2018. 4. 17.]

제73조【의사정족수】 ① 본회의는 재적의원 5분의 1 이상의 출석으로 개의한다.

② 의장은 제72조에 따른 개의시부터 1시간이 지날 때까지 제1항의 정족수에 미치지 못할 때에는 유회(流會)를 선포할 수 있다.

③ 회의 중 제1항의 정족수에 미치지 못할 때에는 의장은 회의의 중지 또는 산회를 선포한다. 다만, 의장은 교섭단체 대표의원이 의사정족수의 충족을 요청하는 경우 외에는 효율적인 의사진행을 위하여 회의를 계속할 수 있다.

[전문개정 2018. 4. 17.]

제73조의2【원격영상회의】 ① 의장은 「감염병의 예방 및 관리에 관한 법률」 제2조제2호에 따른 제1급감염병의 확산 또는 천재지변 등으로 본회의가 정상적으로 개의되기 어렵다고 판단하는 경우에는 각 교섭단체 대표의원과 합의하여 본회의를 원격영상회의(의원이 동영상과 음성을 동시에 송수신하는 장치가 갖추어진 복수의 장소에 출석하여 진행하는 회의를 말한다. 이하 이 조에서 같다) 방식으로 개의할 수 있다.

② 의장은 제76조제2항 및 제77조에도 불구하고 각 교섭단체 대표의원과 합의하여 제1항에 따른 본회의의 당일 의사일정을 작성하거나 변경한다.

③ 의장이 각 교섭단체 대표의원과 합의한 경우에만 제1항에 따른 본회의에 상정된 안건을 표결할 수 있다.

④ 원격영상회의에 출석한 의원은 동일한 회의장에 출석한 것으로 보며, 제111조제1항에도 불구하고 표결에 참가할 수 있다.

⑤ 제1항에 따라 개의된 본회의에서의 표결은 제6항에 따른 원격영상회의시스템을 이용하여 제112조에 따라 실시한다. 다만, 의장이 필요하다고 인정하는 경우에는 거수로 표결할 수 있다.

⑥ 국회는 원격영상회의에 필요한 원격영상회의시스템을 운영하여야 한다.

⑦ 그 밖에 원격영상회의의 운영에 필요한 사항은 국회규칙으로 정한다.

[본조신설 2020. 12. 22.]

[법률 제17756호(2020. 12. 22.) 제73조의2의 개정규정은 같은 법 부칙 제2조의 규정에 의하여 2022년 6월 30일까지 유효함]

제74조 【산회】 ① 의사일정에 올린 안건의 의사가 끝났을 때에는 의장은 산회를 선포한다.

② 산회를 선포한 당일에는 회의를 다시 개의할 수 없다. 다만, 내우외환, 천재지변 또는 중대한 재정・경제상의 위기, 국가의 안위에 관계되는 중대한 교전 상태나 전시・사변 또는 이에 준하는 국가비상사태로서 의장이 각 교섭단체 대표의원과 합의한 경우에는 그러하지 아니하다.

[전문개정 2018. 4. 17.]

제75조 【회의의 공개】 ① 본회의는 공개한다. 다만, 의장의 제의 또는 의원 10명 이상의 연서에 의한 동의(動議)로 본회의 의결이 있거나 의장이 각 교섭단체 대표의원과 협의하여 국가의 안전보장을 위하여 필요하다고 인정할 때에는 공개하지 아니할 수 있다.

② 제1항 단서에 따른 제의나 동의에 대해서는 토론을 하지 아니하고 표결한다.

[전문개정 2018. 4. 17.]

제76조 【의사일정의 작성】 ① 의장은 본회의에 부의(附議) 요청된 안건의 목록을 그 순서에 따라 작성하고 이를 매주 공표하여야 한다.

② 의장은 회기 중 본회의 개의일시 및 심의대상 안건의 대강을 적은 회기 전체 의사일정과 본회의 개의시간 및 심의대상 안건의 순서를 적은 당일 의사일정을 작성한다.

③ 제2항에 따른 의사일정 중 회기 전체 의사일정을 작성할 때에는 국회운영위원회와 협의하되, 협의가 이루어지지 아니할 때에는 의장이 이를 결정한다.
④ 의장은 제2항과 제3항에 따라 작성한 의사일정을 지체 없이 의원에게 통지하고 전산망 등을 통하여 공표한다.
⑤ 의장은 특히 긴급하다고 인정할 때에는 회의의 일시만을 의원에게 통지하고 개의할 수 있다.
[전문개정 2018. 4. 17.]

제76조의2【회기 전체 의사일정의 작성기준】의장은 특별한 사정이 없으면 다음 각 호의 기준에 따라 제76조제2항의 회기 전체 의사일정을 작성한다.
1. 본회의 개의일시: 매주 목요일 오후 2시
2. 제122조의2에 따른 정부에 대한 질문을 위한 본회의 개의일시: 개의일 오후 2시
[전문개정 2018. 4. 17.]

제77조【의사일정의 변경】의원 20명 이상의 연서에 의한 동의(動議)로 본회의 의결이 있거나 의장이 각 교섭단체 대표의원과 협의하여 필요하다고 인정할 때에는 의장은 회기 전체 의사일정의 일부를 변경하거나 당일 의사일정의 안건 추가 및 순서 변경을 할 수 있다. 이 경우 의원의 동의에는 이유서를 첨부하여야 하며, 그 동의에 대해서는 토론을 하지 아니하고 표결한다.
[전문개정 2018. 4. 17.]

제78조【의사일정의 미처리 안건】의장은 의사일정에 올린 안건에 대하여 회의를 열지 못하였거나 회의를 마치지 못하였을 때에는 다시 그 일정을 정한다.
[전문개정 2018. 4. 17.]

## 제2절 발의 · 위원회회부 · 철회와 번안(飜案) 〈개정 2018. 4. 17.〉

제79조【의안의 발의 또는 제출】① 의원은 10명 이상의 찬성으로 의안을 발의할 수 있다.
② 의안을 발의하는 의원은 그 안을 갖추고 이유를 붙여 찬성자와 연서하여 이를 의장에게 제출하여야 한다.
③ 의원이 법률안을 발의할 때에는 발의의원과 찬성의원을 구분하되, 법률안 제명의 부제(副題)로 발의의원의 성명을 기재한다. 〈개정 2023. 7. 11.〉

④ 제3항에 따라 발의의원의 성명을 기재할 때 발의의원이 2명 이상인 경우에는 대표발의의원 1명을 명시(明示)하여야 한다. 다만, 서로 다른 교섭단체에 속하는 의원이 공동으로 발의하는 경우(교섭단체에 속하는 의원과 어느 교섭단체에도 속하지 아니하는 의원이 공동으로 발의하는 경우를 포함한다) 소속 교섭단체가 다른 대표발의의원(어느 교섭단체에도 속하지 아니하는 의원을 포함할 수 있다)을 3명 이내의 범위에서 명시할 수 있다. 〈신설 2023. 7. 11.〉

⑤ 의원이 발의한 법률안 중 국회에서 의결된 제정법률안 또는 전부개정법률안을 공표하거나 홍보하는 경우에는 해당 법률안의 부제를 함께 표기할 수 있다. 〈개정 2023. 7. 11.〉

[전문개정 2018. 4. 17.]

**제79조의2 【의안에 대한 비용추계 자료 등의 제출】** ① 의원이 예산상 또는 기금상의 조치를 수반하는 의안을 발의하는 경우에는 그 의안의 시행에 수반될 것으로 예상되는 비용에 관한 국회예산정책처의 추계서 또는 국회예산정책처에 대한 추계요구서를 함께 제출하여야 한다. 〈개정 2021. 7. 27.〉

② 제1항에 따라 의원이 국회예산정책처에 대한 비용추계요구서를 제출한 경우 국회예산정책처는 특별한 사정이 없으면 제58조제1항에 따른 위원회의 심사 전에 해당 의안에 대한 비용추계서를 의장과 비용추계를 요구한 의원에게 제출하여야 한다. 이 경우 의원이 제1항에 따라 비용추계서를 제출한 것으로 본다. 〈신설 2021. 7. 27.〉

③ 위원회가 예산상 또는 기금상의 조치를 수반하는 의안을 제안하는 경우에는 그 의안의 시행에 수반될 것으로 예상되는 비용에 관한 국회예산정책처의 추계서를 함께 제출하여야 한다. 다만, 긴급한 사유가 있는 경우 위원회의 의결로 추계서 제출을 생략할 수 있다. 〈개정 2021. 7. 27.〉

④ 정부가 예산상 또는 기금상의 조치를 수반하는 의안을 제출하는 경우에는 그 의안의 시행에 수반될 것으로 예상되는 비용에 관한 추계서와 이에 상응하는 재원조달방안에 관한 자료를 의안에 첨부하여야 한다. 〈개정 2021. 7. 27.〉

⑤ 제1항부터 제4항까지에 따른 비용추계 및 재원조달방안에 관한 자료의 작성 및 제출 절차 등에 필요한 사항은 국회규칙으로 정한다. 〈개정 2021. 7. 27.〉

[전문개정 2018. 4. 17.]

**제79조의3 【조세특례 관련 법률안에 대한 조세특례평가 자료의 제출】** ① 의원이나 위원회가 「조세특례제한법」에 따른 조세특례를 신규로 도입하는 법률안을 발의하거나 제안하는 경우로서 연간 조세특례금액이 국회규칙으로 정하는 일정 금액 이상인 때에는 국회예

산정책처 등 국회규칙으로 정하는 전문 조사・연구 기관에서 조세특례의 필요성 및 적시성, 기대효과, 예상되는 문제점 등 국회규칙으로 정하는 내용에 대하여 평가한 자료를 함께 제출하여야 한다. 다만, 위원회에서 제안하는 법률안에 대해서는 긴급한 사유가 있는 경우 위원회의 의결로 자료 제출을 생략할 수 있다.

② 제1항에 따른 조세특례평가 자료의 작성 및 제출 절차 등에 필요한 사항은 국회규칙으로 정한다.

[전문개정 2018. 4. 17.]

**第80조 【국회공보의 발간】** ① 의장은 본회의 또는 위원회의 운영 및 의사일정, 발의 또는 제출되거나 심사 예정인 의안 목록, 국회의 주요 행사, 그 밖에 필요한 사항을 적은 국회공보를 특별한 사정이 없으면 회기 중 매일 발간하고 국회 인터넷 홈페이지에 게재한다.

② 국회공보의 발간, 그 밖에 필요한 사항은 의장이 정한다.

[전문개정 2018. 4. 17.]

**第81조 【상임위원회 회부】** ① 의장은 의안이 발의되거나 제출되었을 때에는 이를 인쇄하거나 전산망에 입력하는 방법으로 의원에게 배부하고 본회의에 보고하며, 소관 상임위원회에 회부하여 그 심사가 끝난 후 본회의에 부의한다. 다만, 폐회 또는 휴회 등으로 본회의에 보고할 수 없을 때에는 보고를 생략하고 회부할 수 있다.

② 의장은 안건이 어느 상임위원회의 소관에 속하는지 명백하지 아니할 때에는 국회운영위원회와 협의하여 상임위원회에 회부하되, 협의가 이루어지지 아니할 때에는 의장이 소관 상임위원회를 결정한다.

③ 의장은 발의되거나 제출된 의안과 직접적인 이해관계가 있는 위원이 소관 상임위원회 재적위원 과반수를 차지하여 그 의안을 공정하게 심사할 수 없다고 인정하는 경우에는 제1항에도 불구하고 국회운영위원회와 협의하여 그 의안을 다른 위원회에 회부하여 심사하게 할 수 있다.

④ 의장은 제1항에 따라 의안을 의원에게 배부할 때에는 이를 전산망에 입력하여 의원이 이용할 수 있도록 하여야 한다.

[전문개정 2018. 4. 17.]

**第82조 【특별위원회 회부】** ① 의장은 특히 필요하다고 인정하는 안건에 대해서는 본회의의 의결을 거쳐 이를 특별위원회에 회부한다.

② 의장은 특별위원회에 회부된 안건과 관련이 있는 다른 안건을 그 특별위원회에 회부할 수 있다.

[전문개정 2018. 4. 17.]

제82조의2【입법예고】① 위원장은 간사와 협의하여 회부된 법률안(체계·자구 심사를 위하여 법제사법위원회에 회부된 법률안은 제외한다)의 입법 취지와 주요 내용 등을 국회공보 또는 국회 인터넷 홈페이지 등에 게재하는 방법 등으로 입법예고하여야 한다. 다만, 다음 각 호의 어느 하나에 해당하는 경우에는 위원장이 간사와 협의하여 입법예고를 하지 아니할 수 있다.

1. 긴급히 입법을 하여야 하는 경우
2. 입법 내용의 성질 또는 그 밖의 사유로 입법예고가 필요 없거나 곤란하다고 판단되는 경우

② 입법예고기간은 10일 이상으로 한다. 다만, 특별한 사정이 있는 경우에는 단축할 수 있다.

③ 입법예고의 시기·방법·절차, 그 밖에 필요한 사항은 국회규칙으로 정한다.

제92조【일사부재의】부결된 안건은 같은 회기 중에 다시 발의하거나 제출할 수 없다.

## 제3절 의사와 수정

제95조【수정동의】① 의안에 대한 수정동의(修正動議)는 그 안을 갖추고 이유를 붙여 30명 이상의 찬성 의원과 연서하여 미리 의장에게 제출하여야 한다. 다만, 예산안에 대한 수정동의는 의원 50명 이상의 찬성이 있어야 한다.

② 위원회에서 심사보고한 수정안은 찬성 없이 의제가 된다.

③ 위원회는 소관 사항 외의 안건에 대해서는 수정안을 제출할 수 없다.

④ 의안에 대한 대안은 위원회에서 그 원안을 심사하는 동안에 제출하여야 하며, 의장은 그 대안을 그 위원회에 회부한다.

⑤ 제1항에 따른 수정동의는 원안 또는 위원회에서 심사보고(제51조에 따라 위원회에서 제안하는 경우를 포함한다)한 안의 취지 및 내용과 직접 관련이 있어야 한다. 다만, 의장이 각 교섭단체 대표의원과 합의를 하는 경우에는 그러하지 아니하다.

제98조【의안의 이송】① 국회에서 의결된 의안은 의장이 정부에 이송한다.

② 정부는 대통령이 법률안을 공포한 경우에는 이를 지체 없이 국회에 통지하여야 한다.

③ 헌법 제53조제6항에 따라 대통령이 확정된 법률을 공포하지 아니하였을 때에는 의장은 그 공포기일이 경과한 날부터 5일 이내에 공포하고, 대통령에게 통지하여야 한다.

제98조의2【대통령령 등의 제출 등】① 중앙행정기관의 장은 법률에서 위임한 사항이나 법률을 집행하기 위하여 필요한 사항을 규정한 대통령령·총리령·부령·훈령·예규·고시 등이 제정·개정 또는 폐지되었을 때에는 10일 이내에 이를 국회 소관 상임위원회에 제출하여야 한다. 다만, 대통령령의 경우에는 입법예고를 할 때(입법예고를 생략하는 경우에는 법제처장에게 심사를 요청할 때를 말한다)에도 그 입법예고안을 10일 이내에 제출하여야 한다.

② 중앙행정기관의 장은 제1항의 기간 이내에 제출하지 못한 경우에는 그 이유를 소관 상임위원회에 통지하여야 한다.

③ 상임위원회는 위원회 또는 상설소위원회를 정기적으로 개회하여 그 소관 중앙행정기관이 제출한 대통령령·총리령 및 부령(이하 이 조에서 "대통령령등"이라 한다)의 법률 위반 여부 등을 검토하여야 한다. 〈개정 2020. 2. 18.〉

④ 상임위원회는 제3항에 따른 검토 결과 대통령령 또는 총리령이 법률의 취지 또는 내용에 합치되지 아니한다고 판단되는 경우에는 검토의 경과와 처리 의견 등을 기재한 검토결과보고서를 의장에게 제출하여야 한다. 〈신설 2020. 2. 18.〉

⑤ 의장은 제4항에 따라 제출된 검토결과보고서를 본회의에 보고하고, 국회는 본회의 의결로 이를 처리하고 정부에 송부한다. 〈신설 2020. 2. 18.〉

⑥ 정부는 제5항에 따라 송부받은 검토결과에 대한 처리 여부를 검토하고 그 처리결과(송부받은 검토결과에 따르지 못하는 경우 그 사유를 포함한다)를 국회에 제출하여야 한다. 〈신설 2020. 2. 18.〉

⑦ 상임위원회는 제3항에 따른 검토 결과 부령이 법률의 취지 또는 내용에 합치되지 아니한다고 판단되는 경우에는 소관 중앙행정기관의 장에게 그 내용을 통보할 수 있다. 〈신설 2020. 2. 18.〉

⑧ 제7항에 따라 검토내용을 통보받은 중앙행정기관의 장은 통보받은 내용에 대한 처리 계획과 그 결과를 지체 없이 소관 상임위원회에 보고하여야 한다. 〈신설 2020. 2. 18.〉

⑨ 전문위원은 제3항에 따른 대통령령등을 검토하여 그 결과를 해당 위원회 위원에게 제공한다. 〈개정 2020. 2. 18.〉

[전문개정 2018. 4. 17.]

## 제4절 발언 〈개정 2018. 4. 17.〉

제99조 【발언의 허가】 ① 의원은 발언을 하려면 미리 의장에게 통지하여 허가를 받아야 한다.

② 발언 통지를 하지 아니한 의원은 통지를 한 의원의 발언이 끝난 다음 의장의 허가를 받아 발언할 수 있다.

③ 의사진행에 관한 발언을 하려면 발언 요지를 의장에게 미리 통지하여야 하며, 의장은 의제와 직접 관계가 있거나 긴급히 처리할 필요가 있다고 인정되는 것은 즉시 허가하고, 그 외의 것은 의장이 그 허가의 시기를 정한다.

제106조의2 【무제한토론의 실시 등】 ① 의원이 본회의에 부의된 안건에 대하여 이 법의 다른 규정에도 불구하고 시간의 제한을 받지 아니하는 토론(이하 이 조에서 "무제한토론"이라 한다)을 하려는 경우에는 재적의원 3분의 1 이상이 서명한 요구서를 의장에게 제출하여야 한다. 이 경우 의장은 해당 안건에 대하여 무제한토론을 실시하여야 한다.

② 제1항에 따른 요구서는 요구 대상 안건별로 제출하되, 그 안건이 의사일정에 기재된 본회의가 개의되기 전까지 제출하여야 한다. 다만, 본회의 개의 중 당일 의사일정에 안건이 추가된 경우에는 해당 안건의 토론 종결 선포 전까지 요구서를 제출할 수 있다.

③ 의원은 제1항에 따른 요구서가 제출되면 해당 안건에 대하여 무제한토론을 할 수 있다. 이 경우 의원 1명당 한 차례만 토론할 수 있다.

④ 무제한토론을 실시하는 본회의는 제7항에 따른 무제한토론 종결 선포 전까지 산회하지 아니하고 회의를 계속한다. 이 경우 제73조제3항 본문에도 불구하고 회의 중 재적의원 5분의 1 이상이 출석하지 아니하였을 때에도 회의를 계속한다.

⑤ 의원은 무제한토론을 실시하는 안건에 대하여 재적의원 3분의 1 이상의 서명으로 무제한토론의 종결동의(終結動議)를 의장에게 제출할 수 있다.

⑥ 제5항에 따른 무제한토론의 종결동의는 동의가 제출된 때부터 24시간이 지난 후에 무기명투표로 표결하되 재적의원 5분의 3 이상의 찬성으로 의결한다. 이 경우 무제한토론의 종결동의에 대해서는 토론을 하지 아니하고 표결한다.

⑦ 무제한토론을 실시하는 안건에 대하여 무제한토론을 할 의원이 더 이상 없거나 제6항에 따라 무제한토론의 종결동의가 가결되는 경우 의장은 무제한토론의 종결을 선포한 후 해당 안건을 지체 없이 표결하여야 한다.

⑧ 무제한토론을 실시하는 중에 해당 회기가 끝나는 경우에는 무제한토론의 종결이 선포된 것으로 본다. 이 경우 해당 안건은 바로 다음 회기에서 지체 없이 표결하여야 한다.

⑨ 제7항이나 제8항에 따라 무제한토론의 종결이 선포되었거나 선포된 것으로 보는 안건에 대해서는 무제한토론을 요구할 수 없다.

⑩ 예산안등과 제85조의3제4항에 따라 지정된 세입예산안 부수 법률안에 대해서는 제1항부터 제9항까지를 매년 12월 1일까지 적용하고, 같은 항에 따라 실시 중인 무제한토론, 계속 중인 본회의, 제출된 무제한토론의 종결동의에 대한 심의절차 등은 12월 1일 밤 12시에 종료한다.

## 제5절 표결 〈개정 2018. 4. 17.〉

제109조【의결정족수】 의사는 헌법이나 이 법에 특별한 규정이 없으면 재적의원 과반수의 출석과 출석의원 과반수의 찬성으로 의결한다.

[전문개정 2018. 4. 17.]

제110조【표결의 선포】 ① 표결할 때에는 의장이 표결할 안건의 제목을 의장석에서 선포하여야 한다.

② 의장이 표결을 선포한 후에는 누구든지 그 안건에 관하여 발언할 수 없다.

[전문개정 2018. 4. 17.]

제111조【표결의 참가와 의사변경의 금지】 ① 표결을 할 때 회의장에 있지 아니한 의원은 표결에 참가할 수 없다. 다만, 기명투표 또는 무기명투표로 표결할 때에는 투표함이 폐쇄될 때까지 표결에 참가할 수 있다.

② 의원은 표결에 대하여 표시한 의사를 변경할 수 없다.

[전문개정 2018. 4. 17.]

제112조【표결방법】 ① 표결할 때에는 전자투표에 의한 기록표결로 가부(可否)를 결정한다. 다만, 투표기기의 고장 등 특별한 사정이 있을 때에는 기립표결로, 기립표결이 어려운 의원이 있는 경우에는 의장의 허가를 받아 본인의 의사표시를 할 수 있는 방법에 의한 표결로 가부를 결정할 수 있다. 〈개정 2021. 12. 28.〉

② 중요한 안건으로서 의장의 제의 또는 의원의 동의(動議)로 본회의 의결이 있거나 재적의원 5분의 1 이상의 요구가 있을 때에는 기명투표 · 호명투표(呼名投票) 또는 무기명투표로 표결한다.

③ 의장은 안건에 대하여 이의가 있는지 물어서 이의가 없다고 인정할 때에는 가결되었음을 선포할 수 있다. 다만, 이의가 있을 때에는 제1항이나 제2항의 방법으로 표결하여

야 한다.

④ 헌법개정안은 기명투표로 표결한다.

⑤ 대통령으로부터 환부(還付)된 법률안과 그 밖에 인사에 관한 안건은 무기명투표로 표결한다. 다만, 겸직으로 인한 의원 사직과 위원장 사임에 대하여 의장이 각 교섭단체 대표의원과 협의한 경우에는 그러하지 아니하다.

⑥ 국회에서 실시하는 각종 선거는 법률에 특별한 규정이 없으면 무기명투표로 한다. 투표 결과 당선자가 없을 때에는 최고득표자와 차점자에 대하여 결선투표를 하여 다수표를 얻은 사람을 당선자로 한다. 다만, 득표수가 같을 때에는 연장자를 당선자로 한다.

⑦ 국무총리 또는 국무위원의 해임건의안이 발의되었을 때에는 의장은 그 해임건의안이 발의된 후 처음 개의하는 본회의에 그 사실을 보고하고, 본회의에 보고된 때부터 24시간 이후 72시간 이내에 무기명투표로 표결한다. 이 기간 내에 표결하지 아니한 해임건의안은 폐기된 것으로 본다.

⑧ 제1항 본문에 따라 투표를 하는 경우 재적의원 5분의 1 이상의 요구가 있을 때에는 전자적인 방법 등을 통하여 정당한 투표권자임을 확인한 후 투표한다.

⑨ 의장이 각 교섭단체 대표의원과 합의를 하는 경우에는 제2항, 제4항부터 제7항까지에 따른 기명투표 또는 무기명투표를 전자장치를 이용하여 실시할 수 있다.

[전문개정 2018. 4. 17.]

제113조【표결 결과 선포】 표결이 끝났을 때에는 의장은 그 결과를 의장석에서 선포한다.

[전문개정 2018. 4. 17.]

제114조【기명투표·무기명투표 절차】 ① 기명투표 또는 무기명투표를 할 때에는 각 의원은 먼저 명패를 명패함에 넣고, 다음에 투표용지를 투표함에 넣는다.

② 기명투표 또는 무기명투표를 할 때에는 의장은 의원 중에서 몇 명의 감표위원(監票委員)을 지명하고 그 위원의 참여하에 직원으로 하여금 명패와 기명투표·무기명투표의 수를 점검·계산하게 한다. 이 경우 감표위원으로 지명된 의원이 이에 응하지 아니할 때에는 그 의원을 제외하거나 다른 의원을 감표위원으로 지명할 수 있다.

③ 투표의 수가 명패의 수보다 많을 때에는 재투표를 한다. 다만, 투표의 결과에 영향을 미치지 아니할 때에는 그러하지 아니하다.

[전문개정 2018. 4. 17.]

제114조의2【자유투표】 의원은 국민의 대표자로서 소속 정당의 의사에 기속되지 아니하고 양심에 따라 투표한다.

## 제8장 국무총리·국무위원·정부위원과 질문 〈개정 2018. 4. 17.〉

제122조【정부에 대한 서면질문】 ① 의원이 정부에 서면으로 질문하려고 할 때에는 질문서를 의장에게 제출하여야 한다.

② 의장은 제1항의 질문서를 받았을 때에는 지체 없이 이를 정부에 이송한다.

③ 정부는 질문서를 받은 날부터 10일 이내에 서면으로 답변하여야 한다. 그 기간 내에 답변하지 못할 때에는 그 이유와 답변할 수 있는 기한을 국회에 통지하여야 한다.

④ 정부는 서면질문에 대하여 답변할 때 회의록에 게재할 답변서와 그 밖의 답변 관계 자료를 구분하여 국회에 제출하여야 한다.

⑤ 제3항의 답변에 대하여 보충하여 질문하려는 의원은 서면으로 다시 질문할 수 있다.

## 제9장 청원 〈개정 2018. 4. 17.〉

제123조【청원서의 제출】 ① 국회에 청원을 하려는 자는 의원의 소개를 받거나 국회규칙으로 정하는 기간 동안 국회규칙으로 정하는 일정한 수 이상의 국민의 동의를 받아 청원서를 제출하여야 한다. 〈개정 2019. 4. 16.〉

② 청원은 청원자의 주소·성명(법인인 경우에는 그 명칭과 대표자의 성명을 말한다. 이하 같다)을 적고 서명한 문서(「전자정부법」 제2조제7호에 따른 전자문서를 포함한다)로 하여야 한다. 〈개정 2019. 4. 16.〉

③ 제2항에 따라 전자문서로 제출하는 청원은 본인임을 확인할 수 있는 전자적 방법을 통하여 제출하여야 한다. 이 경우 서명이 대체된 것으로 본다. 〈신설 2023. 7. 11.〉

④ 청원이 다음 각 호의 어느 하나에 해당하는 경우에는 이를 접수하지 아니한다. 〈개정 2019. 4. 16., 2023. 7. 11.〉

1. 재판에 간섭하는 내용의 청원
2. 국가기관을 모독하는 내용의 청원
3. 국가기밀에 관한 내용의 청원

⑤ 제1항에 따른 국민의 동의 방법·절차 및 청원 제출 등에 필요한 사항, 제3항에 따른 본인임을 확인할 수 있는 전자적 방법에 관한 사항은 국회규칙으로 정한다.

## 제10장 국회와 국민 또는 행정기관과의 관계 〈개정 2018. 4. 17.〉

제127조【국정감사와 국정조사】 국회의 국정감사와 국정조사에 관하여 이 법에서 정한 것을 제외하고는 「국정감사 및 조사에 관한 법률」에서 정하는 바에 따른다.

[전문개정 2018. 4. 17.]

제127조의2【감사원에 대한 감사 요구 등】 ① 국회는 의결로 감사원에 대하여 「감사원법」에 따른 감사원의 직무 범위에 속하는 사항 중 사안을 특정하여 감사를 요구할 수 있다. 이 경우 감사원은 감사 요구를 받은 날부터 3개월 이내에 감사 결과를 국회에 보고하여야 한다.

② 감사원은 특별한 사유로 제1항에 따른 기간 내에 감사를 마치지 못하였을 때에는 중간보고를 하고 감사기간 연장을 요청할 수 있다. 이 경우 의장은 2개월의 범위에서 감사기간을 연장할 수 있다.

[전문개정 2018. 4. 17.]

제127조의3【국민권익위원회에 대한 고충민원 조사요구 등】 ① 위원회는 회부된 청원이 고충민원(「부패방지 및 국민권익위원회의 설치와 운영에 관한 법률」 제2조제5호에 따른 고충민원을 말한다)으로서 정부에서 조사하는 것이 타당하다고 인정하는 경우에는 그 의결로 국민권익위원회에 대하여 그 청원의 조사를 요구할 수 있다. 이 경우 국민권익위원회는 그 조사요구를 받은 날부터 3개월 이내에 조사 및 처리 결과를 해당 조사를 요구한 위원회에 보고하여야 한다.

② 국민권익위원회는 특별한 사유로 제1항에 따른 기간 내에 조사를 마치지 못하였을 때에는 중간보고를 하여야 하며 조사기간의 연장을 요청할 수 있다. 이 경우 해당 조사를 요구한 위원회의 위원장은 2개월의 범위에서 조사기간을 한 차례만 연장할 수 있다.

[본조신설 2018. 4. 17.]

## 제11장 탄핵소추 〈개정 2018. 4. 17.〉

제130조【탄핵소추의 발의】 ① 탄핵소추가 발의되었을 때에는 의장은 발의된 후 처음 개의하는 본회의에 보고하고, 본회의는 의결로 법제사법위원회에 회부하여 조사하게 할 수 있다.

② 본회의가 제1항에 따라 탄핵소추안을 법제사법위원회에 회부하기로 의결하지 아니한 경우에는 본회의에 보고된 때부터 24시간 이후 72시간 이내에 탄핵소추 여부를 무기명

투표로 표결한다. 이 기간 내에 표결하지 아니한 탄핵소추안은 폐기된 것으로 본다.

③ 탄핵소추의 발의에는 소추대상자의 성명·직위와 탄핵소추의 사유·증거, 그 밖에 조사에 참고가 될 만한 자료를 제시하여야 한다.

[전문개정 2018. 4. 17.]

제131조【회부된 탄핵소추사건의 조사】① 법제사법위원회가 제130조제1항의 탄핵소추안을 회부받았을 때에는 지체 없이 조사·보고하여야 한다.

② 제1항의 조사에 관하여는 「국정감사 및 조사에 관한 법률」에 따른 조사의 방법 및 주의의무 규정을 준용한다.

[전문개정 2018. 4. 17.]

제132조【조사의 협조】조사를 받는 국가기관은 그 조사가 신속히 완료될 수 있도록 충분히 협조하여야 한다.

[전문개정 2018. 4. 17.]

제133조【탄핵소추의 의결】본회의의 탄핵소추 의결은 소추대상자의 성명·직위 및 탄핵소추의 사유를 표시한 문서(이하 "소추의결서"라 한다)로 하여야 한다.

[전문개정 2018. 4. 17.]

제134조【소추의결서의 송달과 효과】① 탄핵소추가 의결되었을 때에는 의장은 지체 없이 소추의결서 정본(正本)을 법제사법위원장인 소추위원에게 송달하고, 그 등본(謄本)을 헌법재판소, 소추된 사람과 그 소속 기관의 장에게 송달한다.

② 소추의결서가 송달되었을 때에는 소추된 사람의 권한 행사는 정지되며, 임명권자는 소추된 사람의 사직원을 접수하거나 소추된 사람을 해임할 수 없다.

[전문개정 2018. 4. 17.]

## 제12장 사직·퇴직·궐원과 자격심사 〈개정 2018. 4. 17.〉

제135조【사직】① 국회는 의결로 의원의 사직을 허가할 수 있다. 다만, 폐회 중에는 의장이 허가할 수 있다.

② 의원이 사직하려는 경우에는 본인이 서명·날인한 사직서를 의장에게 제출하여야 한다.

③ 사직 허가 여부는 토론을 하지 아니하고 표결한다.

## 제13장 질서와 경호 〈개정 2018. 4. 17.〉

제143조【의장의 경호권】의장은 회기 중 국회의 질서를 유지하기 위하여 국회 안에서 경호권을 행사한다.

[전문개정 2018. 4. 17.]

제144조【경위와 경찰관】① 국회의 경호를 위하여 국회에 경위(警衛)를 둔다.

② 의장은 국회의 경호를 위하여 필요할 때에는 국회운영위원회의 동의를 받아 일정한 기간을 정하여 정부에 경찰공무원의 파견을 요구할 수 있다. 〈개정 2020. 12. 22.〉

③ 경호업무는 의장의 지휘를 받아 수행하되, 경위는 회의장 건물 안에서, 경찰공무원은 회의장 건물 밖에서 경호한다.

## 제14장 징계 〈개정 2018. 4. 17.〉

제155조【징계】국회는 의원이 다음 각 호의 어느 하나에 해당하는 행위를 하였을 때에는 윤리특별위원회의 심사를 거쳐 그 의결로써 징계할 수 있다. 다만, 의원이 제10호에 해당하는 행위를 하였을 때에는 윤리특별위원회의 심사를 거치지 아니하고 그 의결로써 징계할 수 있다. 〈개정 2021. 5. 18.〉

1. 헌법 제46조제1항 또는 제3항을 위반하는 행위를 하였을 때
2. 제29조의 겸직 금지 규정을 위반하였을 때
3. 제29조의2의 영리업무 종사 금지 규정을 위반하였을 때

3의2. 제32조의2제1항 또는 제2항에 따른 사적 이해관계의 등록·변경등록을 하지 아니하거나 등록·변경등록 사항을 고의로 누락 또는 허위로 제출하였을 때

3의3. 제32조의4제1항에 따른 이해충돌의 신고 규정을 위반하였을 때

3의4. 제32조의5제1항에 따라 표결 및 발언을 회피할 의무가 있음을 알면서 회피를 신청하지 아니하였을 때

4. 제54조의2제2항을 위반하였을 때
5. 제102조를 위반하여 의제와 관계없거나 허가받은 발언의 성질과 다른 발언을 하거나 이 법에서 정한 발언시간의 제한 규정을 위반하여 의사진행을 현저히 방해하였을 때
6. 제118조제3항을 위반하여 게재되지 아니한 부분을 다른 사람에게 열람하게 하거나 전재 또는 복사하게 하였을 때

7. 제118조제4항을 위반하여 공표 금지 내용을 공표하였을 때
8. 제145조제1항에 해당되는 회의장의 질서를 어지럽히는 행위를 하거나 이에 대한 의장 또는 위원장의 조치에 따르지 아니하였을 때
9. 제146조를 위반하여 본회의 또는 위원회에서 다른 사람을 모욕하거나 다른 사람의 사생활에 대한 발언을 하였을 때
10. 제148조의2를 위반하여 의장석 또는 위원장석을 점거하고 점거 해제를 위한 제145조에 따른 의장 또는 위원장의 조치에 따르지 아니하였을 때
11. 제148조의3을 위반하여 의원의 본회의장 또는 위원회 회의장 출입을 방해하였을 때
12. 정당한 이유 없이 국회 집회일부터 7일 이내에 본회의 또는 위원회에 출석하지 아니하거나 의장 또는 위원장의 출석요구서를 받은 후 5일 이내에 출석하지 아니하였을 때
13. 탄핵소추사건을 조사할 때 「국정감사 및 조사에 관한 법률」에 따른 주의의무를 위반하는 행위를 하였을 때
14. 「국정감사 및 조사에 관한 법률」 제17조에 따른 징계사유에 해당할 때
15. 「공직자윤리법」 제22조에 따른 징계사유에 해당할 때
15의2. 「공직자의 이해충돌 방지법」을 위반하였을 때
16. 「국회의원윤리강령」이나 「국회의원윤리실천규범」을 위반하였을 때

**제163조 【징계의 종류와 선포】** ① 제155조에 따른 징계의 종류는 다음과 같다. 〈개정 2022. 1. 4.〉

1. 공개회의에서의 경고
2. 공개회의에서의 사과
3. 30일(제155조제2호 또는 제3호에 해당하는 행위를 한 의원에 대한 징계는 90일) 이내의 출석정지. 이 경우 출석정지기간에 해당하는 「국회의원의 보좌직원과 수당 등에 관한 법률」에 따른 수당 · 입법활동비 및 특별활동비(이하 "수당등"이라 한다)는 2분의 1을 감액한다.
4. 제명(除名)

② 제1항에도 불구하고 제155조제8호 · 제10호 또는 제11호에 해당하는 행위를 한 의원에 대한 징계의 종류는 다음과 같다.

1. 공개회의에서의 경고 또는 사과. 이 경우 수당등 월액의 2분의 1을 징계 의결을 받은 달과 다음 달의 수당등에서 감액하되, 이미 수당등을 지급한 경우에는 감액분을 환수한다.

2. 30일 이내의 출석정지. 이 경우 징계 의결을 받은 달을 포함한 3개월간의 수당등을 지급하지 아니하되, 이미 수당등을 지급한 경우에는 전액 환수한다.

3. 제명

③ 제1항제1호·제2호 및 제2항제1호의 경우에는 윤리특별위원회에서 그 문안을 작성하여 보고서와 함께 의장에게 제출하여야 한다. 다만, 제155조제10호에 해당하여 바로 본회의에 부의하는 징계안의 경우에는 그러하지 아니하다.

④ 제명이 의결되지 아니하였을 때에는 본회의는 다른 징계의 종류를 의결할 수 있다.

⑤ 징계를 의결하였을 때에는 의장은 공개회의에서 그 사실을 선포한다.

## 제15장 국회 회의 방해 금지 〈개정 2018. 4. 17.〉

제165조【국회 회의 방해 금지】 누구든지 국회의 회의(본회의, 위원회 또는 소위원회의 각종 회의를 말하며, 국정감사 및 국정조사를 포함한다. 이하 이 장에서 같다)를 방해할 목적으로 회의장이나 그 부근에서 폭력행위 등을 하여서는 아니 된다.

[전문개정 2018. 4. 17.]

제166조【국회 회의 방해죄】 ① 제165조를 위반하여 국회의 회의를 방해할 목적으로 회의장이나 그 부근에서 폭행, 체포·감금, 협박, 주거침입·퇴거불응, 재물손괴의 폭력행위를 하거나 이러한 행위로 의원의 회의장 출입 또는 공무 집행을 방해한 사람은 5년 이하의 징역 또는 1천만원 이하의 벌금에 처한다.

② 제165조를 위반하여 국회의 회의를 방해할 목적으로 회의장 또는 그 부근에서 사람을 상해하거나, 폭행으로 상해에 이르게 하거나, 단체 또는 다중의 위력을 보이거나 위험한 물건을 휴대하여 사람을 폭행 또는 재물을 손괴하거나, 공무소에서 사용하는 서류, 그 밖의 물건 또는 전자기록 등 특수매체기록을 손상·은닉하거나 그 밖의 방법으로 그 효용을 해한 사람은 7년 이하의 징역 또는 2천만원 이하의 벌금에 처한다.

출제예상 부속법률

# 인사청문회법

제1조 【목적】 이 법은 국회의 인사청문특별위원회의 구성・운영과 인사청문회의 절차・운영 등에 관하여 필요한 사항을 규정함을 목적으로 한다.

제2조 【정의】 이 법에서 사용하는 용어의 정의는 다음과 같다.

1. "공직후보자"라 함은 국회법 제46조의3 제1항의 규정에 의하여 임명을 위하여 동의요청된 자, 선출을 위하여 추천된 자, 대통령당선인으로부터 국무총리후보자로 인사청문이 요청된 자와 동법 제65조의2 제2항의 규정에 의하여 다른 법률에서 대통령・대통령당선인 또는 대법원장으로부터 국회에 인사청문이 요청된 자를 말한다.
2. "임명동의안등"이라 함은 국회법 제46조의3 제1항의 규정에 의한 임명동의안, 선출안, 대통령당선인으로부터 요청된 국무총리후보자에 대한 인사청문요청안과 동법 제65조의2 제2항의 규정에 의하여 다른 법률에서 국회의 인사청문을 거치도록 한 공직후보자에 대한 인사청문요청안을 말한다.

★ 제3조 【인사청문특별위원회】 ① 국회법 제46조의3의 규정에 의한 인사청문특별위원회는 임명동의안등(국회법 제65조의2 제2항의 규정에 의하여 다른 법률에서 국회의 인사청문을 거치도록 한 공직후보자에 대한 인사청문요청안을 제외한다)이 국회에 제출된 때에 구성된 것으로 본다.

② 인사청문특별위원회의 위원정수는 13인으로 한다.

③ 인사청문특별위원회의 위원은 교섭단체 등의 의원수의 비율에 의하여 각 교섭단체대표의원의 요청으로 국회의장(이하 "의장"이라 한다)이 선임 및 개선(改選)한다. 이 경우 각 교섭단체대표의원은 인사청문특별위원회가 구성된 날부터 2일 이내에 의장에게 위원의 선임을 요청하여야 하며, 이 기한 내에 요청이 없는 때에는 의장이 위원을 선임할 수 있다.

④ 어느 교섭단체에도 속하지 아니하는 의원의 위원선임은 의장이 이를 행한다.

⑤ 인사청문특별위원회는 위원장 1인과 각 교섭단체별로 간사 1인을 호선하고 본회의에 보고한다.

⑥ 인사청문특별위원회는 임명동의안등이 본회의에서 의결될 때 또는 인사청문경과가 본회의에 보고 될 때까지 존속한다.

**제4조【임명동의안등의 심사 또는 인사청문】** ① 인사청문특별위원회, 소관상임위원회 또는 「국회법」 제65조의2 제3항에 따른 특별위원회(이하 "위원회"라 한다)의 임명동의안등에 대한 심사 또는 인사청문은 국회법 제65조의2의 규정에 의한 인사청문회를 열어, 공직후보자를 출석하게 하여 질의를 행하고 답변과 의견을 청취하는 방식으로 한다.

② 위원회는 필요한 경우 증인・감정인 또는 참고인으로부터 증언・진술을 청취하는 등 증거조사를 할 수 있다.

**제6조【임명동의안등의 회부등】** ① 의장은 임명동의안등이 제출된 때에는 즉시 본회의에 보고하고 위원회에 회부하며, 그 심사 또는 인사청문이 끝난 후 본회의에 부의하거나 위원장으로 하여금 본회의에 보고하도록 한다. 다만, 폐회 또는 휴회 등으로 본회의에 보고할 수 없을 때에는 이를 생략하고 회부할 수 있다.

② 국회는 임명동의안등이 제출된 날부터 20일 이내에 그 심사 또는 인사청문을 마쳐야 한다.

③ 부득이한 사유로 제2항의 규정에 의한 기간 이내에 헌법재판소 재판관・중앙선거관리위원회 위원・국무위원・방송통신위원회 위원장・국가정보원장・공정거래위원회 위원장・금융위원회 위원장・국가인권위원회 위원장・고위공직자범죄수사처장・국세청장・검찰총장・경찰청장・합동참모의장・한국은행 총재・특별감찰관 또는 한국방송공사 사장(이하 "헌법재판소재판관등"이라 한다)의 후보자에 대한 인사청문회를 마치지 못하여 국회가 인사청문경과보고서를 송부하지 못한 경우에 대통령・대통령당선인 또는 대법원장은 제2항에 따른 기간의 다음날부터 10일 이내의 범위에서 기간을 정하여 인사청문경과보고서를 송부하여 줄 것을 국회에 요청할 수 있다.

④ 제3항의 규정에 의한 기간 이내에 헌법재판소재판관등의 후보자에 대한 인사청문경과보고서를 국회가 송부하지 아니한 경우에 대통령 또는 대법원장은 헌법재판소재판관등으로 임명 또는 지명할 수 있다.

**제8조【증인등의 출석요구등】** 위원회가 증인・감정인・참고인의 출석요구를 한 때에는 그 출석요구서가 늦어도 출석요구일 5일 전에 송달되도록 하여야 한다.

★ **제9조【위원회의 활동기간등】** ① 위원회는 임명동의안등이 회부된 날부터 15일 이내에 인사청문회를 마치되, 인사청문회의 기간은 3일 이내로 한다. 다만, 부득이한 사유로 헌법재판소재판관등의 후보자에 대한 인사청문회를 그 기간 이내에 마치지 못하여 제6조 제3항의 규정에 의하여 기간이 정하여진 때에는 그 연장된 기간 이내에 인사청문회를 마쳐야 한다.

② 위원회는 임명동의안등에 대한 인사청문회를 마친 날부터 3일 이내에 심사경과보고서 또는 인사청문경과보고서를 의장에게 제출한다.

③ 위원회가 정당한 이유 없이 제1항 및 제2항의 기간 내에 임명동의안등(국회법 제65조의2 제2항의 규정에 의하여 다른 법률에서 국회의 인사청문을 거치도록 한 공직후보자에 대한 인사청문요청안을 제외한다)에 대한 심사 또는 인사청문을 마치지 아니한 때에는 의장은 이를 바로 본회의에 부의할 수 있다.

제11조【위원장의 보고 등】① 위원장은 위원회에서 심사 또는 인사청문을 마친 임명동의안등에 대한 위원회의 심사경과 또는 인사청문경과를 본회의에 보고한다.

② 의장은 국회법 제65조의2 제2항의 규정에 의한 공직후보자에 대한 인사청문경과가 본회의에 보고되면 지체없이 인사청문경과보고서를 대통령·대통령당선인 또는 대법원장에게 송부하여야 한다. 다만, 인사청문을 마친 후 폐회 또는 휴회 그 밖의 부득이한 사유로 위원장이 인사청문경과를 본회의에 보고할 수 없을 때에는 위원장은 이를 의장에게 보고하고 의장은 인사청문경과보고서를 대통령·대통령당선인 또는 대법원장에게 송부하여야 한다.

제12조【자료제출요구】① 위원회는 그 의결 또는 재적의원 3분의 1 이상의 요구로 공직후보자의 인사청문과 직접 관련된 자료의 제출을 국가기관·지방자치단체, 기타 기관에 대하여 요구할 수 있다.

② 제1항의 요구를 받은 때에는 기간을 따로 정하는 경우를 제외하고는 5일 이내에 자료를 제출하여야 한다.

③ 제1항의 규정에 의하여 자료의 제출을 요구받은 기관은 제2항의 규정에 의한 기간 이내에 자료를 제출하지 아니한 때에는 그 사유서를 제출하여야 한다. 이 경우 위원회는 제출된 사유서를 심사경과보고서 또는 인사청문경과보고서에 첨부하여야 한다.

④ 위원회는 제1항의 규정에 의하여 자료의 제출을 요구받은 기관이 정당한 사유없이 제2항의 규정에 의한 기간 이내에 자료를 제출하지 아니한 때에는 해당 기관에 이를 경고할 수 있다.

제13조【검증】위원회는 공직후보자의 인사청문을 위하여 필요한 경우에는 그 의결로 검증을 행할 수 있다.

★ 제14조【인사청문회의 공개】인사청문회는 공개한다. 다만, 다음 각 호의 1에 해당하는 경우에는 위원회의 의결로 공개하지 아니할 수 있다.

1. 군사·외교 등 국가기밀에 관한 사항으로서 국가의 안전보장을 위하여 필요한 경우
2. 개인의 명예나 사생활을 부당하게 침해할 우려가 명백한 경우
3. 기업 및 개인의 적법한 금융 또는 상거래 등에 관한 정보가 누설될 우려가 있는 경우
4. 계속(繫屬)중인 재판 또는 수사 중인 사건의 소추에 영향을 미치는 정보가 누설될 우려가 명백한 경우
5. 기타 다른 법령에 의해 비밀이 유지되어야 하는 경우로서 비공개가 필요하다고 판단되는 경우

**제15조【공직후보자등의 보호】** 위원회에 출석한 공직후보자·증인·참고인 등이 답변을 하거나 증언 등을 함에 있어서 특별한 이유로 인사청문회의 비공개를 요구할 때에는 위원회의 의결로 인사청문회를 공개하지 아니할 수 있다. 이 경우 그 비공개이유는 비공개회의에서 소명하여야 한다.

**제15조의2【공직후보자에 대한 지원】** 국가기관은 이 법에 따른 공직후보자에게 인사청문에 필요한 최소한의 행정적 지원을 할 수 있다.

**제16조【답변등의 거부】** ① 공직후보자는 국회에서의 증언·감정 등에 관한 법률 제4조 제1항 단서의 규정에 해당하는 경우에는 답변 또는 자료제출을 거부할 수 있다.

② 공직후보자는 형사소송법 제148조 또는 제149조의 규정에 해당하는 경우에 답변 또는 자료제출을 거부할 수 있다. 이 경우 그 거부이유는 소명하여야 한다.

**제17조【제척과 회피】** ① 위원은 공직후보자와 직접 이해관계가 있거나 공정을 기할 수 없는 현저한 사유가 있는 경우에는 그 공직후보자에 대한 인사청문회에 참여할 수 없다.

② 위원회는 제척사유가 있다고 인정할 때에는 그 의결로 해당 위원의 인사청문회 참여를 배제하고 다른 위원으로 개선(改選)하여 심사 또는 인사청문을 하게 하여야 한다.

③ 제1항의 사유가 있는 위원 또는 「국회법」 제32조의4 제1항의 신고사항에 해당하여 이해충돌이 발생할 우려가 있다고 판단하는 위원은 위원장에게 회피를 신청하여야 한다. 이 경우 회피 신청을 받은 위원장은 간사와 협의하여 회피를 허가할 수 있다.

출제예상 부속법률

# 국정감사 및 조사에 관한 법률

제1조 【목적】 이법은 국정감사와 국정조사에 관한 절차, 그 밖에 필요한 사항을 규정함을 목적으로 한다.

★ 제2조 【국정감사】 ① 국회는 국정전반에 관하여 소관 상임위원회별로 매년 정기회 집회일 이전에 국정감사(이하 "감사"라 한다) 시작일부터 30일 이내의 기간을 정하여 감사를 실시한다. 다만, 본회의 의결로 정기회 기간 중에 감사를 실시할 수 있다.

② 제1항의 감사는 상임위원장이 국회운영위원회와 협의하여 작성한 감사계획서에 따라 한다. 국회운영위원회는 상임위원회 간에 감사대상기관이나 감사일정의 중복 등 특별한 사정이 있는 때에는 이를 조정할 수 있다.

③ 제2항에 따른 감사계획서에는 감사반의 편성, 감사일정, 감사요령 등 감사에 필요한 사항을 기재하여야 한다.

④ 제2항에 따른 감사계획서는 매년 처음 집회되는 임시회에서 작성하고 제7조에 따른 감사대상기관에 이를 통지하여야 한다. 다만, 국회의원 총선거가 실시되는 연도에는 국회의원 총선거 후 새로 구성되는 국회의 임시회 또는 정기회에서 감사계획서를 작성・통지할 수 있다.

⑤ 제4항에 따른 감사계획서의 감사대상기관이나 감사일정 등을 변경하는 경우에는 그 내용을 감사실시일 7일 전까지 감사대상기관에 통지하여야 한다.

★ 제3조 【국정조사】 ① 국회는 재적의원 4분의 1 이상의 요구가 있는 때에는 특별위원회 또는 상임위원회로 하여금 국정의 특정사안에 관하여 국정조사(이하 "조사"라 한다)를 하게 한다.

② 제1항에 따른 조사 요구는 조사의 목적, 조사할 사안의 범위와 조사를 할 위원회 등을 기재하여 요구의원이 연서한 서면(이하 "조사요구서"라 한다)으로 하여야 한다.

③ 의장은 조사요구서가 제출되면 지체 없이 본회의에 보고하고 각 교섭단체 대표의원과 협의하여 조사를 할 특별위원회를 구성하거나 해당 상임위원회(이하 "조사위원회"라 한다)에 회부하여 조사를 할 위원회를 확정한다. 이 경우 국회가 폐회 또는 휴회 중일 때에는 조사요구서에 따라 국회의 집회 또는 재개의 요구가 있는 것으로 본다.

④ 조사위원회는 조사의 목적, 조사할 사안의 범위와 조사방법, 조사에 필요한 기간 및 소요경비 등을 기재한 조사계획서를 본회의에 제출하여 승인을 받아 조사를 한다.

⑤ 본회의는 제4항의 조사계획서를 검토한 다음 의결로써 이를 승인하거나 반려한다.

⑥ 조사위원회는 본회의에서 조사계획서가 반려된 경우에는 이를 그대로 본회의에 다시 제출할 수 없다.

**제4조 【조사위원회】** ① 제3조 제3항의 특별위원회는 교섭단체 의원 수의 비율에 따라 구성하여야 한다. 다만, 조사에 참여하기를 거부하는 교섭단체의 의원은 제외할 수 있다.

② 제1항의 특별위원회는 위원장 1명과 각 교섭단체별로 간사 1명을 호선하고 본회의에 보고한다.

③ 조사위원회의 위원장이 사고가 있거나 그 직무를 수행하기를 거부 또는 기피하여 조사위원회가 활동하기 어려운 때에는 위원장이 소속하지 아니하는 교섭단체 소속의 간사 중에서 소속 의원 수가 많은 교섭단체 소속인 간사의 순으로 위원장의 직무를 대행한다.

④ 조사위원회는 의결로써 국회의 폐회 중에도 활동할 수 있고 조사와 관련한 보고 또는 서류 및 해당 기관이 보유한 사진·영상물(이하 "서류등"이라 한다)의 제출을 요구하거나 조사를 위한 증인·감정인·참고인의 출석을 요구하는 경우에는 의장을 경유하지 아니할 수 있다.

★ **제7조 【감사의 대상】** 감사의 대상기관은 다음 각 호와 같다.

1. 「정부조직법」, 그 밖의 법률에 따라 설치된 국가기관
2. 지방자치단체 중 특별시·광역시·도. 다만, 그 감사범위는 국가위임사무와 국가가 보조금 등 예산을 지원하는 사업으로 한다.
3. 「공공기관의 운영에 관한 법률」 제4조에 따른 공공기관, 한국은행, 농업협동조합중앙회, 수산업협동조합중앙회
4. 제1호부터 제3호까지 외의 지방행정기관, 지방자치단체, 「감사원법」에 따른 감사원의 감사대상기관. 이 경우 본회의가 특히 필요하다고 의결한 경우로 한정한다.

**제7조의2 【지방자치단체에 대한 감사】** 지방자치단체에 대한 감사는 둘 이상의 위원회가 합동으로 반을 구성하여 할 수 있다.

**제8조 【감사 또는 조사의 한계】** 감사 또는 조사는 개인의 사생활을 침해하거나 계속 중인 재판 또는 수사 중인 사건의 소추에 관여할 목적으로 행사되어서는 아니 된다.

**제9조 【조사위원회의 활동기간】** ① 조사위원회의 활동기간 연장은 본회의 의결로 할 수 있다.

② 본회의는 조사위원회의 중간보고를 받고 조사를 장기간 계속할 필요가 없다고 인정되는 경우에는 의결로 조사위원회의 활동기간을 단축할 수 있다.

③ 조사계획서에 조사위원회의 활동기간이 확정되지 아니한 경우에는 그 활동기간은 조사위원회의 조사 결과가 본회의에서 의결될 때까지로 한다.

★ **제9조의2【예비조사】** 위원회는 조사를 하기 전에 전문위원이나 그 밖의 국회사무처 소속 직원 또는 조사대상기관의 소속이 아닌 전문가 등으로 하여금 예비조사를 하게 할 수 있다.

**제12조【공개원칙】** 감사 및 조사는 공개한다. 다만, 위원회의 의결로 달리 정할 수 있다.

**제16조【감사 또는 조사 결과에 대한 처리】** ① 국회는 본회의 의결로 감사 또는 조사 결과를 처리한다.

② 국회가 제1항에 따라 감사 결과를 처리하는 경우에는 감사 종료 후 90일 이내에 의결하여야 한다.

③ 국회는 감사 또는 조사 결과 위법하거나 부당한 사항이 있을 때에는 그 정도에 따라 정부 또는 해당 기관에 변상, 징계조치, 제도개선, 예산조정 등 시정을 요구하고, 정부 또는 해당 기관에서 처리함이 타당하다고 인정되는 사항은 정부 또는 해당 기관에 이송한다.

④ 정부 또는 해당 기관은 제3항에 따른 시정요구를 받거나 이송받은 사항을 지체 없이 처리하고 그 결과를 국회에 보고하여야 한다.

⑤ 국회는 제4항에 따른 처리결과보고에 대하여 적절한 조치를 취할 수 있다.

⑥ 국회는 소관 위원회의 활동기한 종료 등의 사유로 제4항에 따른 처리결과보고에 대하여 조치할 위원회가 불분명할 경우 의장이 각 교섭단체 대표의원과 협의하여 지정하는 위원회로 하여금 이를 대신하게 하여야 한다.

출제예상 부속법률

# 국회에서의 증언·감정 등에 관한 법률

**제1조 【목적】** 이 법은 국회에서의 안건심의 또는 국정감사나 국정조사와 관련하여 하는 보고와 서류제출의 요구, 증언·감정 등에 관한 절차를 규정함을 목적으로 한다.

**제2조 【증인출석 등의 의무】** 국회에서 안건심의 또는 국정감사나 국정조사와 관련하여 보고와 서류 및 해당 기관이 보유한 사진·영상물(이하 "서류등"이라 한다)의 제출 요구를 받거나, 증인·참고인으로서 출석이나 감정의 요구를 받은 때에는 이 법에 특별한 규정이 있는 경우를 제외하고는 다른 법률에도 불구하고 누구든지 이에 따라야 한다.

**제3조 【증언 등의 거부】** ① 증인은 「형사소송법」 제148조 또는 제149조에 해당하는 경우에 선서·증언 또는 서류등의 제출을 거부할 수 있다.

② 감정인은 「형사소송법」 제148조에 해당하는 경우에 선서 또는 감정을 거부할 수 있다.

③ 제1항 및 제2항의 거부이유는 소명하여야 한다.

④ 16세 미만의 사람이나 선서의 취지를 이해하지 못하는 사람에게는 선서를 하게 하지 아니한다.

**제4조 【공무상 비밀에 관한 증언·서류등의 제출】** ① 국회로부터 공무원 또는 공무원이었던 사람이 증언의 요구를 받거나, 국가기관이 서류등의 제출을 요구받은 경우에 증언할 사실이나 제출할 서류등의 내용이 직무상 비밀에 속한다는 이유로 증언이나 서류등의 제출을 거부할 수 없다. 다만, 군사·외교·대북 관계의 국가기밀에 관한 사항으로서 그 발표로 말미암아 국가안위에 중대한 영향을 미칠 수 있음이 명백하다고 주무부장관(대통령 및 국무총리의 소속기관에서는 해당 관서의 장)이 증언 등의 요구를 받은 날부터 5일 이내에 소명하는 경우에는 그러하지 아니하다.

② 국회가 제1항 단서의 소명을 수락하지 아니할 경우에는 본회의의 의결로, 폐회 중에는 해당 위원회의 의결로 국회가 요구한 증언 또는 서류등의 제출이 국가의 중대한 이익을 해친다는 취지의 국무총리의 성명을 요구할 수 있다.

③ 국무총리가 제2항의 성명 요구를 받은 날부터 7일 이내에 그 성명을 발표하지 아니하는 경우에는 증언이나 서류등의 제출을 거부할 수 없다.

**제4조의2【서류등의 제출 거부 등에 대한 조치요구】** 국회는 제2조에 따라 서류등의 제출을 요구받은 국가기관이 제4조제1항 단서에 해당하지 아니함에도 이를 거부하거나 거짓으로 제출한 때에는 본회의 또는 해당 위원회의 의결로 주무부장관에 대하여 본회의 또는 위원회에 출석하여 해명하도록 하거나, 관계자에 대한 징계 등 필요한 조치를 요구할 수 있다.

**제6조【증인에 대한 동행명령】** ① 국정감사나 국정조사를 위한 위원회(이하 "위원회"라 한다)는 증인이 정당한 이유 없이 출석하지 아니하는 때에는 그 의결로 해당 증인에 대하여 지정한 장소까지 동행할 것을 명령할 수 있다.

② 제1항의 동행명령을 할 때에는 위원회의 위원장이 동행명령장을 발부한다.

③ 제2항의 동행명령장에는 해당 증인의 성명・주거, 동행명령을 하는 이유, 동행할 장소, 발부연월일, 그 유효기간과 그 기간을 경과하면 집행하지 못하며 동행명령장을 반환하여야 한다는 취지와 동행명령을 받고 거부하면 처벌된다는 취지를 기재하고 위원장이 서명・날인하여야 한다. 이 경우 해당 증인의 성명이 분명하지 아니한 때에는 인상, 체격, 그 밖에 해당 증인을 특정할 수 있는 사항으로 표시할 수 있으며, 주거가 분명하지 아니한 때에는 주거기재를 생략할 수 있다.

④ 동행명령장의 집행은 동행명령장을 해당 증인에게 제시함으로써 한다.

⑤ 동행명령장은 국회사무처 소속 공무원으로 하여금 이를 집행하도록 한다.

⑥ 교도소 또는 구치소(군교도소 또는 군구치소를 포함한다)에 수감 중인 증인에 대한 동행명령장의 집행은 국회사무처 소속 공무원의 위임에 따라 교도관리가 한다.

⑦ 현역군인인 증인이 영내에 있을 때에는 소속 부대장은 국회사무처 소속 공무원의 동행명령장 집행에 협력할 의무가 있다.

★ **제9조【증인의 보호】** ① 국회에서 증언하는 증인은 변호사인 변호인을 대동할 수 있다. 이 경우 변호인은 그 자격을 증명하는 서면을 제출하고, 증인에 대하여 헌법 및 법률상의 권리에 관하여 조언할 수 있다.

② 국회에서 증언하는 증인・참고인이 중계방송 또는 사진보도 등에 응하지 아니한다는 의사를 표명하거나, 특별한 이유로 회의의 비공개를 요구할 때에는 본회의 또는 위원회의 의결로 중계방송 또는 녹음・녹화・사진보도를 금지시키거나 회의의 일부 또는 전부를 공개하지 아니할 수 있다.

③ 국회에서 증인・감정인・참고인으로 조사받은 사람은 이 법에서 정한 처벌을 받는 외에 그 증언・감정・진술로 인하여 어떠한 불이익한 처분도 받지 아니한다.

④ 국회가 국정감사 또는 국정조사 시 작성한 서류 또는 녹취한 녹음테이프 등은 이를 외부에 공표할 수 없다. 다만, 이 법의 위반 여부가 수사 또는 재판의 대상이 된 경우나 증인·감정인·참고인으로서 증언·감정·진술을 한 사람이 그 사본을 요구한 때에는 의장의 승인을 받아 이를 교부할 수 있다.

제13조【국회모욕의 죄】① 증인이 본회의 또는 위원회에 출석하여 증언함에 있어 폭행·협박, 그 밖의 모욕적인 언행으로 국회의 권위를 훼손한 때에는 5년 이하의 징역 또는 1천만원 이상 5천만원 이하의 벌금에 처한다.

② 증인이 동행명령을 거부하거나 고의로 동행명령장의 수령을 회피한 때, 제3자로 하여금 동행명령장의 집행을 방해하도록 한 때에는 5년 이하의 징역에 처한다.

출제예상 부속법률

# 사면법

**제1조【목적】** 이 법은 사면(赦免), 감형(減刑) 및 복권(復權)에 관한 사항을 규정한다.

**제2조【사면의 종류】** 사면은 일반사면과 특별사면으로 구분한다.

**제3조【사면 등의 대상】** 사면, 감형 및 복권의 대상은 다음 각 호와 같다.

1. 일반사면 : 죄를 범한 자
2. 특별사면 및 감형 : 형을 선고받은 자
3. 복권 : 형의 선고로 인하여 법령에 따른 자격이 상실되거나 정지된 자

**제4조【사면규정의 준용】** 행정법규 위반에 대한 범칙(犯則) 또는 과벌(科罰)의 면제와 징계법규에 따른 징계 또는 징벌의 면제에 관하여는 이 법의 사면에 관한 규정을 준용한다.

**제5조【사면 등의 효과】** ① 사면, 감형 및 복권의 효과는 다음 각 호와 같다.

★ 1. 일반사면 : 형 선고의 효력이 상실되며, 형을 선고받지 아니한 자에 대하여는 공소권(公訴權)이 상실된다. 다만, 특별한 규정이 있을 때에는 예외로 한다.
2. 특별사면 : 형의 집행이 면제된다. 다만, 특별한 사정이 있을 때에는 이후 형 선고의 효력을 상실하게 할 수 있다.
3. 일반(一般)에 대한 감형 : 특별한 규정이 없는 경우에는 형을 변경한다.
4. 특정한 자에 대한 감형 : 형의 집행을 경감한다. 다만, 특별한 사정이 있을 때에는 형을 변경할 수 있다.
5. 복권 : 형 선고의 효력으로 인하여 상실되거나 정지된 자격을 회복한다.

② 형의 선고에 따른 기성(旣成)의 효과는 사면, 감형 및 복권으로 인하여 변경되지 아니한다.

**제6조【복권의 제한】** 복권은 형의 집행이 끝나지 아니한 자 또는 집행이 면제되지 아니한 자에 대하여는 하지 아니한다.

**제7조【집행유예를 선고받은 자에 대한 사면 등】** 형의 집행유예를 선고받은 자에 대하여는 형 선고의 효력을 상실하게 하는 특별사면 또는 형을 변경하는 감형을 하거나 그 유예기간을 단축할 수 있다.

**제8조【일반사면 등의 실시】** 일반사면, 죄 또는 형의 종류를 정하여 하는 감형 및 일반에 대한 복권은 대통령령으로 한다. 이 경우 일반사면은 죄의 종류를 정하여 한다.

**제9조【특별사면 등의 실시】** 특별사면, 특정한 자에 대한 감형 및 복권은 대통령이 한다.

**제10조【특별사면 등의 상신】** ① 법무부장관은 대통령에게 특별사면, 특정한 자에 대한 감형 및 복권을 상신(上申)한다.

② 법무부장관은 제1항에 따라 특별사면, 특정한 자에 대한 감형 및 복권을 상신할 때에는 제10조의2에 따른 사면심사위원회의 심사를 거쳐야 한다.

★ **제10조의2【사면심사위원회】** ① 제10조 제1항에 따른 특별사면, 특정한 자에 대한 감형 및 복권 상신의 적정성을 심사하기 위하여 법무부장관 소속으로 사면심사위원회를 둔다.

② 사면심사위원회는 위원장 1명을 포함한 9명의 위원으로 구성한다.

③ 위원장은 법무부장관이 되고, 위원은 법무부장관이 임명하거나 위촉하되, 공무원이 아닌 위원을 4명 이상 위촉하여야 한다.

④ 공무원이 아닌 위원의 임기는 2년으로 하며, 한 차례만 연임할 수 있다.

⑤ 사면심사위원회의 심사과정 및 심사내용의 공개범위와 공개시기는 다음 각 호와 같다. 다만, 제2호 및 제3호의 내용 중 개인의 신상을 특정할 수 있는 부분은 삭제하고 공개하되, 국민의 알권리를 충족할 필요가 있는 등의 사유가 있는 경우에는 사면심사위원회가 달리 의결할 수 있다.

1. 위원의 명단과 경력사항은 임명 또는 위촉한 즉시
2. 심의서는 해당 특별사면 등을 행한 후부터 즉시
3. 회의록은 해당 특별사면 등을 행한 후 5년이 경과한 때부터

⑥ 위원은 사면심사위원회의 업무를 처리하면서 알게 된 비밀을 누설하여서는 아니 된다.

⑦ 위원은 「형법」이나 그 밖의 법률에 따른 벌칙을 적용할 때에는 공무원으로 본다.

⑧ 제1항부터 제7항까지에서 규정한 사항 외에 사면심사위원회에 관하여 필요한 사항은 법무부령으로 정한다.

**제11조【특별사면 등 상신의 신청】** 검찰총장은 직권으로 또는 형의 집행을 지휘한 검찰청 검사의 보고 또는 수형자가 수감되어 있는 교정시설의 장의 보고에 의하여 법무부장관에게 특별사면 또는 특정한 자에 대한 감형을 상신할 것을 신청할 수 있다.

**제12조【특별사면 등의 제청】** ① 형의 집행을 지휘한 검찰청의 검사와 수형자가 수감되어 있는 교정시설의 장이 특별사면 또는 특정한 자에 대한 감형을 제청하려는 경우에는 제14조에 따른 서류를 첨부하고 제청 사유를 기재한 보고서를 검찰총장에게 제출하여야 한다.

② 교정시설의 장이 제1항의 보고서를 제출하는 경우에는 형의 집행을 지휘한 검찰청의 검사를 거쳐야 한다.

**제15조【복권 상신의 신청】** ① 검찰총장은 직권으로 또는 형의 집행을 지휘한 검찰청 검사의 보고 또는 사건 본인의 출원(出願)에 의하여 법무부장관에게 특정한 자에 대한 복권을 상신할 것을 신청할 수 있다.

② 제1항에 따른 상신의 신청은 형의 집행이 끝난 날 또는 집행이 면제된 날부터 3년이 지나지 아니하면 하지 못한다.

출제예상 부속법률

# 계엄법

**제1조 【목적】** 이 법은 계엄(戒嚴)의 선포와 그 시행 및 해제 등에 필요한 사항을 정함을 목적으로 한다.

**제2조 【계엄의 종류와 선포 등】** ① 계엄은 비상계엄과 경비계엄으로 구분한다.

② 비상계엄은 대통령이 전시·사변 또는 이에 준하는 국가비상사태 시 적과 교전(交戰) 상태에 있거나 사회질서가 극도로 교란(攪亂)되어 행정 및 사법(司法) 기능의 수행이 현저히 곤란한 경우에 군사상 필요에 따르거나 공공의 안녕질서를 유지하기 위하여 선포한다.

③ 경비계엄은 대통령이 전시·사변 또는 이에 준하는 국가비상사태 시 사회질서가 교란되어 일반 행정기관만으로는 치안을 확보할 수 없는 경우에 공공의 안녕질서를 유지하기 위하여 선포한다.

④ 대통령은 계엄의 종류, 시행지역 또는 계엄사령관을 변경할 수 있다.

⑤ 대통령이 계엄을 선포하거나 변경하고자 할 때에는 국무회의의 심의를 거쳐야 한다.

⑥ 국방부장관 또는 행정안전부장관은 제2항 또는 제3항에 해당하는 사유가 발생한 경우에는 국무총리를 거쳐 대통령에게 계엄의 선포를 건의할 수 있다.

★ **제4조 【계엄 선포의 통고】** ① 대통령이 계엄을 선포하였을 때에는 지체 없이 국회에 통고(通告)하여야 한다.

② 제1항의 경우에 국회가 폐회 중일 때에는 대통령은 지체 없이 국회에 집회(集會)를 요구하여야 한다.

**제6조 【계엄사령관에 대한 지휘·감독】** ① 계엄사령관은 계엄의 시행에 관하여 국방부장관의 지휘·감독을 받는다. 다만, 전국을 계엄지역으로 하는 경우와 대통령이 직접 지휘·감독을 할 필요가 있는 경우에는 대통령의 지휘·감독을 받는다.

② 제1항에 따라 계엄사령관을 지휘·감독할 때 국가 정책에 관계되는 사항은 국무회의의 심의를 거쳐야 한다.

**제7조 【계엄사령관의 관장사항】** ① 비상계엄의 선포와 동시에 계엄사령관은 계엄지역의 모든 행정사무와 사법사무를 관장한다.

② 경비계엄의 선포와 동시에 계엄사령관은 계엄지역의 군사에 관한 행정사무와 사법사무를 관장한다.

**제8조【계엄사령관의 지휘·감독】** ① 계엄지역의 행정기관(정보 및 보안 업무를 관장하는 기관을 포함한다. 이하 같다) 및 사법기관은 지체 없이 계엄사령관의 지휘·감독을 받아야 한다.

② 계엄사령관이 계엄지역의 행정기관 및 사법기관을 지휘·감독할 때 그 지역이 1개의 행정구역에 국한될 때에는 그 구역의 최고책임자를 통하여 하고, 2개 이상의 행정구역에 해당될 때에는 해당 구역의 최고책임자 또는 주무부처의 장(법원의 경우에는 법원행정처장)을 통하여 하여야 한다.

★ **제9조【계엄사령관의 특별조치권】** ① 비상계엄지역에서 계엄사령관은 군사상 필요할 때에는 체포·구금(拘禁)·압수·수색·거주·이전·언론·출판·집회·결사 또는 단체행동에 대하여 특별한 조치를 할 수 있다. 이 경우 계엄사령관은 그 조치내용을 미리 공고하여야 한다.

② 비상계엄지역에서 계엄사령관은 법률에서 정하는 바에 따라 동원(動員) 또는 징발을 할 수 있으며, 필요한 경우에는 군수(軍需)로 제공할 물품의 조사·등록과 반출금지를 명할 수 있다.

③ 비상계엄지역에서 계엄사령관은 작전상 부득이한 경우에는 국민의 재산을 파괴 또는 소각(燒却)할 수 있다.

④ 계엄사령관이 제3항에 따라 국민의 재산을 파괴 또는 소각하려는 경우에는 미리 그 사유, 지역, 대상 등 필요한 사항을 그 재산의 소재지를 관할하는 행정기관과 그 재산의 소유자, 점유자 또는 관리자에게 통보하거나 공고하여야 한다.

**제10조【비상계엄하의 군사법원 재판권】** ① 비상계엄지역에서 제14조 또는 다음 각 호의 어느 하나에 해당하는 죄를 범한 사람에 대한 재판은 군사법원이 한다. 다만, 계엄사령관은 필요한 경우에는 해당 관할법원이 재판하게 할 수 있다.

1. 내란(內亂)의 죄
2. 외환(外患)의 죄
3. 국교(國交)에 관한 죄
4. 공안(公安)을 해치는 죄
5. 폭발물에 관한 죄
6. 공무방해(公務妨害)에 관한 죄
7. 방화(放火)의 죄
8. 통화(通貨)에 관한 죄

9. 살인의 죄

10. 강도의 죄

11. 「국가보안법」에 규정된 죄

12. 「총포ㆍ도검ㆍ화약류 등의 안전관리에 관한 법률」에 규정된 죄

13. 군사상 필요에 의하여 제정한 법령에 규정된 죄

② 비상계엄지역에 법원이 없거나 해당 관할법원과의 교통이 차단된 경우에는 제1항에도 불구하고 모든 형사사건에 대한 재판은 군사법원이 한다.

**제11조【계엄의 해제】** ① 대통령은 제2조 제2항 또는 제3항에 따른 계엄 상황이 평상상태로 회복되거나 국회가 계엄의 해제를 요구한 경우에는 지체 없이 계엄을 해제하고 이를 공고하여야 한다.

② 대통령이 제1항에 따라 계엄을 해제하려는 경우에는 국무회의의 심의를 거쳐야 한다.

③ 국방부장관 또는 행정안전부장관은 제2조 제2항 또는 제3항에 따른 계엄 상황이 평상상태로 회복된 경우에는 국무총리를 거쳐 대통령에게 계엄의 해제를 건의할 수 있다.

**제12조【행정ㆍ사법 사무의 평상화】** ① 계엄이 해제된 날부터 모든 행정사무와 사법사무는 평상상태로 복귀한다.

② 비상계엄 시행 중 제10조에 따라 군사법원에 계속(係屬) 중인 재판사건의 관할은 비상계엄 해제와 동시에 일반법원에 속한다. 다만, 대통령이 필요하다고 인정할 때에는 군사법원의 재판권을 1개월의 범위에서 연기할 수 있다.

**제13조【국회의원의 불체포특권】** 계엄 시행 중 국회의원은 현행범인인 경우를 제외하고는 체포 또는 구금되지 아니한다.

출제예상 부속법률

# 전직대통령 예우에 관한 법률

제1조 【목적】 이 법은 전직대통령(前職大統領)의 예우에 관한 사항을 규정함을 목적으로 한다.

제2조 【정의】 이 법에서 "전직대통령"이란 헌법에서 정하는 바에 따라 대통령으로 선출되어 재직하였던 사람을 말한다.

제3조 【적용 범위】 이 법은 전직대통령 또는 그 유족에 대하여 적용한다.

★ 제4조 【연금】 ① 전직대통령에게는 연금을 지급한다.

② 제1항에 따른 연금 지급액은 지급 당시의 대통령 보수연액(報酬年額)의 100분의 95에 상당하는 금액으로 한다.

제5조 【유족에 대한 연금】 ① 전직대통령의 유족 중 배우자에게는 유족연금을 지급하며, 그 연금액은 지급 당시의 대통령 보수연액의 100분의 70에 상당하는 금액으로 한다.

② 전직대통령의 유족 중 배우자가 없거나 제1항에 따라 유족연금을 받던 배우자가 사망한 경우에는 그 연금을 전직대통령의 30세 미만인 유자녀(遺子女)와 30세 이상인 유자녀로서 생계능력이 없는 사람에게 지급하되, 지급 대상자가 여러 명인 경우에는 그 연금을 균등하게 나누어 지급한다.

★ 제7조 【권리의 정지 및 제외 등】 ① 이 법의 적용 대상자가 공무원에 취임한 경우에는 그 기간 동안 제4조 및 제5조에 따른 연금의 지급을 정지한다.

② 전직대통령이 다음 각 호의 어느 하나에 해당하는 경우에는 제6조 제4항 제1호에 따른 예우를 제외하고는 이 법에 따른 전직대통령으로서의 예우를 하지 아니한다.

1. 재직 중 탄핵결정을 받아 퇴임한 경우
2. 금고 이상의 형이 확정된 경우
3. 형사처분을 회피할 목적으로 외국정부에 도피처 또는 보호를 요청한 경우
4. 대한민국의 국적을 상실한 경우

출제예상 부속법률

# 정부조직법

## 제1장 총 칙

제1조 【목적】 이 법은 국가행정사무의 체계적이고 능률적인 수행을 위하여 국가행정기관의 설치・조직과 직무범위의 대강을 정함을 목적으로 한다.

제10조 【정부위원】 국무조정실의 실장 및 차장, 부・처・청의 처장・차관・청장・차장・실장・국장 및 차관보와 제29조제2항・제34조제3항 및 제38조제2항에 따라 과학기술정보통신부・행정안전부 및 산업통상자원부에 두는 본부장은 정부위원이 된다.

## 제2장 대통령

제11조 【대통령의 행정감독권】 ① 대통령은 정부의 수반으로서 법령에 따라 모든 중앙행정기관의 장을 지휘・감독한다.

② 대통령은 국무총리와 중앙행정기관의 장의 명령이나 처분이 위법 또는 부당하다고 인정하면 이를 중지 또는 취소할 수 있다.

제12조 【국무회의】 ① 대통령은 국무회의 의장으로서 회의를 소집하고 이를 주재한다.

② 의장이 사고로 직무를 수행할 수 없는 경우에는 부의장인 국무총리가 그 직무를 대행하고, 의장과 부의장이 모두 사고로 직무를 수행할 수 없는 경우에는 기획재정부장관이 겸임하는 부총리, 교육부장관이 겸임하는 부총리 및 제26조제1항에 규정된 순서에 따라 국무위원이 그 직무를 대행한다. 〈개정 2014. 11. 19.〉

③ 국무위원은 정무직으로 하며 의장에게 의안을 제출하고 국무회의의 소집을 요구할 수 있다.

④ 국무회의의 운영에 관하여 필요한 사항은 대통령령으로 정한다.

제13조 【국무회의의 출석권 및 의안제출】 ① 국무조정실장・인사혁신처장・법제처장・식품의약품안전처장 그 밖에 법률로 정하는 공무원은 필요한 경우 국무회의에 출석하여 발언할 수 있다. 〈개정 2014. 11. 19., 2017. 7. 26., 2023. 3. 4.〉

② 제1항에 규정된 공무원은 소관사무에 관하여 국무총리에게 의안의 제출을 건의할 수 있다.

제14조 【대통령비서실】 ① 대통령의 직무를 보좌하기 위하여 대통령비서실을 둔다.
② 대통령비서실에 실장 1명을 두되, 실장은 정무직으로 한다.

제15조 【국가안보실】 ① 국가안보에 관한 대통령의 직무를 보좌하기 위하여 국가안보실을 둔다.
② 국가안보실에 실장 1명을 두되, 실장은 정무직으로 한다.

제16조 【대통령경호처】 ① 대통령 등의 경호를 담당하기 위하여 대통령경호처를 둔다. 〈개정 2017. 7. 26.〉
② 대통령경호처에 처장 1명을 두되, 처장은 정무직으로 한다. 〈개정 2017. 7. 26.〉
③ 대통령경호처의 조직・직무범위 그 밖에 필요한 사항은 따로 법률로 정한다. 〈개정 2017. 7. 26.〉
[제목개정 2017. 7. 26.]

제17조 【국가정보원】 ① 국가안전보장에 관련되는 정보 및 보안에 관한 사무를 담당하기 위하여 대통령 소속으로 국가정보원을 둔다. 〈개정 2020. 12. 15.〉
② 국가정보원의 조직・직무범위 그 밖에 필요한 사항은 따로 법률로 정한다.

## 제3장 국무총리

제18조 【국무총리의 행정감독권】 ① 국무총리는 대통령의 명을 받아 각 중앙행정기관의 장을 지휘・감독한다.
② 국무총리는 중앙행정기관의 장의 명령이나 처분이 위법 또는 부당하다고 인정될 경우에는 대통령의 승인을 받아 이를 중지 또는 취소할 수 있다.

제19조 【부총리】 ① 국무총리가 특별히 위임하는 사무를 수행하기 위하여 부총리 2명을 둔다. 〈개정 2014. 11. 19.〉
② 부총리는 국무위원으로 보한다.
③ 부총리는 기획재정부장관과 교육부장관이 각각 겸임한다. 〈개정 2014. 11. 19.〉
④ 기획재정부장관은 경제정책에 관하여 국무총리의 명을 받아 관계 중앙행정기관을 총괄・조정한다. 〈신설 2014. 11. 19.〉
⑤ 교육부장관은 교육・사회 및 문화 정책에 관하여 국무총리의 명을 받아 관계 중앙행정기관을 총괄・조정한다. 〈신설 2014. 11. 19.〉

제20조 【국무조정실】 ① 각 중앙행정기관의 행정의 지휘·감독, 정책 조정 및 사회위험·갈등의 관리, 정부업무평가 및 규제개혁에 관하여 국무총리를 보좌하기 위하여 국무조정실을 둔다.

② 국무조정실에 실장 1명을 두되, 실장은 정무직으로 한다.

③ 국무조정실에 차장 2명을 두되, 차장은 정무직으로 한다.

제21조 【국무총리비서실】 ① 국무총리의 직무를 보좌하기 위하여 국무총리비서실을 둔다.

② 국무총리비서실에 실장 1명을 두되, 실장은 정무직으로 한다.

제22조 【국무총리의 직무대행】 국무총리가 사고로 직무를 수행할 수 없는 경우에는 기획재정부장관이 겸임하는 부총리, 교육부장관이 겸임하는 부총리의 순으로 직무를 대행하고, 국무총리와 부총리가 모두 사고로 직무를 수행할 수 없는 경우에는 대통령의 지명이 있으면 그 지명을 받은 국무위원이, 지명이 없는 경우에는 제26조제1항에 규정된 순서에 따른 국무위원이 그 직무를 대행한다. 〈개정 2014. 11. 19.〉

제22조의2 삭제 〈2023. 3. 4.〉

제22조의3 【인사혁신처】 ① 공무원의 인사·윤리·복무 및 연금에 관한 사무를 관장하기 위하여 국무총리 소속으로 인사혁신처를 둔다.

② 인사혁신처에 처장 1명과 차장 1명을 두되, 처장은 정무직으로 하고, 차장은 고위공무원단에 속하는 일반직공무원으로 보한다.

[본조신설 2014. 11. 19.]

제23조 【법제처】 ① 국무회의에 상정될 법령안·조약안과 총리령안 및 부령안의 심사와 그 밖에 법제에 관한 사무를 전문적으로 관장하기 위하여 국무총리 소속으로 법제처를 둔다.

② 법제처에 처장 1명과 차장 1명을 두되, 처장은 정무직으로 하고, 차장은 고위공무원단에 속하는 일반직공무원으로 보한다. 〈개정 2013. 12. 24.〉

제24조 삭제 〈2017. 7. 26.〉

제25조 【식품의약품안전처】 ① 식품 및 의약품의 안전에 관한 사무를 관장하기 위하여 국무총리 소속으로 식품의약품안전처를 둔다.

② 식품의약품안전처에 처장 1명과 차장 1명을 두되, 처장은 정무직으로 하고, 차장은 고위공무원단에 속하는 일반직공무원으로 보한다. 〈개정 2013. 12. 24.〉

## 제4장 행정각부

제26조【행정각부】① 대통령의 통할하에 다음의 행정각부를 둔다. 〈개정 2014. 11. 19., 2017. 7. 26., 2023. 3. 4.〉

1. 기획재정부
2. 교육부
3. 과학기술정보통신부
4. 외교부
5. 통일부
6. 법무부
7. 국방부
8. 행정안전부
9. 국가보훈부
10. 문화체육관광부
11. 농림축산식품부
12. 산업통상자원부
13. 보건복지부
14. 환경부
15. 고용노동부
16. 여성가족부
17. 국토교통부
18. 해양수산부
19. 중소벤처기업부

② 행정각부에 장관 1명과 차관 1명을 두되, 장관은 국무위원으로 보하고, 차관은 정무직으로 한다. 다만, 기획재정부・과학기술정보통신부・외교부・문화체육관광부・산업통상자원부・보건복지부・국토교통부에는 차관 2명을 둔다. 〈개정 2014. 11. 19., 2017. 7. 26., 2020. 8. 11., 2021. 7. 8.〉

③ 장관은 소관사무에 관하여 지방행정의 장을 지휘・감독한다.

제27조【기획재정부】① 기획재정부장관은 중장기 국가발전전략수립, 경제・재정정책의 수립・총괄・조정, 예산・기금의 편성・집행・성과관리, 화폐・외환・국고・정부회계

・내국세제・관세・국제금융, 공공기관 관리, 경제협력・국유재산・민간투자 및 국가채무에 관한 사무를 관장한다.

② 기획재정부에 차관보 1명을 둘 수 있다.

③ 내국세의 부과・감면 및 징수에 관한 사무를 관장하기 위하여 기획재정부장관 소속으로 국세청을 둔다.

④ 국세청에 청장 1명과 차장 1명을 두되, 청장은 정무직으로 하고, 차장은 고위공무원단에 속하는 일반직공무원으로 보한다. 〈개정 2013. 12. 24.〉

⑤ 관세의 부과・감면 및 징수와 수출입물품의 통관 및 밀수출입단속에 관한 사무를 관장하기 위하여 기획재정부장관 소속으로 관세청을 둔다.

⑥ 관세청에 청장 1명과 차장 1명을 두되, 청장은 정무직으로 하고, 차장은 고위공무원단에 속하는 일반직공무원으로 보한다. 〈개정 2013. 12. 24.〉

⑦ 정부가 행하는 물자(군수품을 제외한다)의 구매・공급 및 관리에 관한 사무와 정부의 주요시설공사계약에 관한 사무를 관장하기 위하여 기획재정부장관 소속으로 조달청을 둔다.

⑧ 조달청에 청장 1명과 차장 1명을 두되, 청장은 정무직으로 하고, 차장은 고위공무원단에 속하는 일반직공무원으로 보한다. 〈개정 2013. 12. 24.〉

⑨ 통계의 기준설정과 인구조사 및 각종 통계에 관한 사무를 관장하기 위하여 기획재정부장관 소속으로 통계청을 둔다.

⑩ 통계청에 청장 1명과 차장 1명을 두되, 청장은 정무직으로 하고, 차장은 고위공무원단에 속하는 일반직공무원으로 보한다. 〈개정 2013. 12. 24.〉

**제28조【교육부】** ① 교육부장관은 인적자원개발정책, 영・유아 보육・교육, 학교교육・평생교육, 학술에 관한 사무를 관장한다. 〈개정 2023. 12. 26.〉

② 교육부에 차관보 1명을 둘 수 있다.

[제29조에서 이동, 종전 제28조는 제29조로 이동 〈2014. 11. 19.〉]

**제29조【과학기술정보통신부】** ① 과학기술정보통신부장관은 과학기술정책의 수립・총괄・조정・평가, 과학기술의 연구개발・협력・진흥, 과학기술인력 양성, 원자력 연구・개발・생산・이용, 국가정보화 기획・정보보호・정보문화, 방송・통신의 융합・진흥 및 전파관리, 정보통신산업, 우편・우편환 및 우편대체에 관한 사무를 관장한다. 〈개정 2017. 7. 26.〉

② 과학기술정보통신부에 과학기술혁신사무를 담당하는 본부장 1명을 두되, 본부장은 정무직으로 한다. 〈신설 2017. 7. 26.〉

[제목개정 2017. 7. 26.]

[제28조에서 이동, 종전 제29조는 제28조로 이동 〈2014. 11. 19.〉]

**제30조【외교부】** ① 외교부장관은 외교, 경제외교 및 국제경제협력외교, 국제관계 업무에 관한 조정, 조약 기타 국제협정, 재외국민의 보호·지원, 국제정세의 조사·분석에 관한 사무를 관장한다. 〈개정 2023. 3. 4.〉

② 외교부에 차관보 1명을 둘 수 있다.

③ 재외동포에 관한 사무를 관장하기 위하여 외교부장관 소속으로 재외동포청을 둔다. 〈신설 2023. 3. 4.〉

④ 재외동포청에 청장 1명과 차장 1명을 두되, 청장은 정무직으로 하고, 차장은 고위공무원단에 속하는 일반직공무원 또는 외무공무원으로 보한다. 〈신설 2023. 3. 4.〉

**제31조【통일부】** 통일부장관은 통일 및 남북대화·교류·협력에 관한 정책의 수립, 통일교육, 그 밖에 통일에 관한 사무를 관장한다.

**제32조【법무부】** ① 법무부장관은 검찰·행형·인권옹호·출입국관리 그 밖에 법무에 관한 사무를 관장한다.

② 검사에 관한 사무를 관장하기 위하여 법무부장관 소속으로 검찰청을 둔다.

③ 검찰청의 조직·직무범위 그 밖에 필요한 사항은 따로 법률로 정한다.

**제33조【국방부】** ① 국방부장관은 국방에 관련된 군정 및 군령과 그 밖에 군사에 관한 사무를 관장한다.

② 국방부에 차관보 1명을 둘 수 있다.

③ 징집·소집 그 밖에 병무행정에 관한 사무를 관장하기 위하여 국방부장관 소속으로 병무청을 둔다.

④ 병무청에 청장 1명과 차장 1명을 두되, 청장은 정무직으로 하고, 차장은 고위공무원단에 속하는 일반직공무원으로 보한다. 〈개정 2013. 12. 24.〉

⑤ 방위력 개선사업, 군수물자 조달 및 방위산업 육성에 관한 사무를 관장하기 위하여 국방부장관 소속으로 방위사업청을 둔다.

⑥ 방위사업청에 청장 1명과 차장 1명을 두되, 청장은 정무직으로 하고, 차장은 고위공무원단에 속하는 일반직공무원으로 보한다. 〈개정 2013. 12. 24.〉

第34조 【행정안전부】 ① 행정안전부장관은 국무회의의 서무, 법령 및 조약의 공포, 정부조직과 정원, 상훈, 정부혁신, 행정능률, 전자정부, 정부청사의 관리, 지방자치제도, 지방자치단체의 사무지원 · 재정 · 세제, 낙후지역 등 지원, 지방자치단체간 분쟁조정, 선거 · 국민투표의 지원, 안전 및 재난에 관한 정책의 수립 · 총괄 · 조정, 비상대비, 민방위 및 방재에 관한 사무를 관장한다. 〈개정 2014. 11. 19., 2017. 7. 26., 2020. 2. 4.〉

② 국가의 행정사무로서 다른 중앙행정기관의 소관에 속하지 아니하는 사무는 행정안전부장관이 이를 처리한다. 〈개정 2014. 11. 19., 2017. 7. 26.〉

③ 행정안전부에 재난안전관리사무를 담당하는 본부장 1명을 두되, 본부장은 정무직으로 한다. 〈신설 2017. 7. 26.〉

④ 행정안전부에 차관보 1명을 둘 수 있다. 〈개정 2014. 11. 19., 2017. 7. 26.〉

⑤ 치안에 관한 사무를 관장하기 위하여 행정안전부장관 소속으로 경찰청을 둔다.
〈개정 2014. 11. 19., 2017. 7. 26.〉

⑥ 경찰청의 조직 · 직무범위 그 밖에 필요한 사항은 따로 법률로 정한다.
〈개정 2017. 7. 26.〉

⑦ 소방에 관한 사무를 관장하기 위하여 행정안전부장관 소속으로 소방청을 둔다.
〈신설 2017. 7. 26.〉

⑧ 소방청에 청장 1명과 차장 1명을 두되, 청장 및 차장은 소방공무원으로 보한다.
〈신설 2017. 7. 26.〉

[제목개정 2017. 7. 26.]

第35조 【국가보훈부】 국가보훈부장관은 국가유공자 및 그 유족에 대한 보훈, 제대군인의 보상 · 보호, 보훈선양에 관한 사무를 관장한다.

[본조신설 2023. 3. 4.]

[종전 제35조는 제36조로 이동 〈2023. 3. 4.〉]

第36조 【문화체육관광부】 ① 문화체육관광부장관은 문화 · 예술 · 영상 · 광고 · 출판 · 간행물 · 체육 · 관광, 국정에 대한 홍보 및 정부발표에 관한 사무를 관장한다.

② 문화체육관광부에 차관보 1명을 둘 수 있다.

③ 국가유산에 관한 사무를 관장하기 위하여 문화체육관광부장관 소속으로 국가유산청을 둔다. 〈개정 2024. 2. 13.〉

④ 국가유산청에 청장 1명과 차장 1명을 두되, 청장은 정무직으로 하고, 차장은 고위공무원단에 속하는 일반직공무원으로 보한다. 〈개정 2013. 12. 24., 2024. 2. 13.〉

[제35조에서 이동, 종전 제36조는 제37조로 이동 〈2023. 3. 4.〉]

**제37조【농림축산식품부】** ① 농림축산식품부장관은 농산・축산, 식량・농지・수리, 식품산업진흥, 농촌개발 및 농산물 유통에 관한 사무를 관장한다.

② 농림축산식품부에 차관보 1명을 둘 수 있다.

③ 농촌진흥에 관한 사무를 관장하기 위하여 농림축산식품부장관 소속으로 농촌진흥청을 둔다.

④ 농촌진흥청에 청장 1명과 차장 1명을 두되, 청장은 정무직으로 하고, 차장은 고위공무원단에 속하는 일반직공무원으로 보한다. 〈개정 2013. 12. 24.〉

⑤ 산림에 관한 사무를 관장하기 위하여 농림축산식품부장관 소속으로 산림청을 둔다.

⑥ 산림청에 청장 1명과 차장 1명을 두되, 청장은 정무직으로 하고, 차장은 고위공무원단에 속하는 일반직공무원으로 보한다. 〈개정 2013. 12. 24.〉

[제36조에서 이동, 종전 제37조는 제38조로 이동 〈2023. 3. 4.〉]

**제38조【산업통상자원부】** ① 산업통상자원부장관은 상업・무역・공업・통상, 통상교섭 및 통상교섭에 관한 총괄・조정, 외국인 투자, 중견기업, 산업기술 연구개발정책 및 에너지・지하자원에 관한 사무를 관장한다. 〈개정 2017. 7. 26.〉

② 산업통상자원부에 통상교섭사무를 담당하는 본부장 1명을 두되, 본부장은 정무직으로 한다. 〈개정 2017. 7. 26.〉

③ 산업통상자원부에 차관보 1명을 둘 수 있다. 〈개정 2017. 7. 26.〉

④ 특허・실용신안・디자인 및 상표에 관한 사무와 이에 대한 심사・심판사무를 관장하기 위하여 산업통상자원부장관 소속으로 특허청을 둔다. 〈개정 2017. 7. 26.〉

⑤ 특허청에 청장 1명과 차장 1명을 두되, 청장은 정무직으로 하고, 차장은 고위공무원단에 속하는 일반직공무원으로 보한다. 〈개정 2013. 12. 24., 2017. 7. 26.〉

[제37조에서 이동, 종전 제38조는 제39조로 이동 〈2023. 3. 4.〉]

**제39조【보건복지부】** ① 보건복지부장관은 생활보호・자활지원・사회보장・아동(영・유아 보육은 제외한다)・노인・장애인・보건위생・의정(醫政) 및 약정(藥政)에 관한 사무를 관장한다. 〈개정 2023. 12. 26.〉

② 방역・검역 등 감염병에 관한 사무 및 각종 질병에 관한 조사・시험・연구에 관한 사무를 관장하기 위하여 보건복지부장관 소속으로 질병관리청을 둔다.

③ 질병관리청에 청장 1명과 차장 1명을 두되, 청장은 정무직으로 하고, 차장은 고위공무원단에 속하는 일반직공무원으로 보한다.

[전문개정 2020. 8. 11.]

[제38조에서 이동, 종전 제39조는 제40조로 이동 〈2023. 3. 4.〉]

**제40조【환경부】** ① 환경부장관은 자연환경, 생활환경의 보전, 환경오염방지, 수자원의 보전·이용·개발 및 하천에 관한 사무를 관장한다. 〈개정 2018. 6. 8., 2020. 12. 31.〉

② 기상에 관한 사무를 관장하기 위하여 환경부장관 소속으로 기상청을 둔다.

③ 기상청에 청장 1명과 차장 1명을 두되, 청장은 정무직으로 하고, 차장은 고위공무원단에 속하는 일반직공무원으로 보한다. 〈개정 2013. 12. 24.〉

[제39조에서 이동, 종전 제40조는 제41조로 이동 〈2023. 3. 4.〉]

**제41조【고용노동부】** 고용노동부장관은 고용정책의 총괄, 고용보험, 직업능력개발훈련, 근로조건의 기준, 근로자의 복지후생, 노사관계의 조정, 산업안전보건, 산업재해보상보험과 그 밖에 고용과 노동에 관한 사무를 관장한다.

[제40조에서 이동, 종전 제41조는 제42조로 이동 〈2023. 3. 4.〉]

**제42조【여성가족부】** 여성가족부장관은 여성정책의 기획·종합, 여성의 권익증진 등 지위향상, 청소년 및 가족(다문화가족과 건강가정사업을 위한 아동업무를 포함한다)에 관한 사무를 관장한다.

[제41조에서 이동, 종전 제42조는 제43조로 이동 〈2023. 3. 4.〉]

**제43조【국토교통부】** ① 국토교통부장관은 국토종합계획의 수립·조정, 국토의 보전·이용 및 개발, 도시·도로 및 주택의 건설, 해안 및 간척, 육운·철도 및 항공에 관한 사무를 관장한다. 〈개정 2018. 6. 8., 2020. 12. 31.〉

② 국토교통부에 차관보 1명을 둘 수 있다.

[제42조에서 이동, 종전 제43조는 제44조로 이동 〈2023. 3. 4.〉]

**제44조【해양수산부】** ① 해양수산부장관은 해양정책, 수산, 어촌개발 및 수산물 유통, 해운·항만, 해양환경, 해양조사, 해양수산자원개발, 해양과학기술연구·개발 및 해양안전심판에 관한 사무를 관장한다. 〈개정 2017. 4. 18.〉

② 해양에서의 경찰 및 오염방제에 관한 사무를 관장하기 위하여 해양수산부장관 소속으로 해양경찰청을 둔다. 〈신설 2017. 7. 26.〉

③ 해양경찰청에 청장 1명과 차장 1명을 두되, 청장 및 차장은 경찰공무원으로 보한다.

**제45조(중소벤처기업부)** 중소벤처기업부장관은 중소기업 정책의 기획·종합, 중소기업의 보호·육성, 창업·벤처기업의 지원, 대·중소기업 간 협력 및 소상공인에 대한 보호·지원에 관한 사무를 관장한다.

출제예상 부속법률

# 감사원법

## 제1장 조 직

### 제1절 총칙

제1조 【목적】 이 법은 감사원의 조직, 직무 범위, 감사위원의 임용자격, 감사 대상 기관 및 공무원의 범위와 그 밖에 필요한 사항을 규정함을 목적으로 한다.

★ 제2조 【지위】 ① 감사원은 대통령에 소속하되, 직무에 관하여는 독립의 지위를 가진다.

② 감사원 소속 공무원의 임용, 조직 및 예산의 편성에 있어서는 감사원의 독립성이 최대한 존중되어야 한다.

제3조 【구성】 감사원은 감사원장(이하 "원장"이라 한다)을 포함한 7명의 감사위원으로 구성한다.

★ 제4조 【원장】 ① 원장은 국회의 동의를 받아 대통령이 임명한다.

② 원장은 감사원을 대표하며 소속 공무원을 지휘하고 감독한다.

③ 원장이 궐위(闕位)되거나 사고(事故)로 인하여 직무를 수행할 수 없을 때에는 감사위원으로 최장기간 재직한 감사위원이 그 권한을 대행한다. 다만, 재직기간이 같은 감사위원이 2명 이상인 경우에는 연장자가 그 권한을 대행한다.

④ 원장의 자문에 응하게 하기 위하여 감사원에 자문기관을 둘 수 있다.

⑤ 제4항에 따른 자문기관의 구성 및 운영에 관한 사항은 감사원규칙으로 정한다.

### 제2절 감사위원

★ 제5조 【임명 및 보수】 ① 감사위원은 원장의 제청으로 대통령이 임명한다.

② 감사위원은 정무직으로 하고 그 보수는 차관의 보수와 같은 액수로 한다. 다만, 원장인 감사위원의 보수는 국무총리의 보수와 국무위원의 보수의 범위에서 대통령령으로 정한다.

★ 제6조 【임기 및 정년】 ① 감사위원의 임기는 4년으로 한다.

② 감사위원의 정년은 65세로 한다. 다만, 원장인 감사위원의 정년은 70세로 한다.

제9조 【겸직 등의 금지】 감사위원은 재직 중 다음 각 호의 어느 하나의 직을 겸하거나 영리를 목적으로 하는 사업을 할 수 없다.

1. 국회 또는 지방의회의 의원의 직
2. 행정부서의 공무원의 직
3. 이 법에 따라 감사의 대상이 되는 단체의 임직원의 직
4. 그 밖에 보수를 받는 직

제10조 【정치운동의 금지】 감사위원은 정당에 가입하거나 정치운동에 관여할 수 없다.

## 제3절 감사위원회의

제11조 【의장 및 의결】 ① 감사위원회의는 원장을 포함한 감사위원 전원으로 구성하며, 원장이 의장이 된다.

② 감사위원회의는 재적 감사위원 과반수의 찬성으로 의결한다.

제12조 【의결사항】 ① 다음 각 호의 사항은 감사위원회의에서 결정한다.

1. 감사원의 감사정책 및 주요 감사계획에 관한 사항
2. 제21조에 따른 결산의 확인에 관한 사항
3. 제31조에 따른 변상책임의 판정에 관한 사항
4. 제32조에 따른 징계 및 문책 처분의 요구에 관한 사항
5. 제33조에 따른 시정 등의 요구에 관한 사항
6. 제34조에 따른 개선 요구에 관한 사항
7. 제34조의2제1항에 따른 권고 등에 관한 사항
8. 제36조 · 제38조 및 제39조에 따른 재심의에 관한 사항
9. 제41조에 따른 결산검사보고 및 제42조에 따른 중요 감사 결과 등 보고에 관한 사항
10. 제46조에 따른 심사청구결정에 관한 사항
11. 제49조에 따른 의견 표시 등에 관한 사항
12. 감사원규칙의 제정 및 개정 · 폐지에 관한 사항
13. 감사원의 예산 요구 및 결산에 관한 사항
14. 제28조에 따른 감사의 생략에 관한 사항
15. 제50조의2에 따른 감사사무의 대행에 관한 사항

16. 그 밖에 원장이 회의에 부친 사항

② 제1항 제5호・제7호・제8호・제10호 및 제11호의 사항 중 경미한 것으로서 감사원규칙으로 정하는 사항은 원장이 처리한다.

제12조의2【분과위원회 등】① 감사위원회의에는 분과위원회 및 소위원회를 둘 수 있다.

② 제1항에 따른 분과위원회 및 소위원회의 구성과 운영에 관한 사항은 감사원규칙으로 정한다.

제13조【의안의 작성 등】① 사무총장은 원장의 명을 받아 의안(議案)을 작성하고 감사위원회의에 출석하여 의안을 설명하고 의견을 진술하며 회의에 관한 사무를 처리한다.

② 의안과 관계있는 직원은 감사위원회의의 승인을 받아 감사위원회의에 출석하여 의견을 진술할 수 있다.

제13조의2【관계인의 진술권】감사위원회의는 제12조 제1항 제3호 및 제8호의 사항을 심의하려는 경우에는 감사원규칙으로 정하는 바에 따라 상대방 및 그 밖의 관계인에게 서면, 전자문서 또는 구술로 의견을 진술할 기회를 주어야 한다.

## 제2장 권 한

### 제1절 총칙

제20조【임무】감사원은 국가의 세입・세출의 결산검사를 하고, 이 법 및 다른 법률에서 정하는 회계를 상시 검사・감독하여 그 적정을 기하며, 행정기관 및 공무원의 직무를 감찰하여 행정 운영의 개선과 향상을 기한다.

### 제2절 결산의 확인 및 회계검사의 범위

제21조【결산의 확인】감사원은 회계검사의 결과에 따라 국가의 세입・세출의 결산을 확인한다.

★ 제22조【필요적 검사사항】① 감사원은 다음 각 호의 사항을 검사한다.

1. 국가의 회계
2. 지방자치단체의 회계

3. 한국은행의 회계와 국가 또는 지방자치단체가 자본금의 2분의 1 이상을 출자한 법인의 회계
4. 다른 법률에 따라 감사원의 회계검사를 받도록 규정된 단체 등의 회계

② 제1항과 제23조에 따른 회계검사에는 수입과 지출, 재산(물품 · 유가증권 · 권리 등을 포함한다)의 취득 · 보관 · 관리 및 처분 등의 검사를 포함한다.

## 제3절 직무감찰의 범위

제24조【감찰 사항】① 감사원은 다음 각 호의 사항을 감찰한다.

1. 「정부조직법」 및 그 밖의 법률에 따라 설치된 행정기관의 사무와 그에 소속한 공무원의 직무
2. 지방자치단체의 사무와 그에 소속한 지방공무원의 직무
3. 제22조 제1항 제3호 및 제23조 제7호에 규정된 자의 사무와 그에 소속한 임원 및 감사원의 검사대상이 되는 회계사무와 직접 또는 간접으로 관련이 있는 직원의 직무
4. 법령에 따라 국가 또는 지방자치단체가 위탁하거나 대행하게 한 사무와 그 밖의 법령에 따라 공무원의 신분을 가지거나 공무원에 준하는 자의 직무

② 제1항 제1호의 행정기관에는 군기관과 교육기관을 포함한다. 다만, 군기관에는 소장급 이하의 장교가 지휘하는 전투를 주된 임무로 하는 부대 및 중령급 이하의 장교가 지휘하는 부대는 제외한다.

③ 제1항의 공무원에는 국회 · 법원 및 헌법재판소에 소속한 공무원은 제외한다.

④ 제1항에 따라 감찰을 하려는 경우 다음 각 호의 어느 하나에 해당하는 사항은 감찰할 수 없다.

1. 국무총리로부터 국가기밀에 속한다는 소명이 있는 사항
2. 국방부장관으로부터 군기밀이거나 작전상 지장이 있다는 소명이 있는 사항

## 제6절 감사 결과의 처리

★ 제31조【변상책임의 판정 등】① 감사원은 감사 결과에 따라 따로 법률에서 정하는 바에 따라 회계관계직원 등(제23조 제7호에 해당하는 자 중 제22조 제1항 제3호 및 제4호 또는 제23조 제1호부터 제6호까지 및 제8호부터 제10호까지에 해당하지 아니한 자의 소속 직원은 제외한다)에 대한 변상책임의 유무를 심리(審理)하고 판정한다.

★ 제32조【징계 요구 등】 ① 감사원은 「국가공무원법」과 그 밖의 법령에 규정된 징계 사유에 해당하거나 정당한 사유 없이 이 법에 따른 감사를 거부하거나 자료의 제출을 게을리한 공무원에 대하여 그 소속 장관 또는 임용권자에게 징계를 요구할 수 있다.

★ 제33조【시정 등의 요구】 ① 감사원은 감사 결과 위법 또는 부당하다고 인정되는 사실이 있을 때에는 소속 장관, 감독기관의 장 또는 해당 기관의 장에게 시정·주의 등을 요구할 수 있다.

② 제1항의 요구가 있으면 소속 장관, 감독기관의 장 또는 해당 기관의 장은 감사원이 정한 날까지 이를 이행하여야 한다.

제34조【개선 등의 요구】 ① 감사원은 감사 결과 법령상·제도상 또는 행정상 모순이 있거나 그 밖에 개선할 사항이 있다고 인정할 때에는 국무총리, 소속 장관, 감독기관의 장 또는 해당 기관의 장에게 법령 등의 제정·개정 또는 폐지를 위한 조치나 제도상 또는 행정상의 개선을 요구할 수 있다.

② 제1항에 따라 요구를 받은 기관의 장은 그 조치 또는 개선의 결과를 감사원에 통지(「정보통신망 이용촉진 및 정보보호 등에 관한 법률」에 따른 정보통신망을 이용한 통지를 포함한다. 이하 같다)하여야 한다.

제34조의2【권고 등】 ① 감사원은 감사 결과 다음 각 호의 어느 하나에 해당하는 경우에는 소속 장관, 감독기관의 장 또는 해당 기관의 장에게 그 개선 등에 관한 사항을 권고하거나 통보할 수 있다.

1. 제32조, 제33조 및 제34조에 따른 요구를 하는 것이 부적절한 경우
2. 관계 기관의 장이 자율적으로 처리할 필요가 있다고 인정되는 경우
3. 행정운영 등의 경제성·효율성 및 공정성 등을 위하여 필요하다고 인정되는 경우

② 제1항에 따른 권고 또는 통보를 받은 소속 장관, 감독기관의 장 또는 해당 기관의 장은 그 처리 결과를 감사원에 통보하여야 한다.

제34조의3【적극행정에 대한 면책】 ① 감사원 감사를 받는 사람이 불합리한 규제의 개선 등 공공의 이익을 위하여 업무를 적극적으로 처리한 결과에 대하여 그의 행위에 고의나 중대한 과실이 없는 경우에는 이 법에 따른 징계 요구 또는 문책 요구 등 책임을 묻지 아니한다.

② 제1항에 따른 면책의 구체적인 기준, 운영절차, 그 밖에 필요한 사항은 감사원규칙으로 정한다.

第35条【고발】감사원은 감사 결과 범죄 혐의가 있다고 인정할 때에는 이를 수사기관에 고발하여야 한다.

## 제4장 보 칙

第52条【감사원규칙】감사원은 감사에 관한 절차, 감사원의 내부 규율과 감사사무 처리에 관한 규칙을 제정할 수 있다.

출제예상 부속법률

# 선거관리위원회법

제1조【목적】이 법은 선거와 국민투표의 공정한 관리 및 정당에 관한 사무를 관장하는 선거관리위원회의 조직과 직무를 규정함을 목적으로 한다.

★ 제2조【설치】① 선거관리위원회의 종류와 위원회별위원의 정수는 다음과 같다.

1. 중앙선거관리위원회 9인
2. 특별시·광역시·도선거관리위원회 9인
3. 구·시·군선거관리위원회 9인
4. 읍·면·동선거관리위원회 7인

제8조【위원의 임기】각급선거관리위원회위원의 임기는 6년으로 한다. 다만, 구·시·군선거관리위원회 위원의 임기는 3년으로 하되, 한 차례만 연임할 수 있다.

제9조【위원의 해임사유】각급선거관리위원회의 위원은 다음 각 호의 1에 해당할 때가 아니면 해임·해촉 또는 파면되지 아니한다.

1. 정당에 가입하거나 정치에 관여한 때
2. 탄핵결정으로 파면된 때
3. 금고이상의 형의 선고를 받은 때
4. 정당추천위원으로서 그 추천정당의 요구가 있거나 추천정당이 국회에 교섭단체를 구성할 수 없게 된 때와 국회의원선거권이 없음이 발견된 때
5. 시·도선거관리위원회의 상임위원인 위원으로서 국가공무원법 제33조 각 호의 1에 해당하거나 상임위원으로서의 근무상한에 달하였을 때

★ 제10조【위원회의 의결정족수】① 각급선거관리위원회는 위원과반수의 출석으로 개의하고 출석위원 과반수의 찬성으로 의결한다.

② 위원장은 표결권을 가지며 가부동수인 때에는 결정권을 가진다.

제12조【위원의 대우】① 각급선거관리위원회위원중 상임이 아닌 위원은 명예직으로 한다. 다만, 예산의 범위에서 다음 각 호의 비용을 지급할 수 있다.

1. 공명선거 등을 위한 자료 수집·연구, 추진 활동에 사용되는 비용을 보전하기 위하여 매월 지급하는 활동비. 이 경우 그 대상은 중앙선거관리위원회위원 중 상임이 아닌 위원으로 한정한다.
2. 직무활동에 대하여 지급하는 수당

3. 여비 및 그 밖의 실비

② 중앙선거관리위원회의 상임위원은 정무직으로 하고 그 보수는 국무위원의 보수와 동액으로 하며, 시・도선거관리위원회의 상임위원은 1급인 일반직국가공무원으로서 「국가공무원법」 제26조의5에 따른 임기제공무원으로 한다.

③ 각급선거관리위원회의 위원 및 위촉직원에 대한 활동비・수당・여비 및 그 밖의 실비에 관하여 이 법에서 정한 사항 외에는 중앙선거관리위원회규칙으로 정한다.

제17조 【법령에 관한 의견표시등】 ① 행정기관이 선거(위탁선거를 포함한다. 이하 이 조에서 같다)・국민투표 및 정당관계법령을 제정・개정 또는 폐지하고자 할 때에는 미리 당해 법령안을 중앙선거관리위원회에 송부하여 그 의견을 구하여야 한다.

② 중앙선거관리위원회는 다음 각 호의 어느 하나에 해당하는 법률의 제정・개정 등이 필요하다고 인정하는 경우에는 국회에 그 의견을 서면으로 제출할 수 있다.

1. 선거・국민투표・정당관계법률

2. 주민투표・주민소환관계법률. 이 경우 선거관리위원회의 관리 범위에 한정한다.

출제예상 부속법률

# 법원조직법

## 제1편 총 칙

제1조 【목적】 이 법은 헌법에 따라 사법권을 행사하는 법원의 조직을 정함을 목적으로 한다.

★ 제3조 【법원의 종류】 ① 법원은 다음의 7종류로 한다.

1. 대법원
2. 고등법원
3. 특허법원
4. 지방법원
5. 가정법원
6. 행정법원
7. 회생법원

② 지방법원 및 가정법원의 사무의 일부를 처리하게 하기 위하여 그 관할구역에 지원(支院)과 가정지원, 시법원 또는 군법원(이하 "시 · 군법원"이라 한다) 및 등기소를 둘 수 있다. 다만, 지방법원 및 가정법원의 지원은 2개를 합하여 1개의 지원으로 할 수 있다.

③ 고등법원 · 특허법원 · 지방법원 · 가정법원 · 행정법원 · 회생법원과 지방법원 및 가정법원의 지원, 가정지원, 시 · 군법원의 설치 · 폐지 및 관할구역은 따로 법률로 정하고, 등기소의 설치 · 폐지 및 관할구역은 대법원규칙으로 정한다.

★ 제4조 【대법관】 ① 대법원에 대법관을 둔다.

② 대법관의 수는 대법원장을 포함하여 14명으로 한다.

제5조 【판사】 ① 대법원장과 대법관이 아닌 법관은 판사로 한다.

② 고등법원 · 특허법원 · 지방법원 · 가정법원 · 행정법원 및 회생법원에 판사를 둔다.

③ 판사의 수는 따로 법률로 정한다. 다만, 제2항의 각급 법원에 배치할 판사의 수는 대법원규칙으로 정한다.

★ 제7조 【심판권의 행사】 ① 대법원의 심판권은 대법관 전원의 3분의 2 이상의 합의체에서 행사하며, 대법원장이 재판장이 된다. 다만, 대법관 3명 이상으로 구성된 부(部)에서 먼저 사건을 심리(審理)하여 의견이 일치한 경우에 한정하여 다음 각 호의 경우를 제외하고 그 부에서 재판할 수 있다.

1. 명령 또는 규칙이 헌법에 위반된다고 인정하는 경우
2. 명령 또는 규칙이 법률에 위반된다고 인정하는 경우
3. 종전에 대법원에서 판시(判示)한 헌법 · 법률 · 명령 또는 규칙의 해석 적용에 관한 의견을 변경할 필요가 있다고 인정하는 경우
4. 부에서 재판하는 것이 적당하지 아니하다고 인정하는 경우

② 대법원장은 필요하다고 인정하는 경우에 특정한 부로 하여금 행정 · 조세 · 노동 · 군사 · 특허 등의 사건을 전담하여 심판하게 할 수 있다.

제8조 **【상급심 재판의 기속력】** 상급법원 재판에서의 판단은 해당 사건에 관하여 하급심(下級審)을 기속(羈束)한다.

## 제2편 대법원

제11조 **【최고법원】** 대법원은 최고법원이다.

제12조 **【소재지】** 대법원은 서울특별시에 둔다.

★ 제13조 **【대법원장】** ① 대법원에 대법원장을 둔다.

② 대법원장은 대법원의 일반사무를 관장하며, 대법원의 직원과 각급 법원 및 그 소속 기관의 사법행정사무에 관하여 직원을 지휘 · 감독한다.

③ 대법원장이 궐위되거나 부득이한 사유로 직무를 수행할 수 없을 때에는 선임대법관이 그 권한을 대행한다.

제14조 **【심판권】** 대법원은 다음 각 호의 사건을 종심(終審)으로 심판한다.

1. 고등법원 또는 항소법원 · 특허법원의 판결에 대한 상고사건
2. 항고법원 · 고등법원 또는 항소법원 · 특허법원의 결정 · 명령에 대한 재항고사건
3. 다른 법률에 따라 대법원의 권한에 속하는 사건

제15조 **【대법관의 의사표시】** 대법원 재판서(裁判書)에는 합의에 관여한 모든 대법관의 의견을 표시하여야 한다.

★ 제16조 **【대법관회의의 구성과 의결방법】** ① 대법관회의는 대법관으로 구성되며, 대법원장이 그 의장이 된다.

② 대법관회의는 대법관 전원의 3분의 2 이상의 출석과 출석인원 과반수의 찬성으로 의결한다.

③ 의장은 의결에서 표결권을 가지며, 가부동수(可否同數)일 때에는 결정권을 가진다.

★ **제17조【대법관회의의 의결사항】** 다음 각 호의 사항은 대법관회의의 의결을 거친다.

1. 판사의 임명 및 연임에 대한 동의
2. 대법원규칙의 제정과 개정 등에 관한 사항
3. 판례의 수집・간행에 관한 사항
4. 예산 요구, 예비금 지출과 결산에 관한 사항
5. 다른 법령에 따라 대법관회의의 권한에 속하는 사항
6. 특히 중요하다고 인정되는 사항으로서 대법원장이 회의에 부친 사항

**제18조【위임사항】** 대법관회의의 운영에 필요한 사항은 대법원규칙으로 정한다.

**제20조의2【사법정책연구원】** 사법제도 및 재판제도의 개선에 관한 연구를 하기 위하여 대법원에 사법정책연구원을 둔다.

★ **제25조【사법정책자문위원회】** ① 대법원장은 필요하다고 인정할 경우에는 대법원장의 자문기관으로 사법정책자문위원회를 둘 수 있다.

② 사법정책자문위원회는 사법정책에 관하여 학식과 덕망이 높은 사람 중에서 대법원장이 위촉하는 7명 이내의 위원으로 구성하며, 그 조직・운영에 필요한 사항은 대법원규칙으로 정한다.

★ **제25조의2【법관인사위원회】** ① 법관의 인사에 관한 중요 사항을 심의하기 위하여 대법원에 법관인사위원회(이하 "인사위원회"라 한다)를 둔다.

② 인사위원회는 다음 각 호의 사항을 심의한다.

1. 인사에 관한 기본계획의 수립에 관한 사항
2. 제41조 제3항에 따른 판사의 임명에 관한 사항
3. 제45조의2에 따른 판사의 연임에 관한 사항
4. 제47조에 따른 판사의 퇴직에 관한 사항
5. 그 밖에 대법원장이 중요하다고 인정하여 회의에 부치는 사항

③ 인사위원회는 위원장 1명을 포함한 11명의 위원으로 구성한다.

④ 위원은 다음 각 호에 해당하는 사람을 대법원장이 임명하거나 위촉한다.

1. 법관 3명

2. 법무부장관이 추천하는 검사 2명. 다만, 제2항 제2호의 판사의 신규 임명에 관한 심의에만 참여한다.
3. 대한변호사협회장이 추천하는 변호사 2명
4. 사단법인 한국법학교수회 회장과 사단법인 법학전문대학원협의회 이사장이 각각 1명씩 추천하는 법학교수 2명
5. 학식과 덕망이 있고 각계 전문 분야에서 경험이 풍부한 사람으로서 변호사의 자격이 없는 사람 2명. 이 경우 1명 이상은 여성이어야 한다.

⑤ 위원장은 위원 중에서 대법원장이 임명하거나 위촉한다.

⑥ 제1항부터 제5항까지에서 규정한 사항 외에 인사위원회의 구성과 운영 등에 필요한 사항은 대법원규칙으로 정한다.

## 제3편 각급 법원

### 제3장 지방법원

제34조 【시・군법원의 관할】 ① 시・군법원은 다음 각 호의 사건을 관할한다.
1. 「소액사건심판법」을 적용받는 민사사건
2. 화해・독촉 및 조정(調停)에 관한 사건
3. 20만원 이하의 벌금 또는 구류나 과료에 처할 범죄사건
4. 「가족관계의 등록 등에 관한 법률」 제75조에 따른 협의상 이혼의 확인

② 제1항 제2호 및 제3호의 사건이 불복신청으로 제1심법원에 계속(係屬)하게 된 경우에는 그 지역을 관할하는 지방법원 또는 그 지원이 관할한다. 다만, 「소액사건심판법」을 적용받는 사건은 그 시・군법원에서 관할한다.

③ 제1항 제3호에 해당하는 범죄사건에 대해서는 즉결심판을 한다.

## 제4편 법 관

★ 제41조 【법관의 임명】 ① 대법원장은 국회의 동의를 받아 대통령이 임명한다.

② 대법관은 대법원장의 제청으로 국회의 동의를 받아 대통령이 임명한다.

③ 판사는 인사위원회의 심의를 거치고 대법관회의의 동의를 받아 대법원장이 임명한다.

**제41조의2【대법관후보추천위원회】** ① 대법원장이 제청할 대법관 후보자의 추천을 위하여 대법원에 대법관후보추천위원회(이하 "추천위원회"라 한다)를 둔다.

② 추천위원회는 대법원장이 대법관 후보자를 제청할 때마다 위원장 1명을 포함한 10명의 위원으로 구성한다.

③ 위원은 다음 각 호에 해당하는 사람을 대법원장이 임명하거나 위촉한다.

1. 선임대법관
2. 법원행정처장
3. 법무부장관
4. 대한변호사협회장
5. 사단법인 한국법학교수회 회장
6. 사단법인 법학전문대학원협의회 이사장
7. 대법관이 아닌 법관 1명
8. 학식과 덕망이 있고 각계 전문 분야에서 경험이 풍부한 사람으로서 변호사 자격을 가지지 아니한 사람 3명. 이 경우 1명 이상은 여성이어야 한다.

④ 위원장은 위원 중에서 대법원장이 임명하거나 위촉한다.

⑤ 추천위원회는 대법원장 또는 위원 3분의 1 이상이 요청하거나 위원장이 필요하다고 인정할 때 위원장이 소집하고, 재적위원 과반수의 찬성으로 의결한다.

⑥ 추천위원회는 제청할 대법관(제청할 대법관이 2명 이상인 경우에는 각각의 대법관을 말한다)의 3배수 이상을 대법관 후보자로 추천하여야 한다.

⑦ 대법원장은 대법관 후보자를 제청하는 경우에는 추천위원회의 추천 내용을 존중한다.

⑧ 추천위원회가 제6항에 따라 대법관 후보자를 추천하면 해당 추천위원회는 해산된 것으로 본다.

⑨ 제1항부터 제8항까지에서 규정한 사항 외에 추천위원회의 구성과 운영 등에 필요한 사항은 대법원규칙으로 정한다.

**제42조【임용자격】** ① 대법원장과 대법관은 20년 이상 다음 각 호의 직(職)에 있던 45세 이상의 사람 중에서 임용한다.

1. 판사・검사・변호사
2. 변호사 자격이 있는 사람으로서 국가기관, 지방자치단체, 「공공기관의 운영에 관한 법률」 제4조에 따른 공공기관, 그 밖의 법인에서 법률에 관한 사무에 종사한 사람
3. 변호사 자격이 있는 사람으로서 공인된 대학의 법률학 조교수 이상으로 재직한 사람

② 판사는 10년 이상 제1항 각 호의 직에 있던 사람 중에서 임용한다. 판사의 임용에는 성별, 연령, 법조경력의 종류 및 기간, 전문분야 등 국민의 다양한 기대와 요청에 부응하기 위한 사항을 적극 반영하여야 한다.

③ 제1항 각 호에 규정된 둘 이상의 직에 재직한 사람에 대해서는 그 연수를 합산한다.

④ 법원행정처는 제2항에 따른 판사 임용 과정과 결과 및 임용제도 개선 상황을 매년 국회 소관 상임위원회에 보고하여야 한다.

**제43조 【결격사유】** ① 다음 각 호의 어느 하나에 해당하는 사람은 법관으로 임용할 수 없다.

1. 다른 법령에 따라 공무원으로 임용하지 못하는 사람
2. 금고 이상의 형을 선고받은 사람
3. 탄핵으로 파면된 후 5년이 지나지 아니한 사람
4. 대통령비서실 소속의 공무원으로서 퇴직 후 3년이 지나지 아니한 사람
5. 「정당법」 제22조에 따른 정당의 당원 또는 당원의 신분을 상실한 날부터 3년이 경과되지 아니한 사람
6. 「공직선거법」 제2조에 따른 선거에 후보자(예비후보자를 포함한다)로 등록한 날부터 5년이 경과되지 아니한 사람
7. 「공직선거법」 제2조에 따른 대통령선거에서 후보자의 당선을 위하여 자문이나 고문의 역할을 한 날부터 3년이 경과되지 아니한 사람

② 제1항제7호에 따른 자문이나 고문의 역할을 한 사람의 구체적인 범위는 대법원규칙으로 정한다.〈신설 2020. 3. 24.〉

**제45조 【임기 · 연임 · 정년】** ① 대법원장의 임기는 6년으로 하며, 중임(重任)할 수 없다.

② 대법관의 임기는 6년으로 하며, 연임할 수 있다.

③ 판사의 임기는 10년으로 하며, 연임할 수 있다.

④ 대법원장과 대법관의 정년은 각각 70세, 판사의 정년은 65세로 한다.

⑤ 판사는 그 정년에 이른 날이 2월에서 7월 사이에 있는 경우에는 7월 31일에, 8월에서 다음 해 1월 사이에 있는 경우에는 다음 해 1월 31일에 각각 당연히 퇴직한다.

**제45조의2 【판사의 연임】** ① 임기가 끝난 판사는 인사위원회의 심의를 거치고 대법관회의의 동의를 받아 대법원장의 연임발령으로 연임한다.

② 대법원장은 다음 각 호의 어느 하나에 해당한다고 인정되는 판사에 대해서는 연임발령을 하지 아니한다.

1. 신체상 또는 정신상의 장해로 판사로서 정상적인 직무를 수행할 수 없는 경우
2. 근무성적이 현저히 불량하여 판사로서 정상적인 직무를 수행할 수 없는 경우
3. 판사로서의 품위를 유지하는 것이 현저히 곤란한 경우

③ 판사의 연임절차에 관하여 필요한 사항은 대법원규칙으로 정한다.

★ 제46조 【법관의 신분보장】 ① 법관은 탄핵결정이나 금고 이상의 형의 선고에 의하지 아니하고는 파면되지 아니하며, 징계처분에 의하지 아니하고는 정직(停職)·감봉 또는 불리한 처분을 받지 아니한다.

② 법관의 보수는 직무와 품위에 상응하도록 따로 법률로 정한다.

제47조 【심신상의 장해로 인한 퇴직】 법관이 중대한 신체상 또는 정신상의 장해로 직무를 수행할 수 없을 때에는, 대법관인 경우에는 대법원장의 제청으로 대통령이 퇴직을 명할 수 있고, 판사인 경우에는 인사위원회의 심의를 거쳐 대법원장이 퇴직을 명할 수 있다.

제48조 【징계】 ① 대법원에 법관징계위원회를 둔다.

② 법관 징계에 관한 사항은 따로 법률로 정한다.

★ 제50조 【파견근무】 대법원장은 다른 국가기관으로부터 법관의 파견근무 요청을 받은 경우에 업무의 성질상 법관을 파견하는 것이 타당하다고 인정되고 해당 법관이 파견근무에 동의하는 경우에는 그 기간을 정하여 이를 허가할 수 있다.

## 제5편 법원직원

제53조 【법원직원】 법관 외의 법원공무원은 대법원장이 임명하며, 그 수는 대법원규칙으로 정한다.

제53조의2 【재판연구원】 ① 각급 법원에 재판연구원을 둘 수 있다.

② 재판연구원은 소속 법원장의 명을 받아 사건의 심리 및 재판에 관한 조사·연구, 그 밖에 필요한 업무를 수행한다.

③ 재판연구원은 변호사 자격이 있는 사람 중에서 대법원장이 임용한다.

④ 재판연구원은 「국가공무원법」 제26조의5에 따른 임기제공무원으로 한다.

⑤ 재판연구원은 총 3년의 범위에서 기간을 정하여 채용한다.

⑥ 재판연구원의 정원 및 직제와 그 밖에 필요한 사항은 대법원규칙으로 정한다.

제54조 【사법보좌관】 ① 대법원과 각급 법원에 사법보좌관을 둘 수 있다.

② 사법보좌관은 다음 각 호의 업무 중 대법원규칙으로 정하는 업무를 할 수 있다.

1. 「민사소송법」(같은 법이 준용되는 경우를 포함한다) 및 「소송촉진 등에 관한 특례법」에 따른 소송비용액·집행비용액 확정결정절차, 독촉절차, 공시최고절차, 「소액사건심판법」에 따른 이행권고결정절차에서의 법원의 사무
2. 「민사집행법」(같은 법이 준용되는 경우를 포함한다)에 따른 집행문 부여명령절차, 채무불이행자명부 등재절차, 재산조회절차, 부동산에 대한 강제경매절차, 자동차·건설기계에 대한 강제경매절차, 동산에 대한 강제경매절차, 금전채권 외의 채권에 기초한 강제집행절차, 담보권 실행 등을 위한 경매절차, 제소명령절차, 가압류·가처분의 집행취소신청절차에서의 법원의 사무
3. 「주택임대차보호법」 및 「상가건물 임대차보호법」상의 임차권등기명령절차에서의 법원의 사무
4. 「가사소송법」에 따른 상속의 한정승인·포기 신고의 수리와 한정승인취소·포기취소 신고의 수리절차에서의 가정법원의 사무
5. 미성년 자녀가 없는 당사자 사이의 「가족관계의 등록 등에 관한 법률」에 따른 협의이혼절차에서의 가정법원의 사무

③ 사법보좌관은 법관의 감독을 받아 업무를 수행하며, 사법보좌관의 처분에 대해서는 대법원규칙으로 정하는 바에 따라 법관에게 이의신청을 할 수 있다.

④ 사법보좌관은 법원사무관 또는 등기사무관 이상 직급으로 5년 이상 근무한 사람, 법원주사보 또는 등기주사보 이상 직급으로 10년 이상 근무한 사람 중 대법원규칙으로 정하는 사람으로 한다.

⑤ 사법보좌관의 직제 및 인원과 그 밖에 필요한 사항은 대법원규칙으로 정한다.

## 제6편 재 판

### 제1장 법정

제56조 【개정의 장소】 ① 공판(公判)은 법정에서 한다.

② 법원장은 필요에 따라 법원 외의 장소에서 개정(開廷)하게 할 수 있다.

★ 제57조 【재판의 공개】 ① 재판의 심리와 판결은 공개한다. 다만, 심리는 국가의 안전보장, 안녕질서 또는 선량한 풍속을 해칠 우려가 있는 경우에는 결정으로 공개하지 아니할

수 있다.

② 제1항 단서의 결정은 이유를 밝혀 선고한다.

③ 제1항 단서의 결정을 한 경우에도 재판장은 적당하다고 인정되는 사람에 대해서는 법정 안에 있는 것을 허가할 수 있다.

**제58조【법정의 질서유지】** ① 법정의 질서유지는 재판장이 담당한다.

② 재판장은 법정의 존엄과 질서를 해칠 우려가 있는 사람의 입정(入廷) 금지 또는 퇴정(退廷)을 명할 수 있고, 그 밖에 법정의 질서유지에 필요한 명령을 할 수 있다.

**제59조【녹화 등의 금지】** 누구든지 법정 안에서는 재판장의 허가 없이 녹화, 촬영, 중계방송 등의 행위를 하지 못한다.

**제60조【경찰공무원의 파견 요구】** ① 재판장은 법정에서의 질서유지를 위하여 필요하다고 인정할 때에는 개정 전후에 상관없이 관할 경찰서장에게 경찰공무원의 파견을 요구할 수 있다.

② 제1항의 요구에 따라 파견된 경찰공무원은 법정 내외의 질서유지에 관하여 재판장의 지휘를 받는다.

★ **제61조【감치 등】** ① 법원은 직권으로 법정 내외에서 제58조 제2항의 명령 또는 제59조를 위반하는 행위를 하거나 폭언, 소란 등의 행위로 법원의 심리를 방해하거나 재판의 위신을 현저하게 훼손한 사람에 대하여 결정으로 20일 이내의 감치(監置)에 처하거나 100만원 이하의 과태료를 부과할 수 있다. 이 경우 감치와 과태료는 병과(倂科)할 수 있다.

② 법원은 제1항의 감치를 위하여 법원직원, 교도관 또는 경찰공무원으로 하여금 즉시 행위자를 구속하게 할 수 있으며, 구속한 때부터 24시간 이내에 감치에 처하는 재판을 하여야 하고, 이를 하지 아니하면 즉시 석방을 명하여야 한다.

③ 감치는 경찰서유치장, 교도소 또는 구치소에 유치(留置)함으로써 집행한다.

④ 감치는 감치대상자에 대한 다른 사건으로 인한 구속 및 형에 우선하여 집행하며, 감치의 집행 중에는 감치대상자에 대한 다른 사건으로 인한 구속 및 형의 집행이 정지되고, 감치대상자가 당사자로 되어 있는 본래의 심판사건의 소송절차는 정지된다. 다만, 법원은 상당한 이유가 있는 경우에는 소송절차를 계속하여 진행하도록 명할 수 있다.

⑤ 제1항의 재판에 대해서는 항고 또는 특별항고를 할 수 있다.

⑥ 제1항의 재판에 관한 절차와 그 밖에 필요한 사항은 대법원규칙으로 정한다.

# 제7편 대법원의 기관

## 제1장 법원행정처

제69조【국회출석권 등】 법원행정처장 및 차장은 사법행정에 관하여 국회 또는 국무회의에 출석하여 발언할 수 있다.

제70조【행정소송의 피고】 대법원장이 한 처분에 대한 행정소송의 피고는 법원행정처장으로 한다.

제71조의2【윤리감사관】 ① 대법원에 윤리감사관을 두고, 그 보좌기관 및 분장사무는 대법원규칙으로 정한다.

② 윤리감사관은 정무직으로 한다.

③ 윤리감사관은 「국가공무원법」 제33조의 결격사유에 해당되지 아니하고 다음 각 호의 직위에 합산하여 10년 이상 재직하였던 사람 중에서 공개모집절차를 통하여 적격자를 임용한다.

1. 판사, 검사, 변호사, 공인회계사
2. 국가기관, 지방자치단체, 국영 · 공영기업체, 「공공기관의 운영에 관한 법률」 제4조에 따른 공공기관 또는 그 밖의 법인에서 법률 또는 감사에 관한 사무에 종사한 사람
3. 공인된 대학의 법률학 조교수 이상으로 재직하였던 사람

④ 윤리감사관의 임기는 2년으로 하며 연임할 수 있다.

⑤ 대법원장은 윤리감사관이 직무수행능력이 현저히 떨어지는 등 윤리감사관으로서 정상적인 직무수행이 어렵다고 인정하는 경우에는 대법관회의의 의결을 거쳐 퇴직을 명할 수 있다. 이 경우 대법관회의의 의결 전에 해당 윤리감사관에게 진술을 충분히 할 수 있는 기회를 주어야 한다.

출제예상 부속법률

# 국민의 형사재판 참여에 관한 법률

## 제1장 총 칙

**제1조 【목적】** 이 법은 사법의 민주적 정당성과 신뢰를 높이기 위하여 국민이 형사재판에 참여하는 제도를 시행함에 있어서 참여에 따른 권한과 책임을 명확히 하고, 재판절차의 특례와 그 밖에 필요한 사항에 관하여 규정함을 목적으로 한다.

**제2조 【정의】** 이 법에서 사용하는 용어의 정의는 다음과 같다.

1. "배심원"이란 이 법에 따라 형사재판에 참여하도록 선정된 사람을 말한다.
2. "국민참여재판"이란 배심원이 참여하는 형사재판을 말한다.

**제3조 【국민의 권리와 의무】** ① 누구든지 이 법으로 정하는 바에 따라 국민참여재판을 받을 권리를 가진다.

★ ② 대한민국 국민은 이 법으로 정하는 바에 따라 국민참여재판에 참여할 권리와 의무를 가진다.

**제4조 【다른 법령과의 관계】** 국민참여재판에 관하여 이 법에 특별한 규정이 없는 때에는 「법원조직법」·「형사소송법」 등 다른 법령을 적용한다.

**제5조 【대상사건】** ① 다음 각 호에 정하는 사건을 국민참여재판의 대상사건(이하 "대상사건"이라 한다)으로 한다.

1. 「법원조직법」 제32조 제1항(제2호 및 제5호는 제외한다)에 따른 합의부 관할 사건
2. 제1호에 해당하는 사건의 미수죄·교사죄·방조죄·예비죄·음모죄에 해당하는 사건
3. 제1호 또는 제2호에 해당하는 사건과 「형사소송법」 제11조에 따른 관련 사건으로서 병합하여 심리하는 사건

② 피고인이 국민참여재판을 원하지 아니하거나 제9조 제1항에 따른 배제결정이 있는 경우는 국민참여재판을 하지 아니한다.

## 제3장 배심원

### 제1절 총칙

★ 제12조【배심원의 권한과 의무】① 배심원은 국민참여재판을 하는 사건에 관하여 사실의 인정, 법령의 적용 및 형의 양정에 관한 의견을 제시할 권한이 있다.

② 배심원은 법령을 준수하고 독립하여 성실히 직무를 수행하여야 한다.

③ 배심원은 직무상 알게 된 비밀을 누설하거나 재판의 공정을 해하는 행위를 하여서는 아니 된다.

★ 제13조【배심원의 수】① 법정형이 사형・무기징역 또는 무기금고에 해당하는 대상사건에 대한 국민참여재판에는 9인의 배심원이 참여하고, 그 외의 대상사건에 대한 국민참여재판에는 7인의 배심원이 참여한다. 다만, 법원은 피고인 또는 변호인이 공판준비절차에서 공소사실의 주요내용을 인정한 때에는 5인의 배심원이 참여하게 할 수 있다.

② 법원은 사건의 내용에 비추어 특별한 사정이 있다고 인정되고 검사・피고인 또는 변호인의 동의가 있는 경우에 한하여 결정으로 배심원의 수를 7인과 9인 중에서 제1항과 달리 정할 수 있다.

제14조【예비배심원】① 법원은 배심원의 결원 등에 대비하여 5인 이내의 예비배심원을 둘 수 있다.

② 이 법에서 정하는 배심원에 대한 사항은 그 성질에 반하지 아니하는 한 예비배심원에 대하여 준용한다.

제15조【여비・일당 등】대법원규칙으로 정하는 바에 따라 배심원・예비배심원 및 배심원후보자에게 여비・일당 등을 지급한다.

### 제2절 배심원의 자격

★ 제16조【배심원의 자격】배심원은 만 20세 이상의 대한민국 국민 중에서 이 법으로 정하는 바에 따라 선정된다.

제17조【결격사유】다음 각 호의 어느 하나에 해당하는 사람은 배심원으로 선정될 수 없다.

1. 피성년후견인 또는 피한정후견인
2. 파산선고를 받고 복권되지 아니한 사람

3. 금고 이상의 실형을 선고받고 그 집행이 종료(종료된 것으로 보는 경우를 포함한다)되거나 집행이 면제된 후 5년을 경과하지 아니한 사람
4. 금고 이상의 형의 집행유예를 선고받고 그 기간이 완료된 날부터 2년을 경과하지 아니한 사람
5. 금고 이상의 형의 선고유예를 받고 그 선고유예기간 중에 있는 사람
6. 법원의 판결에 의하여 자격이 상실 또는 정지된 사람

제18조 【직업 등에 따른 제외사유】 다음 각 호의 어느 하나에 해당하는 사람을 배심원으로 선정하여서는 아니 된다.

1. 대통령
2. 국회의원 · 지방자치단체의 장 및 지방의회의원
3. 입법부 · 사법부 · 행정부 · 헌법재판소 · 중앙선거관리위원회 · 감사원의 정무직 공무원
4. 법관 · 검사
5. 변호사 · 법무사
6. 법원 · 검찰 공무원
7. 경찰 · 교정 · 보호관찰 공무원
8. 군인 · 군무원 · 소방공무원 또는 「예비군법」에 따라 동원되거나 교육훈련의무를 이행 중인 예비군

## 제3절 배심원의 선정

제22조 【배심원후보예정자명부의 작성】 ① 지방법원장은 배심원후보예정자명부를 작성하기 위하여 행정안전부장관에게 매년 그 관할 구역 내에 거주하는 만 20세 이상 국민의 주민등록정보에서 일정한 수의 배심원후보예정자의 성명 · 생년월일 · 주소 및 성별에 관한 주민등록정보를 추출하여 전자파일의 형태로 송부하여 줄 것을 요청할 수 있다.

② 제1항의 요청을 받은 행정안전부장관은 30일 이내에 주민등록자료를 지방법원장에게 송부하여야 한다.

③ 지방법원장은 매년 주민등록자료를 활용하여 배심원후보예정자명부를 작성한다.

## 제4장 국민참여재판의 절차

### 제3절 평의 · 평결 · 토의 및 판결 선고

★ 第46조【재판장의 설명 · 평의 · 평결 · 토의 등】① 재판장은 변론이 종결된 후 법정에서 배심원에게 공소사실의 요지와 적용법조, 피고인과 변호인 주장의 요지, 증거능력, 그 밖에 유의할 사항에 관하여 설명하여야 한다. 이 경우 필요한 때에는 증거의 요지에 관하여 설명할 수 있다.

② 심리에 관여한 배심원은 제1항의 설명을 들은 후 유 · 무죄에 관하여 평의하고, 전원의 의견이 일치하면 그에 따라 평결한다. 다만, 배심원 과반수의 요청이 있으면 심리에 관여한 판사의 의견을 들을 수 있다.

③ 배심원은 유 · 무죄에 관하여 전원의 의견이 일치하지 아니하는 때에는 평결을 하기 전에 심리에 관여한 판사의 의견을 들어야 한다. 이 경우 유 · 무죄의 평결은 다수결의 방법으로 한다. 심리에 관여한 판사는 평의에 참석하여 의견을 진술한 경우에도 평결에는 참여할 수 없다.

④ 제2항 및 제3항의 평결이 유죄인 경우 배심원은 심리에 관여한 판사와 함께 양형에 관하여 토의하고 그에 관한 의견을 개진한다. 재판장은 양형에 관한 토의 전에 처벌의 범위와 양형의 조건 등을 설명하여야 한다.

⑤ 제2항부터 제4항까지의 평결과 의견은 법원을 기속하지 아니한다.

⑥ 제2항 및 제3항의 평결결과와 제4항의 의견을 집계한 서면은 소송기록에 편철한다.

第47조【평의 등의 비밀】배심원은 평의 · 평결 및 토의 과정에서 알게 된 판사 및 배심원 각자의 의견과 그 분포 등을 누설하여서는 아니 된다.

## 제5장 배심원 등의 보호를 위한 조치

第50조【불이익취급의 금지】누구든지 배심원 · 예비배심원 또는 배심원후보자인 사실을 이유로 해고하거나 그 밖의 불이익한 처우를 하여서는 아니 된다.

출제예상 부속법률

# 헌법재판소법

## 제1장 총 칙

제1조 【목적】 이 법은 헌법재판소의 조직 및 운영과 그 심판절차에 관하여 필요한 사항을 정함을 목적으로 한다.

★ 제2조 【관장사항】 헌법재판소는 다음 각 호의 사항을 관장한다.

1. 법원의 제청(提請)에 의한 법률의 위헌(違憲) 여부 심판
2. 탄핵(彈劾)의 심판
3. 정당의 해산심판
4. 국가기관 상호 간, 국가기관과 지방자치단체 간 및 지방자치단체 상호 간의 권한쟁의(權限爭議)에 관한 심판
5. 헌법소원(憲法訴願)에 관한 심판

제3조 【구성】 헌법재판소는 9명의 재판관으로 구성한다.

제4조 【재판관의 독립】 재판관은 헌법과 법률에 의하여 양심에 따라 독립하여 심판한다.

★ 제5조 【재판관의 자격】 ① 재판관은 다음 각 호의 어느 하나에 해당하는 직(職)에 15년 이상 있던 40세 이상인 사람 중에서 임명한다. 다만, 다음 각 호 중 둘 이상의 직에 있던 사람의 재직기간은 합산한다.

1. 판사, 검사, 변호사
2. 변호사 자격이 있는 사람으로서 국가기관, 국영 · 공영 기업체, 「공공기관의 운영에 관한 법률」 제4조에 따른 공공기관 또는 그 밖의 법인에서 법률에 관한 사무에 종사한 사람
3. 변호사 자격이 있는 사람으로서 공인된 대학의 법률학 조교수 이상의 직에 있던 사람

② 다음 각 호의 어느 하나에 해당하는 사람은 재판관으로 임명할 수 없다.

1. 다른 법령에 따라 공무원으로 임용하지 못하는 사람
2. 금고 이상의 형을 선고받은 사람
3. 탄핵에 의하여 파면된 후 5년이 지나지 아니한 사람
4. 「정당법」 제22조에 따른 정당의 당원 또는 당원의 신분을 상실한 날부터 3년이 경과되지 아니한 사람

5. 「공직선거법」 제2조에 따른 선거에 후보자(예비후보자를 포함한다)로 등록한 날부터 5년이 경과되지 아니한 사람

6. 「공직선거법」 제2조에 따른 대통령선거에서 후보자의 당선을 위하여 자문이나 고문의 역할을 한 날부터 3년이 경과되지 아니한 사람

③ 제2항제6호에 따른 자문이나 고문의 역할을 한 사람의 구체적인 범위는 헌법재판소규칙으로 정한다.

**제6조 【재판관의 임명】** ① 재판관은 대통령이 임명한다. 이 경우 재판관 중 3명은 국회에서 선출하는 사람을, 3명은 대법원장이 지명하는 사람을 임명한다.

② 재판관은 국회의 인사청문을 거쳐 임명・선출 또는 지명하여야 한다. 이 경우 대통령은 재판관(국회에서 선출하거나 대법원장이 지명하는 사람은 제외한다)을 임명하기 전에, 대법원장은 재판관을 지명하기 전에 인사청문을 요청한다.

③ 재판관의 임기가 만료되거나 정년이 도래하는 경우에는 임기만료일 또는 정년도래일까지 후임자를 임명하여야 한다.

④ 임기 중 재판관이 결원된 경우에는 결원된 날부터 30일 이내에 후임자를 임명하여야 한다.

⑤ 제3항 및 제4항에도 불구하고 국회에서 선출한 재판관이 국회의 폐회 또는 휴회 중에 그 임기가 만료되거나 정년이 도래한 경우 또는 결원된 경우에는 국회는 다음 집회가 개시된 후 30일 이내에 후임자를 선출하여야 한다.

★ **제7조 【재판관의 임기】** ① 재판관의 임기는 6년으로 하며, 연임할 수 있다.

② 재판관의 정년은 70세로 한다.

**제8조 【재판관의 신분 보장】** 재판관은 다음 각 호의 어느 하나에 해당하는 경우가 아니면 그 의사에 반하여 해임되지 아니한다.

1. 탄핵결정이 된 경우
2. 금고 이상의 형을 선고받은 경우

**제9조 【재판관의 정치 관여 금지】** 재판관은 정당에 가입하거나 정치에 관여할 수 없다.

**제10조 【규칙 제정권】** ① 헌법재판소는 이 법과 다른 법률에 저촉되지 아니하는 범위에서 심판에 관한 절차, 내부 규율과 사무처리에 관한 규칙을 제정할 수 있다.

② 헌법재판소규칙은 관보에 게재하여 공포한다.

**제10조의2【입법 의견의 제출】** 헌법재판소장은 헌법재판소의 조직, 인사, 운영, 심판절차와 그 밖에 헌법재판소의 업무와 관련된 법률의 제정 또는 개정이 필요하다고 인정하는 경우에는 국회에 서면으로 그 의견을 제출할 수 있다.

**제11조【경비】** ① 헌법재판소의 경비는 독립하여 국가의 예산에 계상(計上)하여야 한다.

② 제1항의 경비 중에는 예비금을 둔다.

## 제2장 조 직

★ **제12조【헌법재판소장】** ① 헌법재판소에 헌법재판소장을 둔다.

② 헌법재판소장은 국회의 동의를 받아 재판관 중에서 대통령이 임명한다.

③ 헌법재판소장은 헌법재판소를 대표하고, 헌법재판소의 사무를 총괄하며, 소속 공무원을 지휘·감독한다.

④ 헌법재판소장이 궐위(闕位)되거나 부득이한 사유로 직무를 수행할 수 없을 때에는 다른 재판관이 헌법재판소규칙으로 정하는 순서에 따라 그 권한을 대행한다.

제13조 삭제〈1991.11.30.〉

**제14조【재판관의 겸직 금지】** 재판관은 다음 각 호의 어느 하나에 해당하는 직을 겸하거나 영리를 목적으로 하는 사업을 할 수 없다.

1. 국회 또는 지방의회의 의원의 직
2. 국회·정부 또는 법원의 공무원의 직
3. 법인·단체 등의 고문·임원 또는 직원의 직

**제15조【헌법재판소장 등의 대우】** 헌법재판소장의 대우와 보수는 대법원장의 예에 따르며, 재판관은 정무직(政務職)으로 하고 그 대우와 보수는 대법관의 예에 따른다.

**제16조【재판관회의】** ① 재판관회의는 재판관 전원으로 구성하며, 헌법재판소장이 의장이 된다.

② 재판관회의는 재판관 전원의 3분의 2를 초과하는 인원의 출석과 출석인원 과반수의 찬성으로 의결한다.

③ 의장은 의결에서 표결권을 가진다.

④ 다음 각 호의 사항은 재판관회의의 의결을 거쳐야 한다.

1. 헌법재판소규칙의 제정과 개정, 제10조의2에 따른 입법 의견의 제출에 관한 사항

2. 예산 요구, 예비금 지출과 결산에 관한 사항

3. 사무처장, 사무차장, 헌법재판연구원장, 헌법연구관 및 3급 이상 공무원의 임면(任免)에 관한 사항

4. 특히 중요하다고 인정되는 사항으로서 헌법재판소장이 재판관회의에 부치는 사항

⑤ 재판관회의의 운영에 필요한 사항은 헌법재판소규칙으로 정한다.

제21조 【서기 및 정리】 ① 헌법재판소에 서기(書記) 및 정리(廷吏)를 둔다.

② 헌법재판소장은 사무처 직원 중에서 서기 및 정리를 지명한다.

③ 서기는 재판장의 명을 받아 사건에 관한 서류의 작성·보관 또는 송달에 관한 사무를 담당한다.

④ 정리는 심판정(審判廷)의 질서유지와 그 밖에 재판장이 명하는 사무를 집행한다.

## 제3장 일반심판절차

제22조 【재판부】 ① 이 법에 특별한 규정이 있는 경우를 제외하고는 헌법재판소의 심판은 재판관 전원으로 구성되는 재판부에서 관장한다.

② 재판부의 재판장은 헌법재판소장이 된다.

★ 제23조 【심판정족수】 ① 재판부는 재판관 7명 이상의 출석으로 사건을 심리한다.

② 재판부는 종국심리(終局審理)에 관여한 재판관 과반수의 찬성으로 사건에 관한 결정을 한다. 다만, 다음 각 호의 어느 하나에 해당하는 경우에는 재판관 6명 이상의 찬성이 있어야 한다.

1. 법률의 위헌결정, 탄핵의 결정, 정당해산의 결정 또는 헌법소원에 관한 인용결정(認容決定)을 하는 경우

2. 종전에 헌법재판소가 판시한 헌법 또는 법률의 해석 적용에 관한 의견을 변경하는 경우

제25조 【대표자·대리인】 ① 각종 심판절차에서 정부가 당사자(참가인을 포함한다. 이하 같다)인 경우에는 법무부장관이 이를 대표한다.

② 각종 심판절차에서 당사자인 국가기관 또는 지방자치단체는 변호사 또는 변호사의 자격이 있는 소속 직원을 대리인으로 선임하여 심판을 수행하게 할 수 있다.

③ 각종 심판절차에서 당사자인 사인(私人)은 변호사를 대리인으로 선임하지 아니하면 심판청구를 하거나 심판 수행을 하지 못한다. 다만, 그가 변호사의 자격이 있는 경우에는 그러하지 아니하다.

**제28조【심판청구의 보정】** ① 재판장은 심판청구가 부적법하나 보정(補正)할 수 있다고 인정되는 경우에는 상당한 기간을 정하여 보정을 요구하여야 한다.

② 제1항에 따른 보정 서면에 관하여는 제27조 제1항을 준용한다.

③ 제1항에 따른 보정이 있는 경우에는 처음부터 적법한 심판청구가 있은 것으로 본다.

④ 제1항에 따른 보정기간은 제38조의 심판기간에 산입하지 아니한다.

⑤ 재판장은 필요하다고 인정하는 경우에는 재판관 중 1명에게 제1항의 보정요구를 할 수 있는 권한을 부여할 수 있다.

**제30조【심리의 방식】** ① 탄핵의 심판, 정당해산의 심판 및 권한쟁의의 심판은 구두변론에 의한다.

② 위헌법률의 심판과 헌법소원에 관한 심판은 서면심리에 의한다. 다만, 재판부는 필요하다고 인정하는 경우에는 변론을 열어 당사자, 이해관계인, 그 밖의 참고인의 진술을 들을 수 있다.

③ 재판부가 변론을 열 때에는 기일을 정하여 당사자와 관계인을 소환하여야 한다.

★ **제34조【심판의 공개】** ① 심판의 변론과 결정의 선고는 공개한다. 다만, 서면심리와 평의(評議)는 공개하지 아니한다.

② 헌법재판소의 심판에 관하여는 「법원조직법」 제57조 제1항 단서와 같은 조 제2항 및 제3항을 준용한다.

**제35조【심판의 지휘와 법정경찰권】** ① 재판장은 심판정의 질서와 변론의 지휘 및 평의의 정리(整理)를 담당한다.

**제36조【종국결정】** ① 재판부가 심리를 마쳤을 때에는 종국결정을 한다.

② 종국결정을 할 때에는 다음 각 호의 사항을 적은 결정서를 작성하고 심판에 관여한 재판관 전원이 이에 서명날인하여야 한다.

1. 사건번호와 사건명
2. 당사자와 심판수행자 또는 대리인의 표시
3. 주문(主文)
4. 이유
5. 결정일

③ 심판에 관여한 재판관은 결정서에 의견을 표시하여야 한다.

④ 종국결정이 선고되면 서기는 지체 없이 결정서 정본을 작성하여 당사자에게 송달하여야 한다.

⑤ 종국결정은 헌법재판소규칙으로 정하는 바에 따라 관보에 게재하거나 그 밖의 방법으로 공시한다.

제38조【심판기간】 헌법재판소는 심판사건을 접수한 날부터 180일 이내에 종국결정의 선고를 하여야 한다. 다만, 재판관의 궐위로 7명의 출석이 불가능한 경우에는 그 궐위된 기간은 심판기간에 산입하지 아니한다.

★ 제39조【일사부재리】 헌법재판소는 이미 심판을 거친 동일한 사건에 대하여는 다시 심판할 수 없다.

제40조【준용규정】 ① 헌법재판소의 심판절차에 관하여는 이 법에 특별한 규정이 있는 경우를 제외하고는 헌법재판의 성질에 반하지 아니하는 한도에서 민사소송에 관한 법령을 준용한다. 이 경우 탄핵심판의 경우에는 형사소송에 관한 법령을 준용하고, 권한쟁의심판 및 헌법소원심판의 경우에는 「행정소송법」을 함께 준용한다.

② 제1항 후단의 경우에 형사소송에 관한 법령 또는 「행정소송법」이 민사소송에 관한 법령에 저촉될 때에는 민사소송에 관한 법령은 준용하지 아니한다.

## 제4장 특별심판절차

### 제1절 위헌법률심판

제41조【위헌 여부 심판의 제청】 ① 법률이 헌법에 위반되는지 여부가 재판의 전제가 된 경우에는 당해 사건을 담당하는 법원(군사법원을 포함한다. 이하 같다)은 직권 또는 당사자의 신청에 의한 결정으로 헌법재판소에 위헌 여부 심판을 제청한다.

② 제1항의 당사자의 신청은 제43조 제2호부터 제4호까지의 사항을 적은 서면으로 한다.

③ 제2항의 신청서면의 심사에 관하여는 「민사소송법」 제254조를 준용한다.

④ 위헌 여부 심판의 제청에 관한 결정에 대하여는 항고할 수 없다.

⑤ 대법원 외의 법원이 제1항의 제청을 할 때에는 대법원을 거쳐야 한다.

제42조【재판의 정지 등】 ① 법원이 법률의 위헌 여부 심판을 헌법재판소에 제청한 때에는 당해 소송사건의 재판은 헌법재판소의 위헌 여부의 결정이 있을 때까지 정지된다. 다만, 법원이 긴급하다고 인정하는 경우에는 종국재판 외의 소송절차를 진행할 수 있다.

② 제1항 본문에 따른 재판정지기간은 「형사소송법」 제92조 제1항 · 제2항 및 「군사법원법」 제132조 제1항 · 제2항의 구속기간과 「민사소송법」 제199조의 판결 선고기간에 산입하지 아니한다.

★ 제45조 【위헌결정】 헌법재판소는 제청된 법률 또는 법률 조항의 위헌 여부만을 결정한다. 다만, 법률 조항의 위헌결정으로 인하여 해당 법률 전부를 시행할 수 없다고 인정될 때에는 그 전부에 대하여 위헌결정을 할 수 있다.

제46조 【결정서의 송달】 헌법재판소는 결정일부터 14일 이내에 결정서 정본을 제청한 법원에 송달한다. 이 경우 제청한 법원이 대법원이 아닌 경우에는 대법원을 거쳐야 한다.

★ 제47조 【위헌결정의 효력】 ① 법률의 위헌결정은 법원과 그 밖의 국가기관 및 지방자치단체를 기속(羈束)한다.

★ ② 위헌으로 결정된 법률 또는 법률의 조항은 그 결정이 있는 날부터 효력을 상실한다.

★ ③ 제2항에도 불구하고 형벌에 관한 법률 또는 법률의 조항은 소급하여 그 효력을 상실한다. 다만, 해당 법률 또는 법률의 조항에 대하여 종전에 합헌으로 결정한 사건이 있는 경우에는 그 결정이 있는 날의 다음 날로 소급하여 효력을 상실한다.

④ 제3항의 경우에 위헌으로 결정된 법률 또는 법률의 조항에 근거한 유죄의 확정판결에 대하여는 재심을 청구할 수 있다.

⑤ 제4항의 재심에 대하여는 「형사소송법」을 준용한다.

## 제2절 탄핵심판

★ 제48조 【탄핵소추】 다음 각 호의 어느 하나에 해당하는 공무원이 그 직무집행에서 헌법이나 법률을 위반한 경우에는 국회는 헌법 및 「국회법」에 따라 탄핵의 소추를 의결할 수 있다.

1. 대통령, 국무총리, 국무위원 및 행정각부(行政各部)의 장
2. 헌법재판소 재판관, 법관 및 중앙선거관리위원회 위원
3. 감사원장 및 감사위원
4. 그 밖에 법률에서 정한 공무원

★ 제49조 【소추위원】 ① 탄핵심판에서는 국회 법제사법위원회의 위원장이 소추위원이 된다.

② 소추위원은 헌법재판소에 소추의결서의 정본을 제출하여 탄핵심판을 청구하며, 심판의 변론에서 피청구인을 신문할 수 있다.

★ 제50조【권한 행사의 정지】 탄핵소추의 의결을 받은 사람은 헌법재판소의 심판이 있을 때까지 그 권한 행사가 정지된다.

제51조【심판절차의 정지】 피청구인에 대한 탄핵심판 청구와 동일한 사유로 형사소송이 진행되고 있는 경우에는 재판부는 심판절차를 정지할 수 있다.

제52조【당사자의 불출석】 ① 당사자가 변론기일에 출석하지 아니하면 다시 기일을 정하여야 한다.

② 다시 정한 기일에도 당사자가 출석하지 아니하면 그의 출석 없이 심리할 수 있다.

제53조【결정의 내용】 ① 탄핵심판 청구가 이유 있는 경우에는 헌법재판소는 피청구인을 해당 공직에서 파면하는 결정을 선고한다.

② 피청구인이 결정 선고 전에 해당 공직에서 파면되었을 때에는 헌법재판소는 심판청구를 기각하여야 한다.

★ 제54조【결정의 효력】 ① 탄핵결정은 피청구인의 민사상 또는 형사상의 책임을 면제하지 아니한다.

② 탄핵결정에 의하여 파면된 사람은 결정 선고가 있은 날부터 5년이 지나지 아니하면 공무원이 될 수 없다.

## 제3절 정당해산심판

제55조【정당해산심판의 청구】 정당의 목적이나 활동이 민주적 기본질서에 위배될 때에는 정부는 국무회의의 심의를 거쳐 헌법재판소에 정당해산심판을 청구할 수 있다.

제56조【청구서의 기재사항】 정당해산심판의 청구서에는 다음 각 호의 사항을 적어야 한다.

1. 해산을 요구하는 정당의 표시
2. 청구 이유

★ 제57조【가처분】 헌법재판소는 정당해산심판의 청구를 받은 때에는 직권 또는 청구인의 신청에 의하여 종국결정의 선고 시까지 피청구인의 활동을 정지하는 결정을 할 수 있다.

제58조 【청구 등의 통지】 ① 헌법재판소장은 정당해산심판의 청구가 있는 때, 가처분결정을 한 때 및 그 심판이 종료한 때에는 그 사실을 국회와 중앙선거관리위원회에 통지하여야 한다.

② 정당해산을 명하는 결정서는 피청구인 외에 국회, 정부 및 중앙선거관리위원회에도 송달하여야 한다.

★ 제59조 【결정의 효력】 정당의 해산을 명하는 결정이 선고된 때에는 그 정당은 해산된다.

제60조 【결정의 집행】 정당의 해산을 명하는 헌법재판소의 결정은 중앙선거관리위원회가 「정당법」에 따라 집행한다.

## 제4절 권한쟁의심판

★ 제61조 【청구 사유】 ① 국가기관 상호 간, 국가기관과 지방자치단체 간 및 지방자치단체 상호 간에 권한의 유무 또는 범위에 관하여 다툼이 있을 때에는 해당 국가기관 또는 지방자치단체는 헌법재판소에 권한쟁의심판을 청구할 수 있다.

② 제1항의 심판청구는 피청구인의 처분 또는 부작위(不作爲)가 헌법 또는 법률에 의하여 부여받은 청구인의 권한을 침해하였거나 침해할 현저한 위험이 있는 경우에만 할 수 있다.

제62조 【권한쟁의심판의 종류】 ① 권한쟁의심판의 종류는 다음 각 호와 같다.

★ 1. 국가기관 상호 간의 권한쟁의심판
국회, 정부, 법원 및 중앙선거관리위원회 상호 간의 권한쟁의심판

2. 국가기관과 지방자치단체 간의 권한쟁의심판
가. 정부와 특별시·광역시·특별자치시·도 또는 특별자치도 간의 권한쟁의심판
나. 정부와 시·군 또는 지방자치단체인 구(이하 "자치구"라 한다) 간의 권한쟁의심판

3. 지방자치단체 상호 간의 권한쟁의심판
가. 특별시·광역시·특별자치시·도 또는 특별자치도 상호간의 권한쟁의심판
나. 시·군 또는 자치구 상호 간의 권한쟁의심판
다. 특별시·광역시·특별자치시·도 또는 특별자치도와 시·군 또는 자치구 간의 권한쟁의심판

② 권한쟁의가 「지방교육자치에 관한 법률」 제2조에 따른 교육·학예에 관한 지방자치단체의 사무에 관한 것인 경우에는 교육감이 제1항 제2호 및 제3호의 당사자가 된다.

★ 제63조【청구기간】① 권한쟁의의 심판은 그 사유가 있음을 안 날부터 60일 이내에, 그 사유가 있은 날부터 180일 이내에 청구하여야 한다.

② 제1항의 기간은 불변기간으로 한다.

제64조【청구서의 기재사항】권한쟁의심판의 청구서에는 다음 각 호의 사항을 적어야 한다.

1. 청구인 또는 청구인이 속한 기관 및 심판수행자 또는 대리인의 표시
2. 피청구인의 표시
3. 심판 대상이 되는 피청구인의 처분 또는 부작위
4. 청구 이유
5. 그 밖에 필요한 사항

제65조【가처분】헌법재판소가 권한쟁의심판의 청구를 받았을 때에는 직권 또는 청구인의 신청에 의하여 종국결정의 선고 시까지 심판 대상이 된 피청구인의 처분의 효력을 정지하는 결정을 할 수 있다.

제66조【결정의 내용】① 헌법재판소는 심판의 대상이 된 국가기관 또는 지방자치단체의 권한의 유무 또는 범위에 관하여 판단한다.

② 제1항의 경우에 헌법재판소는 권한침해의 원인이 된 피청구인의 처분을 취소하거나 그 무효를 확인할 수 있고, 헌법재판소가 부작위에 대한 심판청구를 인용하는 결정을 한 때에는 피청구인은 결정 취지에 따른 처분을 하여야 한다.

★ 제67조【결정의 효력】① 헌법재판소의 권한쟁의심판의 결정은 모든 국가기관과 지방자치단체를 기속한다.

② 국가기관 또는 지방자치단체의 처분을 취소하는 결정은 그 처분의 상대방에 대하여 이미 생긴 효력에 영향을 미치지 아니한다.

## 제5절 헌법소원심판

★ 제68조【청구 사유】① 공권력의 행사 또는 불행사(不行使)로 인하여 헌법상 보장된 기본권을 침해받은 자는 법원의 재판을 제외하고는 헌법재판소에 헌법소원심판을 청구할 수 있다. 다만, 다른 법률에 구제절차가 있는 경우에는 그 절차를 모두 거친 후에 청구할 수 있다.

② 제41조 제1항에 따른 법률의 위헌 여부 심판의 제청신청이 기각된 때에는 그 신청을 한 당사자는 헌법재판소에 헌법소원심판을 청구할 수 있다. 이 경우 그 당사자는 당해 사건의 소송절차에서 동일한 사유를 이유로 다시 위헌 여부 심판의 제청을 신청할 수 없다.

★ **제69조【청구기간】** ① 제68조 제1항에 따른 헌법소원의 심판은 그 사유가 있음을 안 날부터 90일 이내에, 그 사유가 있는 날부터 1년 이내에 청구하여야 한다. 다만, 다른 법률에 따른 구제절차를 거친 헌법소원의 심판은 그 최종결정을 통지받은 날부터 30일 이내에 청구하여야 한다.

② 제68조 제2항에 따른 헌법소원심판은 위헌 여부 심판의 제청신청을 기각하는 결정을 통지받은 날부터 30일 이내에 청구하여야 한다.

**제70조【국선대리인】** ① 헌법소원심판을 청구하려는 자가 변호사를 대리인으로 선임할 자력(資力)이 없는 경우에는 헌법재판소에 국선대리인을 선임하여 줄 것을 신청할 수 있다. 이 경우 제69조에 따른 청구기간은 국선대리인의 선임신청이 있는 날을 기준으로 정한다.

② 제1항에도 불구하고 헌법재판소가 공익상 필요하다고 인정할 때에는 국선대리인을 선임할 수 있다.

③ 헌법재판소는 제1항의 신청이 있는 경우 또는 제2항의 경우에는 헌법재판소규칙으로 정하는 바에 따라 변호사 중에서 국선대리인을 선정한다. 다만, 그 심판청구가 명백히 부적법하거나 이유 없는 경우 또는 권리의 남용이라고 인정되는 경우에는 국선대리인을 선정하지 아니할 수 있다.

④ 헌법재판소가 국선대리인을 선정하지 아니한다는 결정을 한 때에는 지체 없이 그 사실을 신청인에게 통지하여야 한다. 이 경우 신청인이 선임신청을 한 날부터 그 통지를 받은 날까지의 기간은 제69조의 청구기간에 산입하지 아니한다.

⑤ 제3항에 따라 선정된 국선대리인은 선정된 날부터 60일 이내에 제71조에 규정된 사항을 적은 심판청구서를 헌법재판소에 제출하여야 한다.

⑥ 제3항에 따라 선정한 국선대리인에게는 헌법재판소규칙으로 정하는 바에 따라 국고에서 그 보수를 지급한다.

★ **제72조【사전심사】** ① 헌법재판소장은 헌법재판소에 재판관 3명으로 구성되는 지정재판부를 두어 헌법소원심판의 사전심사를 담당하게 할 수 있다.

② 삭제〈1991.11.30.〉

③ 지정재판부는 다음 각 호의 어느 하나에 해당되는 경우에는 지정재판부 재판관 전원의 일치된 의견에 의한 결정으로 헌법소원의 심판청구를 각하한다.

1. 다른 법률에 따른 구제절차가 있는 경우 그 절차를 모두 거치지 아니하거나 또는 법원의 재판에 대하여 헌법소원의 심판이 청구된 경우
2. 제69조의 청구기간이 지난 후 헌법소원심판이 청구된 경우
3. 제25조에 따른 대리인의 선임 없이 청구된 경우
4. 그 밖에 헌법소원심판의 청구가 부적법하고 그 흠결을 보정할 수 없는 경우

④ 지정재판부는 전원의 일치된 의견으로 제3항의 각하결정을 하지 아니하는 경우에는 결정으로 헌법소원을 재판부의 심판에 회부하여야 한다. 헌법소원심판의 청구 후 30일이 지날 때까지 각하결정이 없는 때에는 심판에 회부하는 결정(이하 "심판회부결정"이라 한다)이 있는 것으로 본다.

⑤ 지정재판부의 심리에 관하여는 제28조, 제31조, 제32조 및 제35조를 준용한다.

⑥ 지정재판부의 구성과 운영에 필요한 사항은 헌법재판소규칙으로 정한다.

**제73조【각하 및 심판회부 결정의 통지】** ① 지정재판부는 헌법소원을 각하하거나 심판회부결정을 한 때에는 그 결정일부터 14일 이내에 청구인 또는 그 대리인 및 피청구인에게 그 사실을 통지하여야 한다. 제72조 제4항 후단의 경우에도 또한 같다.

② 헌법재판소장은 헌법소원이 제72조 제4항에 따라 재판부의 심판에 회부된 때에는 다음 각 호의 자에게 지체 없이 그 사실을 통지하여야 한다.

1. 법무부장관
2. 제68조 제2항에 따른 헌법소원심판에서는 청구인이 아닌 당해 사건의 당사자

**제74조【이해관계기관 등의 의견 제출】** ① 헌법소원의 심판에 이해관계가 있는 국가기관 또는 공공단체와 법무부장관은 헌법재판소에 그 심판에 관한 의견서를 제출할 수 있다.

② 제68조 제2항에 따른 헌법소원이 재판부에 심판 회부된 경우에는 제27조 제2항 및 제44조를 준용한다.

**제75조【인용결정】** ① 헌법소원의 인용결정은 모든 국가기관과 지방자치단체를 기속한다.

② 제68조 제1항에 따른 헌법소원을 인용할 때에는 인용결정서의 주문에 침해된 기본권과 침해의 원인이 된 공권력의 행사 또는 불행사를 특정하여야 한다.

③ 제2항의 경우에 헌법재판소는 기본권 침해의 원인이 된 공권력의 행사를 취소하거나 그 불행사가 위헌임을 확인할 수 있다.

④ 헌법재판소가 공권력의 불행사에 대한 헌법소원을 인용하는 결정을 한 때에는 피청구인은 결정 취지에 따라 새로운 처분을 하여야 한다.

⑤ 제2항의 경우에 헌법재판소는 공권력의 행사 또는 불행사가 위헌인 법률 또는 법률의 조항에 기인한 것이라고 인정될 때에는 인용결정에서 해당 법률 또는 법률의 조항이 위헌임을 선고할 수 있다.

⑥ 제5항의 경우 및 제68조 제2항에 따른 헌법소원을 인용하는 경우에는 제45조 및 제47조를 준용한다.

⑦ 제68조 제2항에 따른 헌법소원이 인용된 경우에 해당 헌법소원과 관련된 소송사건이 이미 확정된 때에는 당사자는 재심을 청구할 수 있다.

⑧ 제7항에 따른 재심에서 형사사건에 대하여는 「형사소송법」을 준용하고, 그 외의 사건에 대하여는 「민사소송법」을 준용한다.

출제예상 부속법률

# 난민법

## 제1장 총 칙

제1조 【목적】 이 법은 「난민의 지위에 관한 1951년 협약」(이하 "난민협약"이라 한다) 및 「난민의 지위에 관한 1967년 의정서」(이하 "난민의정서"라 한다) 등에 따라 난민의 지위와 처우 등에 관한 사항을 정함을 목적으로 한다.

제2조 【정의】 이 법에서 사용하는 용어의 뜻은 다음과 같다.

1. "난민"이란 인종, 종교, 국적, 특정 사회집단의 구성원인 신분 또는 정치적 견해를 이유로 박해를 받을 수 있다고 인정할 충분한 근거가 있는 공포로 인하여 국적국의 보호를 받을 수 없거나 보호받기를 원하지 아니하는 외국인 또는 그러한 공포로 인하여 대한민국에 입국하기 전에 거주한 국가(이하 "상주국"이라 한다)로 돌아갈 수 없거나 돌아가기를 원하지 아니하는 무국적자인 외국인을 말한다.
2. "난민으로 인정된 사람"(이하 "난민인정자"라 한다)이란 이 법에 따라 난민으로 인정을 받은 외국인을 말한다.
3. "인도적 체류 허가를 받은 사람"(이하 "인도적체류자"라 한다)이란 제1호에는 해당하지 아니하지만 고문 등의 비인도적인 처우나 처벌 또는 그 밖의 상황으로 인하여 생명이나 신체의 자유 등을 현저히 침해당할 수 있다고 인정할 만한 합리적인 근거가 있는 사람으로서 대통령령으로 정하는 바에 따라 법무부장관으로부터 체류허가를 받은 외국인을 말한다.
4. "난민인정을 신청한 사람"(이하 "난민신청자"라 한다)이란 대한민국에 난민인정을 신청한 외국인으로서 다음 각 목의 어느 하나에 해당하는 사람을 말한다.
   가. 난민인정 신청에 대한 심사가 진행 중인 사람
   나. 난민불인정결정이나 난민불인정결정에 대한 이의신청의 기각결정을 받고 이의신청의 제기기간이나 행정심판 또는 행정소송의 제기기간이 지나지 아니한 사람
   다. 난민불인정결정에 대한 행정심판 또는 행정소송이 진행 중인 사람
5. "재정착희망난민"이란 대한민국 밖에 있는 난민 중 대한민국에서 정착을 희망하는 외국인을 말한다.
6. "외국인"이란 대한민국의 국적을 가지지 아니한 사람을 말한다.

제3조 【강제송환의 금지】 난민인정자와 인도적체류자 및 난민신청자는 난민협약 제33조 및 「고문 및 그 밖의 잔혹하거나 비인도적 또는 굴욕적인 대우나 처벌의 방지에 관한 협약」 제3조에 따라 본인의 의사에 반하여 강제로 송환되지 아니한다.

제4조 【다른 법률의 적용】 난민인정자와 인도적체류자 및 난민신청자의 지위와 처우에 관하여 이 법에서 정하지 아니한 사항은 「출입국관리법」을 적용한다.

## 제2장 난민인정 신청과 심사 등

제5조 【난민인정 신청】 ① 대한민국 안에 있는 외국인으로서 난민인정을 받으려는 사람은 법무부장관에게 난민인정 신청을 할 수 있다. 이 경우 외국인은 난민인정신청서를 지방출입국·외국인관서의 장에게 제출하여야 한다.

② 제1항에 따른 신청을 하는 때에는 다음 각 호에 해당하는 서류를 제시하여야 한다.

1. 여권 또는 외국인등록증. 다만, 이를 제시할 수 없는 경우에는 그 사유서
2. 난민인정 심사에 참고할 문서 등 자료가 있는 경우 그 자료

③ 난민인정 신청은 서면으로 하여야 한다. 다만, 신청자가 글을 쓸 줄 모르거나 장애 등의 사유로 인하여 신청서를 작성할 수 없는 경우에는 접수하는 공무원이 신청서를 작성하고 신청자와 함께 서명 또는 기명날인하여야 한다.

④ 출입국관리공무원은 난민인정 신청에 관하여 문의하거나 신청 의사를 밝히는 외국인이 있으면 적극적으로 도와야 한다.

⑤ 법무부장관은 난민인정 신청을 받은 때에는 즉시 신청자에게 접수증을 교부하여야 한다.

⑥ 난민신청자는 난민인정 여부에 관한 결정이 확정될 때까지(난민불인정결정에 대한 행정심판이나 행정소송이 진행 중인 경우에는 그 절차가 종결될 때까지) 대한민국에 체류할 수 있다.

⑦ 제1항부터 제6항까지 정한 사항 외에 난민인정 신청의 구체적인 방법과 절차 등 필요한 사항은 법무부령으로 정한다.

제6조 【출입국항에서 하는 신청】 ① 외국인이 입국심사를 받는 때에 난민인정 신청을 하려면 「출입국관리법」에 따른 출입국항을 관할하는 지방출입국·외국인관서의 장에게 난민인정신청서를 제출하여야 한다.

② 지방출입국・외국인관서의 장은 제1항에 따라 출입국항에서 난민인정신청서를 제출한 사람에 대하여 7일의 범위에서 출입국항에 있는 일정한 장소에 머무르게 할 수 있다.
③ 법무부장관은 제1항에 따라 난민인정신청서를 제출한 사람에 대하여는 그 신청서가 제출된 날부터 7일 이내에 난민인정 심사에 회부할 것인지를 결정하여야 하며, 그 기간 안에 결정하지 못하면 그 신청자의 입국을 허가하여야 한다.
④ 출입국항에서의 난민신청자에 대하여는 대통령령으로 정하는 바에 따라 제2항의 기간 동안 기본적인 의식주를 제공하여야 한다.
⑤ 제1항부터 제4항까지 정한 사항 외에 출입국항에서 하는 난민인정 신청의 절차 등 필요한 사항은 대통령령으로 정한다.

# 국민보호와 공공안전을 위한 테러방지법

제1조 【목적】 이 법은 테러의 예방 및 대응 활동 등에 관하여 필요한 사항과 테러로 인한 피해보전 등을 규정함으로써 테러로부터 국민의 생명과 재산을 보호하고 국가 및 공공의 안전을 확보하는 것을 목적으로 한다.

제3조 【국가 및 지방자치단체의 책무】 ① 국가 및 지방자치단체는 테러로부터 국민의 생명・신체 및 재산을 보호하기 위하여 테러의 예방과 대응에 필요한 제도와 여건을 조성하고 대책을 수립하여 이를 시행하여야 한다.

② 국가 및 지방자치단체는 제1항의 대책을 강구할 때 국민의 기본적 인권이 침해당하지 아니하도록 최선의 노력을 하여야 한다.

③ 이 법을 집행하는 공무원은 헌법상 기본권을 존중하여 이 법을 집행하여야 하며 헌법과 법률에서 정한 적법절차를 준수할 의무가 있다.

제4조 【다른 법률과의 관계】 이 법은 대테러활동에 관하여 다른 법률에 우선하여 적용한다.

제5조 【국가테러대책위원회】 ① 대테러활동에 관한 정책의 중요사항을 심의・의결하기 위하여 국가테러대책위원회(이하 "대책위원회"라 한다)를 둔다.

② 대책위원회는 국무총리 및 관계기관의 장 중 대통령령으로 정하는 사람으로 구성하고 위원장은 국무총리로 한다.

③ 대책위원회는 다음 각 호의 사항을 심의・의결한다.

1. 대테러활동에 관한 국가의 정책 수립 및 평가
2. 국가 대테러 기본계획 등 중요 중장기 대책 추진사항
3. 관계기관의 대테러활동 역할 분담・조정이 필요한 사항
4. 그 밖에 위원장 또는 위원이 대책위원회에서 심의・의결할 필요가 있다고 제의하는 사항

④ 그 밖에 대책위원회의 구성・운영 등에 필요한 사항은 대통령령으로 정한다.

제6조 【대테러센터】 ① 대테러활동과 관련하여 다음 각 호의 사항을 수행하기 위하여 국무총리 소속으로 관계기관 공무원으로 구성되는 대테러센터를 둔다.

1. 국가 대테러활동 관련 임무분담 및 협조사항 실무 조정
2. 장단기 국가대테러활동 지침 작성・배포
3. 테러경보 발령
4. 국가 중요행사 대테러안전대책 수립

5. 대책위원회의 회의 및 운영에 필요한 사무의 처리
6. 그 밖에 대책위원회에서 심의·의결한 사항
② 대테러센터의 조직·정원 및 운영에 관한 사항은 대통령령으로 정한다.
③ 대테러센터 소속 직원의 인적사항은 공개하지 아니할 수 있다.

**제7조【대테러 인권보호관】** ① 관계기관의 대테러활동으로 인한 국민의 기본권 침해 방지를 위하여 대책위원회 소속으로 대테러 인권보호관(이하 "인권보호관"이라 한다) 1명을 둔다.

② 인권보호관의 자격, 임기 등 운영에 관한 사항은 대통령령으로 정한다.

**제8조【전담조직의 설치】** ① 관계기관의 장은 테러 예방 및 대응을 위하여 필요한 전담조직을 둘 수 있다.

② 관계기관의 전담조직의 구성 및 운영과 효율적 테러대응을 위하여 필요한 사항은 대통령령으로 정한다.

**제9조【테러위험인물에 대한 정보 수집 등】** ① 국가정보원장은 테러위험인물에 대하여 출입국·금융거래 및 통신이용 등 관련 정보를 수집할 수 있다. 이 경우 출입국·금융거래 및 통신이용 등 관련 정보의 수집은 「출입국관리법」, 「관세법」, 「특정 금융거래정보의 보고 및 이용 등에 관한 법률」, 「통신비밀보호법」의 절차에 따른다.

② 국가정보원장은 제1항에 따른 정보 수집 및 분석의 결과 테러에 이용되었거나 이용될 가능성이 있는 금융거래에 대하여 지급정지 등의 조치를 취하도록 금융위원회 위원장에게 요청할 수 있다.

③ 국가정보원장은 테러위험인물에 대한 개인정보(「개인정보 보호법」상 민감정보를 포함한다)와 위치정보를 「개인정보 보호법」 제2조의 개인정보처리자와 「위치정보의 보호 및 이용 등에 관한 법률」 제5조 제7항에 따른 개인위치정보사업자 및 같은 법 제5조의2 제3항에 따른 사물위치정보사업자에게 요구할 수 있다.

④ 국가정보원장은 대테러활동에 필요한 정보나 자료를 수집하기 위하여 대테러조사 및 테러위험인물에 대한 추적을 할 수 있다. 이 경우 사전 또는 사후에 대책위원회 위원장에게 보고하여야 한다.

**제10조【테러예방을 위한 안전관리대책의 수립】** ① 관계기관의 장은 대통령령으로 정하는 국가중요시설과 많은 사람이 이용하는 시설 및 장비(이하 "테러대상시설"이라 한다)에 대한 테러예방대책과 테러의 수단으로 이용될 수 있는 폭발물·총기류·화생방물질(이하

"테러이용수단"이라 한다), 국가 중요행사에 대한 안전관리대책을 수립하여야 한다.

② 제1항에 따른 안전관리대책의 수립・시행에 필요한 사항은 대통령령으로 정한다.

제11조【테러취약요인 사전제거】① 테러대상시설 및 테러이용수단의 소유자 또는 관리자는 보안장비를 설치하는 등 테러취약요인 제거를 위하여 노력하여야 한다.

② 국가는 제1항의 테러대상시설 및 테러이용수단의 소유자 또는 관리자에게 필요한 경우 그 비용의 전부 또는 일부를 지원할 수 있다.

③ 제2항에 따른 비용의 지원 대상・기준・방법 및 절차 등에 필요한 사항은 대통령령으로 정한다.

제12조【테러선동・선전물 긴급 삭제 등 요청】① 관계기관의 장은 테러를 선동・선전하는 글 또는 그림, 상징적 표현물, 테러에 이용될 수 있는 폭발물 등 위험물 제조법 등이 인터넷이나 방송・신문, 게시판 등을 통해 유포될 경우 해당 기관의 장에게 긴급 삭제 또는 중단, 감독 등의 협조를 요청할 수 있다.

② 제1항의 협조를 요청받은 해당 기관의 장은 필요한 조치를 취하고 그 결과를 관계기관의 장에게 통보하여야 한다.

제13조【외국인테러전투원에 대한 규제】① 관계기관의 장은 외국인테러전투원으로 출국하려 한다고 의심할 만한 상당한 이유가 있는 내국인・외국인에 대하여 일시 출국금지를 법무부장관에게 요청할 수 있다.

② 제1항에 따른 일시 출국금지 기간은 90일로 한다. 다만, 출국금지를 계속할 필요가 있다고 판단할 상당한 이유가 있는 경우에 관계기관의 장은 그 사유를 명시하여 연장을 요청할 수 있다.

③ 관계기관의 장은 외국인테러전투원으로 가담한 사람에 대하여「여권법」제13조에 따른 여권의 효력정지 및 같은 법 제12조의2에 따른 재발급 제한을 외교부장관에게 요청할 수 있다.

제15조【테러피해의 지원】① 테러로 인하여 신체 또는 재산의 피해를 입은 국민은 관계기관에 즉시 신고하여야 한다. 다만, 인질 등 부득이한 사유로 신고할 수 없을 때에는 법률관계 또는 계약관계에 의하여 보호의무가 있는 사람이 이를 알게 된 때에 즉시 신고하여야 한다.

② 국가 또는 지방자치단체는 제1항의 피해를 입은 사람에 대하여 대통령령으로 정하는 바에 따라 치료 및 복구에 필요한 비용의 전부 또는 일부를 지원할 수 있다. 다만,「여권

법」 제17조 제1항 단서에 따른 외교부장관의 허가를 받지 아니하고 방문 및 체류가 금지된 국가 또는 지역을 방문·체류한 사람에 대해서는 그러하지 아니하다.

③ 제2항에 따른 비용의 지원 기준·절차·금액 및 방법 등에 관하여 필요한 사항은 대통령령으로 정한다.

제19조 【세계주의】 제17조의 죄는 대한민국 영역 밖에서 범한 외국인에게도 국내법을 적용한다.

# 부정청탁 및 금품등 수수의 금지에 관한 법률

## 제1장 총 칙

제1조 【목적】 이 법은 공직자 등에 대한 부정청탁 및 공직자 등의 금품 등의 수수(收受)를 금지함으로써 공직자 등의 공정한 직무수행을 보장하고 공공기관에 대한 국민의 신뢰를 확보하는 것을 목적으로 한다.

제2조 【정의】 이 법에서 사용하는 용어의 뜻은 다음과 같다.

1. "공공기관"이란 다음 각 목의 어느 하나에 해당하는 기관·단체를 말한다.
   가. 국회, 법원, 헌법재판소, 선거관리위원회, 감사원, 국가인권위원회, 중앙행정기관(대통령 소속 기관과 국무총리 소속 기관을 포함한다)과 그 소속 기관 및 지방자치단체
   나. 「공직자윤리법」 제3조의2에 따른 공직유관단체
   다. 「공공기관의 운영에 관한 법률」 제4조에 따른 기관
   라. 「초·중등교육법」, 「고등교육법」, 「유아교육법」 및 그 밖의 다른 법령에 따라 설치된 각급 학교 및 「사립학교법」에 따른 학교법인
   마. 「언론중재 및 피해구제 등에 관한 법률」 제2조 제12호에 따른 언론사
2. "공직자등"이란 다음 각 목의 어느 하나에 해당하는 공직자 또는 공적 업무 종사자를 말한다.
   가. 「국가공무원법」 또는 「지방공무원법」에 따른 공무원과 그 밖에 다른 법률에 따라 그 자격·임용·교육훈련·복무·보수·신분보장 등에 있어서 공무원으로 인정된 사람
   나. 제1호 나목 및 다목에 따른 공직유관단체 및 기관의 장과 그 임직원
   다. 제1호 라목에 따른 각급 학교의 장과 교직원 및 학교법인의 임직원
   라. 제1호 마목에 따른 언론사의 대표자와 그 임직원
3. "금품등"이란 다음 각 목의 어느 하나에 해당하는 것을 말한다.
   가. 금전, 유가증권, 부동산, 물품, 숙박권, 회원권, 입장권, 할인권, 초대권, 관람권, 부동산 등의 사용권 등 일체의 재산적 이익
   나. 음식물·주류·골프 등의 접대·향응 또는 교통·숙박 등의 편의 제공
   다. 채무 면제, 취업 제공, 이권(利權) 부여 등 그 밖의 유형·무형의 경제적 이익

4. “소속기관장”이란 공직자등이 소속된 공공기관의 장을 말한다.

제3조【국가 등의 책무】① 국가는 공직자가 공정하고 청렴하게 직무를 수행할 수 있는 근무 여건을 조성하기 위하여 노력하여야 한다.

② 공공기관은 공직자등의 공정하고 청렴한 직무수행을 보장하기 위하여 부정청탁 및 금품등의 수수를 용인(容認)하지 아니하는 공직문화 형성에 노력하여야 한다.

③ 공공기관은 공직자등이 위반행위 신고 등 이 법에 따른 조치를 함으로써 불이익을 당하지 아니하도록 적절한 보호조치를 하여야 한다.

제4조【공직자등의 의무】① 공직자등은 사적 이해관계에 영향을 받지 아니하고 직무를 공정하고 청렴하게 수행하여야 한다.

② 공직자등은 직무수행과 관련하여 공평무사하게 처신하고 직무관련자를 우대하거나 차별해서는 아니 된다.

## 제2장 부정청탁의 금지 등

제5조【부정청탁의 금지】① 누구든지 직접 또는 제3자를 통하여 직무를 수행하는 공직자등에게 다음 각 호의 어느 하나에 해당하는 부정청탁을 해서는 아니 된다.

1. 인가·허가·면허·특허·승인·검사·검정·시험·인증·확인 등 법령(조례·규칙을 포함한다. 이하 같다)에서 일정한 요건을 정하여 놓고 직무관련자로부터 신청을 받아 처리하는 직무에 대하여 법령을 위반하여 처리하도록 하는 행위
2. 인가 또는 허가의 취소, 조세, 부담금, 과태료, 과징금, 이행강제금, 범칙금, 징계 등 각종 행정처분 또는 형벌부과에 관하여 법령을 위반하여 감경·면제하도록 하는 행위
3. 모집·선발·채용·승진·전보 등 공직자등의 인사에 관하여 법령을 위반하여 개입하거나 영향을 미치도록 하는 행위
4. 법령을 위반하여 각종 심의·의결·조정 위원회의 위원, 공공기관이 주관하는 시험·선발 위원 등 공공기관의 의사결정에 관여하는 직위에 선정 또는 탈락되도록 하는 행위
5. 공공기관이 주관하는 각종 수상, 포상, 우수기관 선정 또는 우수자·장학생 선발에 관하여 법령을 위반하여 특정 개인·단체·법인이 선정 또는 탈락되도록 하는 행위
6. 입찰·경매·개발·시험·특허·군사·과세 등에 관한 직무상 비밀을 법령을 위반하여 누설하도록 하는 행위

7. 계약 관련 법령을 위반하여 특정 개인·단체·법인이 계약의 당사자로 선정 또는 탈락되도록 하는 행위
8. 보조금·장려금·출연금·출자금·교부금·기금 등의 업무에 관하여 법령을 위반하여 특정 개인·단체·법인에 배정·지원하거나 투자·예치·대여·출연·출자하도록 개입하거나 영향을 미치도록 하는 행위
9. 공공기관이 생산·공급·관리하는 재화 및 용역을 특정 개인·단체·법인에게 법령에서 정하는 가격 또는 정상적인 거래관행에서 벗어나 매각·교환·사용·수익·점유하도록 하는 행위
10. 각급 학교의 입학·성적·수행평가·논문심사·학위수여 등의 업무에 관하여 법령을 위반하여 처리·조작하도록 하는 행위
11. 병역판정검사, 부대 배속, 보직 부여 등 병역 관련 업무에 관하여 법령을 위반하여 처리하도록 하는 행위
12. 공공기관이 실시하는 각종 평가·판정·인정 업무에 관하여 법령을 위반하여 평가, 판정 또는 인정하게 하거나 결과를 조작하도록 하는 행위
13. 법령을 위반하여 행정지도·단속·감사·조사 대상에서 특정 개인·단체·법인이 선정·배제되도록 하거나 행정지도·단속·감사·조사의 결과를 조작하거나 또는 그 위법사항을 묵인하게 하는 행위
14. 사건의 수사·재판·심판·결정·조정·중재·화해, 형의 집행, 수용자의 지도·처우·계호 또는 이에 준하는 업무를 법령을 위반하여 처리하도록 하는 행위
15. 제1호부터 제14호까지의 부정청탁의 대상이 되는 업무에 관하여 공직자등이 법령에 따라 부여받은 지위·권한을 벗어나 행사하거나 권한에 속하지 아니한 사항을 행사하도록 하는 행위

② 제1항에도 불구하고 다음 각 호의 어느 하나에 해당하는 경우에는 이 법을 적용하지 아니한다.

1. 「청원법」, 「민원사무 처리에 관한 법률」, 「행정절차법」, 「국회법」 및 그 밖의 다른 법령·기준(제2조제1호나목부터 마목까지의 공공기관의 규정·사규·기준을 포함한다. 이하 같다)에서 정하는 절차·방법에 따라 권리침해의 구제·해결을 요구하거나 그와 관련된 법령·기준의 제정·개정·폐지를 제안·건의하는 등 특정한 행위를 요구하는 행위
2. 공개적으로 공직자등에게 특정한 행위를 요구하는 행위

3. 선출직 공직자, 정당, 시민단체 등이 공익적인 목적으로 제3자의 고충민원을 전달하거나 법령·기준의 제정·개정·폐지 또는 정책·사업·제도 및 그 운영 등의 개선에 관하여 제안·건의하는 행위
4. 공공기관에 직무를 법정기한 안에 처리하여 줄 것을 신청·요구하거나 그 진행상황·조치결과 등에 대하여 확인·문의 등을 하는 행위
5. 직무 또는 법률관계에 관한 확인·증명 등을 신청·요구하는 행위
6. 질의 또는 상담형식을 통하여 직무에 관한 법령·제도·절차 등에 대하여 설명이나 해석을 요구하는 행위
7. 그 밖에 사회상규(社會常規)에 위배되지 아니하는 것으로 인정되는 행위

**제6조【부정청탁에 따른 직무수행 금지】** 부정청탁을 받은 공직자등은 그에 따라 직무를 수행해서는 아니 된다.

**제7조【부정청탁의 신고 및 처리】** ① 공직자등은 부정청탁을 받았을 때에는 부정청탁을 한 자에게 부정청탁임을 알리고 이를 거절하는 의사를 명확히 표시하여야 한다.

② 공직자등은 제1항에 따른 조치를 하였음에도 불구하고 동일한 부정청탁을 다시 받은 경우에는 이를 소속기관장에게 서면(전자문서를 포함한다. 이하 같다)으로 신고하여야 한다.

③ 제2항에 따른 신고를 받은 소속기관장은 신고의 경위·취지·내용·증거자료 등을 조사하여 신고 내용이 부정청탁에 해당하는지를 신속하게 확인하여야 한다.

④ 소속기관장은 부정청탁이 있었던 사실을 알게 된 경우 또는 제2항 및 제3항의 부정청탁에 관한 신고·확인 과정에서 해당 직무의 수행에 지장이 있다고 인정하는 경우에는 부정청탁을 받은 공직자등에 대하여 다음 각 호의 조치를 할 수 있다.

1. 직무 참여 일시중지
2. 직무 대리자의 지정
3. 전보
4. 그 밖에 국회규칙, 대법원규칙, 헌법재판소규칙, 중앙선거관리위원회규칙 또는 대통령령으로 정하는 조치

⑤ 소속기관장은 공직자등이 다음 각 호의 어느 하나에 해당하는 경우에는 제4항에도 불구하고 그 공직자등에게 직무를 수행하게 할 수 있다. 이 경우 제20조에 따른 소속기관의 담당관 또는 다른 공직자등으로 하여금 그 공직자등의 공정한 직무수행 여부를 주기적으로 확인·점검하도록 하여야 한다.

1. 직무를 수행하는 공직자등을 대체하기 지극히 어려운 경우
2. 공직자등의 직무수행에 미치는 영향이 크지 아니한 경우
3. 국가의 안전보장 및 경제발전 등 공익증진을 이유로 직무수행의 필요성이 더 큰 경우

⑥ 공직자등은 제2항에 따른 신고를 감독기관 · 감사원 · 수사기관 또는 국민권익위원회에도 할 수 있다.

⑦ 소속기관장은 다른 법령에 위반되지 아니하는 범위에서 부정청탁의 내용 및 조치사항을 해당 공공기관의 인터넷 홈페이지 등에 공개할 수 있다.

⑧ 제1항부터 제7항까지에서 규정한 사항 외에 부정청탁의 신고 · 확인 · 처리 및 기록 · 관리 · 공개 등에 필요한 사항은 대통령령으로 정한다.

## 제3장 금품등의 수수 금지 등

제8조【금품등의 수수 금지】① 공직자등은 직무 관련 여부 및 기부 · 후원 · 증여 등 그 명목에 관계없이 동일인으로부터 1회에 100만원 또는 매 회계연도에 300만원을 초과하는 금품등을 받거나 요구 또는 약속해서는 아니 된다.

② 공직자등은 직무와 관련하여 대가성 여부를 불문하고 제1항에서 정한 금액 이하의 금품등을 받거나 요구 또는 약속해서는 아니 된다.

③ 제10조의 외부강의등에 관한 사례금 또는 다음 각 호의 어느 하나에 해당하는 금품등의 경우에는 제1항 또는 제2항에서 수수를 금지하는 금품등에 해당하지 아니한다.

1. 공공기관이 소속 공직자등이나 파견 공직자등에게 지급하거나 상급 공직자등이 위로 · 격려 · 포상 등의 목적으로 하급 공직자등에게 제공하는 금품등
2. 원활한 직무수행 또는 사교 · 의례 또는 부조의 목적으로 제공되는 음식물 · 경조사비 · 선물 등으로서 대통령령으로 정하는 가액 범위 안의 금품등. 다만, 선물 중 「농수산물 품질관리법」 제2조제1항제1호에 따른 농수산물 및 같은 항 제13호에 따른 농수산가공품(농수산물을 원료 또는 재료의 50퍼센트를 넘게 사용하여 가공한 제품만 해당한다)은 대통령령으로 정하는 설날 · 추석을 포함한 기간에 한정하여 그 가액 범위를 두배로 한다.
3. 사적 거래(증여는 제외한다)로 인한 채무의 이행 등 정당한 권원(權原)에 의하여 제공되는 금품등
4. 공직자등의 친족(「민법」 제777조에 따른 친족을 말한다)이 제공하는 금품등

5. 공직자등과 관련된 직원상조회 · 동호인회 · 동창회 · 향우회 · 친목회 · 종교단체 · 사회단체 등이 정하는 기준에 따라 구성원에게 제공하는 금품등 및 그 소속 구성원 등 공직자등과 특별히 장기적 · 지속적인 친분관계를 맺고 있는 자가 질병 · 재난 등으로 어려운 처지에 있는 공직자등에게 제공하는 금품등
6. 공직자등의 직무와 관련된 공식적인 행사에서 주최자가 참석자에게 통상적인 범위에서 일률적으로 제공하는 교통, 숙박, 음식물 등의 금품등
7. 불특정 다수인에게 배포하기 위한 기념품 또는 홍보용품 등이나 경연 · 추첨을 통하여 받는 보상 또는 상품 등
8. 그 밖에 다른 법령 · 기준 또는 사회상규에 따라 허용되는 금품등

④ 공직자등의 배우자는 공직자등의 직무와 관련하여 제1항 또는 제2항에 따라 공직자등이 받는 것이 금지되는 금품등(이하 "수수 금지 금품등"이라 한다)을 받거나 요구하거나 제공받기로 약속해서는 아니 된다.

⑤ 누구든지 공직자등에게 또는 그 공직자등의 배우자에게 수수 금지 금품등을 제공하거나 그 제공의 약속 또는 의사표시를 해서는 아니 된다.

제10조【외부강의등의 사례금 수수 제한】 ① 공직자등은 자신의 직무와 관련되거나 그 지위 · 직책 등에서 유래되는 사실상의 영향력을 통하여 요청받은 교육 · 홍보 · 토론회 · 세미나 · 공청회 또는 그 밖의 회의 등에서 한 강의 · 강연 · 기고 등(이하 "외부강의등"이라 한다)의 대가로서 대통령령으로 정하는 금액을 초과하는 사례금을 받아서는 아니 된다.

② 공직자등은 사례금을 받는 외부강의등을 할 때에는 대통령령으로 정하는 바에 따라 외부강의등의 요청 명세 등을 소속기관장에게 그 외부강의등을 마친 날부터 10일 이내에 서면으로 신고하여야 한다. 다만, 외부강의등을 요청한 자가 국가나 지방자치단체인 경우에는 그러하지 아니하다.

③ 삭제 〈2019.11.26〉

④ 소속기관장은 제2항에 따라 공직자등이 신고한 외부강의등이 공정한 직무수행을 저해할 수 있다고 판단하는 경우에는 그 공직자등의 외부강의등을 제한할 수 있다.

⑤ 공직자등은 제1항에 따른 금액을 초과하는 사례금을 받은 경우에는 대통령령으로 정하는 바에 따라 소속기관장에게 신고하고, 제공자에게 그 초과금액을 지체 없이 반환하여야 한다.

제11조 【공무수행사인의 공무 수행과 관련된 행위제한 등】 ① 다음 각 호의 어느 하나에 해당하는 자(이하 "공무수행사인"이라 한다)의 공무 수행에 관하여는 제5조부터 제9조까지를 준용한다.

1. 「행정기관 소속 위원회의 설치·운영에 관한 법률」 또는 다른 법령에 따라 설치된 각종 위원회의 위원 중 공직자가 아닌 위원
2. 법령에 따라 공공기관의 권한을 위임·위탁받은 법인·단체 또는 그 기관이나 개인
3. 공무를 수행하기 위하여 민간부문에서 공공기관에 파견 나온 사람
4. 법령에 따라 공무상 심의·평가 등을 하는 개인 또는 법인·단체

② 제1항에 따라 공무수행사인에 대하여 제5조부터 제9조까지를 준용하는 경우 "공직자등"은 "공무수행사인"으로 보고, "소속기관장"은 "다음 각 호의 구분에 따른 자"로 본다.

1. 제1항 제1호에 따른 위원회의 위원 : 그 위원회가 설치된 공공기관의 장
2. 제1항 제2호에 따른 법인·단체 또는 그 기관이나 개인 : 감독기관 또는 권한을 위임하거나 위탁한 공공기관의 장
3. 제1항 제3호에 따른 사람 : 파견을 받은 공공기관의 장
4. 제1항 제4호에 따른 개인 또는 법인·단체 : 해당 공무를 제공받는 공공기관의 장

## 제4장 부정청탁 등 방지에 관한 업무의 총괄 등

제12조 【공직자등의 부정청탁 등 방지에 관한 업무의 총괄】 국민권익위원회는 이 법에 따른 다음 각 호의 사항에 관한 업무를 관장한다.

1. 부정청탁의 금지 및 금품등의 수수 금지·제한 등에 관한 제도개선 및 교육·홍보계획의 수립 및 시행
2. 부정청탁 등에 관한 유형, 판단기준 및 그 예방 조치 등에 관한 기준의 작성 및 보급
3. 부정청탁 등에 대한 신고 등의 안내·상담·접수·처리 등
4. 신고자 등에 대한 보호 및 보상
5. 제1호부터 제4호까지의 업무 수행에 필요한 실태조사 및 자료의 수집·관리·분석 등

제13조의2 【비실명 대리신고】 ① 제13조제3항에도 불구하고 같은 조 제1항에 따라 신고를 하려는 자는 자신의 인적사항을 밝히지 아니하고 변호사를 선임하여 신고를 대리하게 할 수 있다. 이 경우 제13조제3항에 따른 신고자의 인적사항 및 신고자가 서명한 문서는 변호사의 인적사항 및 변호사가 서명한 문서로 갈음한다.

② 제1항에 따른 신고는 국민권익위원회에 하여야 하며, 신고자 또는 신고를 대리하는 변호사는 그 취지를 밝히고 신고자의 인적사항, 신고자임을 입증할 수 있는 자료 및 위임장을 국민권익위원회에 함께 제출하여야 한다.

③ 국민권익위원회는 제2항에 따라 제출된 자료를 봉인하여 보관하여야 하며, 신고자 본인의 동의 없이 이를 열람하여서는 아니 된다.

제19조 **【교육과 홍보 등】** ① 공공기관의 장은 공직자등에게 부정청탁 금지 및 금품등의 수수 금지에 관한 내용을 정기적으로 교육하여야 하며, 이를 준수할 것을 약속하는 서약서를 받아야 한다.

② 공공기관의 장은 이 법에서 금지하고 있는 사항을 적극적으로 알리는 등 국민들이 이 법을 준수하도록 유도하여야 한다.

③ 공공기관의 장은 제1항 및 제2항에 따른 교육 및 홍보 등의 실시를 위하여 필요하면 국민권익위원회에 지원을 요청할 수 있다. 이 경우 국민권익위원회는 적극 협력하여야 한다.

제20조 **【부정청탁 금지 등을 담당하는 담당관의 지정】** 공공기관의 장은 소속 공직자등 중에서 다음 각 호의 부정청탁 금지 등을 담당하는 담당관을 지정하여야 한다.

1. 부정청탁 금지 및 금품등의 수수 금지에 관한 내용의 교육·상담
2. 이 법에 따른 신고·신청의 접수, 처리 및 내용의 조사
3. 이 법에 따른 소속기관장의 위반행위를 발견한 경우 법원 또는 수사기관에 그 사실의 통보

출제예상 부속법률

# 대한민국헌법

## 전 문

유구한 역사와 전통에 빛나는 우리 대한국민은 3·1운동으로 건립된 대한민국임시정부의 법통과 불의에 항거한 4·19민주이념을 계승하고, 조국의 민주개혁과 평화적 통일의 사명에 입각하여 정의·인도와 동포애로써 민족의 단결을 공고히 하고, 모든 사회적 폐습과 불의를 타파하며, 자율과 조화를 바탕으로 자유민주적 기본질서를 더욱 확고히 하여 정치·경제·사회·문화의 모든 영역에 있어서 각인의 기회를 균등히 하고, 능력을 최고도로 발휘하게 하며, 자유와 권리에 따르는 책임과 의무를 완수하게 하여, 안으로는 국민생활의 균등한 향상을 기하고 밖으로는 항구적인 세계평화와 인류공영에 이바지함으로써 우리들과 우리들의 자손의 안전과 자유와 행복을 영원히 확보할 것을 다짐하면서 1948년 7월 12일에 제정되고 8차에 걸쳐 개정된 헌법을 이제 국회의 의결을 거쳐 국민투표에 의하여 개정한다.

## 제1장 총 강

제1조 【국호·정체, 주권】 ① 대한민국은 민주공화국이다.

② 대한민국의 주권은 국민에게 있고, 모든 권력은 국민으로부터 나온다.

제2조 【국민의 요건, 재외국민의 보호】 ① 대한민국의 국민이 되는 요건은 법률로 정한다.

② 국가는 법률이 정하는 바에 의하여 재외국민을 보호할 의무를 진다.

제3조 【영토】 대한민국의 영토는 한반도와 그 부속도서로 한다.

제4조 【통일정책】 대한민국은 통일을 지향하며, 자유민주적 기본질서에 입각한 평화적 통일 정책을 수립하고 이를 추진한다.

제5조 【침략전쟁의 부인, 국군의 사명·정치적 중립성 보장】 ① 대한민국은 국제평화의 유지에 노력하고 침략적 전쟁을 부인한다.

② 국군은 국가의 안전보장과 국토방위의 신성한 의무를 수행함을 사명으로 하며, 그 정치적 중립성은 준수된다.

제6조【조약·국제법의 효력, 외국인의 법적지위】① 헌법에 의하여 체결·공포된 조약과 일반적으로 승인된 국제법규는 국내법과 같은 효력을 가진다.

② 외국인은 국제법과 조약이 정하는 바에 의하여 그 지위가 보장된다.

제7조【공무원의 지위·책임·신분】① 공무원은 국민전체에 대한 봉사자이며, 국민에 대하여 책임을 진다.

② 공무원의 신분과 정치적 중립성은 법률이 정하는 바에 의하여 보장된다.

제8조【정당】① 정당의 설립은 자유이며, 복수정당제는 보장된다.

② 정당은 그 목적·조직과 활동이 민주적이어야 하며, 국민의 정치적 의사형성에 참여하는데 필요한 조직을 가져야 한다.

③ 정당은 법률이 정하는 바에 의하여 국가의 보호를 받으며, 국가는 법률이 정하는 바에 의하여 정당운영에 필요한 자금을 보조할 수 있다.

④ 정당의 목적이나 활동이 민주적 기본질서에 위배될 때에는 정부는 헌법재판소에 그 해산을 제소할 수 있고, 정당은 헌법재판소의 심판에 의하여 해산된다.

제9조【전통문화와 민족문화】국가는 전통문화의 계승·발전과 민족문화의 창달에 노력하여야 한다.

## 제2장 국민의 권리와 의무

제10조【인간의 존엄성과 기본인권보장】모든 국민은 인간으로서의 존엄과 가치를 가지며, 행복을 추구할 권리를 가진다. 국가는 개인이 가지는 불가침의 기본적 인권을 확인하고 이를 보장할 의무를 진다.

제11조【국민의 평등, 특수계급제도의 부인】① 모든 국민은 법 앞에 평등하다. 누구든지 성별·종교 또는 사회적 신분에 의하여 정치적·경제적·사회적·문화적 생활의 모든 영역에 있어서 차별을 받지 아니한다.

② 사회적 특수계급의 제도는 인정되지 아니하며, 어떠한 형태로도 이를 창설할 수 없다.

③ 훈장 등의 영전은 이를 받은 자에게만 효력이 있고, 어떠한 특권도 이에 따르지 아니한다.

제12조【신체의 자유】① 모든 국민은 신체의 자유를 가진다. 누구든지 법률에 의하지 아니하고는 체포·구속·압수·수색 또는 심문을 받지 아니하며, 법률과 적법한 절차에 의하지 아니하고는 처벌·보안처분 또는 강제노역을 받지 아니한다.

② 모든 국민은 고문을 받지 아니하며, 형사상 자기에게 불리한 진술을 강요당하지 아니한다.

③ 체포·구속·압수 또는 수색을 할 때에는 적법한 절차에 따라 검사의 신청에 의하여 법관이 발부한 영장을 제시하여야 한다. 다만, 현행범인인 경우와 장기 3년 이상의 형에 해당하는 죄를 범하고 도피 또는 증거인멸의 염려가 있을 때에는 사후에 영장을 청구할 수 있다.

④ 누구든지 체포 또는 구속을 당한 때에는 즉시 변호인의 조력을 받을 권리를 가진다. 다만, 형사피고인이 스스로 변호인을 구할 수 없을 때에는 법률이 정하는 바에 의하여 국가가 변호인을 붙인다.

⑤ 누구든지 체포 또는 구속의 이유와 변호인의 조력을 받을 권리가 있음을 고지받지 아니하고는 체포 또는 구속을 당하지 아니한다. 체포 또는 구속을 당한 자의 가족등 법률이 정하는 자에게는 그 이유와 일시·장소가 지체없이 통지되어야 한다.

⑥ 누구든지 체포 또는 구속을 당한 때에는 적부의 심사를 법원에 청구할 권리를 가진다.

⑦ 피고인의 자백이 고문·폭행·협박·구속의 부당한 장기화 또는 기망 기타의 방법에 의하여 자의로 진술된 것이 아니라고 인정될 때 또는 정식재판에 있어서 피고인의 자백이 그에게 불리한 유일한 증거일 때에는 이를 유죄의 증거로 삼거나 이를 이유로 처벌할 수 없다.

제13조【형벌불소급·일사부재리·소급입법금지·연좌제금지】① 모든 국민은 행위시의 법률에 의하여 범죄를 구성하지 아니하는 행위로 소추되지 아니하며, 동일한 범죄에 대하여 거듭 처벌받지 아니한다.

② 모든 국민은 소급입법에 의하여 참정권의 제한을 받거나 재산권을 박탈당하지 아니한다.

③ 모든 국민은 자기의 행위가 아닌 친족의 행위로 인하여 불이익한 처우를 받지 아니한다.

제14조【거주·이전의 자유】모든 국민은 거주·이전의 자유를 가진다.

제15조【직업선택의 자유보장】모든 국민은 직업선택의 자유를 가진다.

제16조【거주의 보장】 모든 국민은 주거의 자유를 침해받지 아니한다. 주거에 대한 압수나 수색을 할 때에는 검사의 신청에 의하여 법관이 발부한 영장을 제시하여야 한다.

제17조【사생활의 비밀과 자유】 모든 국민은 사생활의 비밀과 자유를 침해받지 아니한다.

제18조【통신의 비밀】 모든 국민은 통신의 비밀을 침해받지 아니한다.

제19조【양심의 자유】 모든 국민은 양심의 자유를 가진다.

제20조【종교의 자유】 ① 모든 국민은 종교의 자유를 가진다.

② 국교는 인정되지 아니하며, 종교와 정치는 분리된다.

제21조【언론·집회·결사의 자유 등】 ① 모든 국민은 언론·출판의 자유와 집회·결사의 자유를 가진다.

② 언론·출판에 대한 허가나 검열과 집회·결사에 대한 허가는 인정되지 아니한다.

③ 통신·방송의 시설기준과 신문의 기능을 보장하기 위하여 필요한 사항은 법률로 정한다.

④ 언론·출판은 타인의 명예나 권리 또는 공중도덕이나 사회윤리를 침해하여서는 아니된다. 언론·출판이 타인의 명예나 권리를 침해한 때에는 피해자는 이에 대한 피해의 배상을 청구할 수 있다.

제22조【학문·예술의 자유, 저작권】 ① 모든 국민은 학문과 예술의 자유를 가진다.

② 저작자·발명가·과학기술자와 예술가의 권리는 법률로써 보호한다.

제23조【재산권의 보장】 ① 모든 국민의 재산권은 보장된다. 그 내용과 한계는 법률로 정한다.

② 재산권의 행사는 공공복리에 적합하도록 하여야 한다.

③ 공공필요에 의한 재산권의 수용·사용 또는 제한 및 그에 대한 보상은 법률로써 하되, 정당한 보상을 지급하여야 한다.

제24조【선거권】 모든 국민은 법률이 정하는 바에 의하여 선거권을 가진다.

제25조【공무담임권】 모든 국민은 법률이 정하는 바에 의하여 공무담임권을 가진다.

제26조【청원권】 ① 모든 국민은 법률이 정하는 바에 의하여 국가기관에 문서로 청원할 권리를 가진다.

② 국가는 청원에 대하여 심사할 의무를 진다.

**제27조【재판을 받을 권리, 형사피고인진술권】** ① 모든 국민은 헌법과 법률이 정한 법관에 의하여 법률에 의한 재판을 받을 권리를 가진다.

② 군인 또는 군무원이 아닌 국민은 대한민국의 영역 안에서는 중대한 군사상 기밀・초병・초소・유독음식물공급・포로・군용물에 관한 죄 중 법률이 정한 경우와 비상계엄이 선포된 경우를 제외하고는 군사법원의 재판을 받지 아니한다.

③ 모든 국민은 신속한 재판을 받을 권리를 가진다. 형사피고인은 상당한 이유가 없는 한 지체없이 공개재판을 받을 권리를 가진다.

④ 형사피고인은 유죄의 판결이 확정될 때까지는 무죄로 추정된다.

⑤ 형사피해자는 법률이 정하는 바에 의하여 당해 사건의 재판절차에서 진술할 수 있다.

**제28조【형사보상】** 형사피의자 또는 형사피고인으로서 구금되었던 자가 법률이 정하는 불기소처분을 받거나 무죄판결을 받은 때에는 법률이 정하는 바에 의하여 국가에 정당한 보상을 청구할 수 있다.

**제29조【공무원의 불법행위와 배상책임】** ① 공무원의 직무상 불법행위로 손해를 받은 국민은 법률이 정하는 바에 의하여 국가 또는 공공단체에 정당한 배상을 청구할 수 있다. 이 경우 공무원 자신의 책임은 면제되지 아니한다.

② 군인・군무원・경찰공무원 기타 법률이 정하는 자가 전투・훈련 등 직무집행과 관련하여 받은 손해에 대하여는 법률이 정하는 보상 외에 국가 또는 공공단체에 공무원의 직무상 불법행위로 인한 배상은 청구할 수 없다.

**제30조【범죄행위로 인한 피해구조】** 타인의 범죄행위로 인하여 생명・신체에 대한 피해를 받은 국민은 법률이 정하는 바에 의하여 국가로부터 구조를 받을 수 있다.

**제31조【교육을 받을 권리・의무 등】** ① 모든 국민은 능력에 따라 균등하게 교육을 받을 권리를 가진다.

② 모든 국민은 그 보호하는 자녀에게 적어도 초등교육과 법률이 정하는 교육을 받게 할 의무를 진다.

③ 의무교육은 무상으로 한다.

④ 교육의 자주성・전문성・정치적 중립성 및 대학의 자율성은 법률이 정하는 바에 의하여 보장된다.

⑤ 국가는 평생교육을 진흥하여야 한다.

⑥ 학교교육 및 평생교육을 포함한 교육제도와 그 운영, 교육재정 및 교원의 지위에 관한 기본적인 사항은 법률로 정한다.

**제32조【근로의 권리·의무 등】** ① 모든 국민은 근로의 권리를 가진다. 국가는 사회적·경제적 방법으로 근로자의 고용의 증진과 적정임금의 보장에 노력하여야 하며, 법률이 정하는 바에 의하여 최저임금제를 시행하여야 한다.

② 모든 국민은 근로의 의무를 진다. 국가는 근로의 의무의 내용과 조건을 민주주의원칙에 따라 법률로 정한다.

③ 근로조건의 기준은 인간의 존엄성을 보장하도록 법률로 정한다.

④ 여자의 근로는 특별한 보호를 받으며, 고용·임금 및 근로조건에 있어서 부당한 차별을 받지 아니한다.

⑤ 연소자의 근로는 특별한 보호를 받는다.

⑥ 국가유공자·상이군경 및 전몰군경의 유가족은 법률이 정하는 바에 의하여 우선적으로 근로의 기회를 부여받는다.

**제33조【근로자의 단결권 등】** ① 근로자는 근로조건의 향상을 위하여 자주적인 단결권·단체교섭권 및 단체행동권을 가진다.

② 공무원인 근로자는 법률이 정하는 자에 한하여 단결권·단체교섭권 및 단체행동권을 가진다.

③ 법률이 정하는 주요방위산업체에 종사하는 근로자의 단체행동권은 법률이 정하는 바에 의하여 이를 제한하거나 인정하지 아니할 수 있다.

**제34조【사회보장 등】** ① 모든 국민은 인간다운 생활을 할 권리를 가진다.

② 국가는 사회보장·사회복지의 증진에 노력할 의무를 진다.

③ 국가는 여자의 복지와 권익의 향상을 위하여 노력하여야 한다.

④ 국가는 노인과 청소년의 복지향상을 위한 정책을 실시할 의무를 진다.

⑤ 신체장애자 및 질병·노령 기타의 사유로 생활능력이 없는 국민은 법률이 정하는 바에 의하여 국가의 보호를 받는다.

⑥ 국가는 재해를 예방하고 그 위험으로부터 국민을 보호하기 위하여 노력하여야 한다.

**제35조【환경권 등】** ① 모든 국민은 건강하고 쾌적한 환경에서 생활할 권리를 가지며, 국가와 국민은 환경보전을 위하여 노력하여야 한다.

② 환경권의 내용과 행사에 관하여는 법률로 정한다.

③ 국가는 주택개발정책 등을 통하여 모든 국민이 쾌적한 주거생활을 할 수 있도록 노력하여야 한다.

제36조【혼인과 가족생활, 모성보호, 국민보건】① 혼인과 가족생활은 개인의 존엄과 양성의 평등을 기초로 성립되고 유지되어야 하며, 국가는 이를 보장한다.

② 국가는 모성의 보호를 위하여 노력하여야 한다.

③ 모든 국민은 보건에 관하여 국가의 보호를 받는다.

제37조【자유와 권리의 존중 · 제한】① 국민의 자유와 권리는 헌법에 열거되지 아니한 이유로 경시되지 아니한다.

② 국민의 모든 자유와 권리는 국가안전보장 · 질서유지 또는 공공복리를 위하여 필요한 경우에 한하여 법률로써 제한할 수 있으며, 제한하는 경우에도 자유와 권리의 본질적인 내용을 침해할 수 없다.

제38조【납세의 의무】모든 국민은 법률이 정하는 바에 의하여 납세의 의무를 진다.

제39조【국방의 의무】① 모든 국민은 법률이 정하는 바에 의하여 국방의 의무를 진다.

② 누구든지 병역의무의 이행으로 인하여 불이익한 처우를 받지 아니한다.

## 제3장 국 회

제40조【입법권】입법권은 국회에 속한다.

제41조【국회의 구성】① 국회는 국민의 보통 · 평등 · 직접 · 비밀선거에 의하여 선출된 국회의원으로 구성한다.

② 국회의원의 수는 법률로 정하되, 200인 이상으로 한다.

③ 국회의원의 선거구와 비례대표제 기타 선거에 관한 사항은 법률로 정한다.

제42조【국회의원의 임기】국회의원의 임기는 4년으로 한다.

제43조【국회의원의 겸직금지】국회의원은 법률이 정하는 직을 겸할 수 없다.

제44조【국회의원의 불체포특권】① 국회의원은 현행범인인 경우를 제외하고는 회기 중 국회의 동의없이 체포 또는 구금되지 아니한다.

② 국회의원이 회기 전에 체포 또는 구금된 때에는 현행범인이 아닌 한 국회의 요구가 있으면 회기 중 석방된다.

**제45조【국회의원의 발언·표결의 면책특권】** 국회의원은 국회에서 직무상 행한 발언과 표결에 관하여 국회 외에서 책임을 지지 아니한다.

**제46조【국회의원의 청렴의무·지위남용금지】** ① 국회의원은 청렴의 의무가 있다.

② 국회의원은 국가이익을 우선하여 양심에 따라 직무를 행한다.

③ 국회의원은 그 지위를 남용하여 국가·공공단체 또는 기업체와의 계약이나 그 처분에 의하여 재산상의 권리·이익 또는 직위를 취득하거나 타인을 위하여 그 취득을 알선할 수 없다.

**제47조【정기회·임시회】** ① 국회의 정기회는 법률이 정하는 바에 의하여 매년 1회 집회되며, 국회의 임시회는 대통령 또는 국회재적의원 4분의 1 이상의 요구에 의하여 집회된다.

② 정기회의 회기는 100일을, 임시회의 회기는 30일을 초과할 수 없다.

③ 대통령이 임시회의 집회를 요구할 때에는 기간과 집회요구의 이유를 명시하여야 한다.

**제48조【의장】** 국회는 의장 1인과 부의장 2인을 선출한다.

**제49조【의결정족수】** 국회는 헌법 또는 법률에 특별한 규정이 없는 한 재적의원 과반수의 출석과 출석의원 과반수의 찬성으로 의결한다. 가부동수인 때에는 부결된 것으로 본다.

**제50조【의사공개의 원칙】** ① 국회의 회의는 공개한다. 다만, 출석의원 과반수의 찬성이 있거나 의장이 국가의 안전보장을 위하여 필요하다고 인정할 때에는 공개하지 아니할 수 있다.

② 공개하지 아니한 회의내용의 공표에 관하여는 법률이 정하는 바에 의한다.

**제51조【회기계속의 원칙】** 국회에 제출된 법률안 기타의 의안은 회기 중에 의결되지 못한 이유로 폐기되지 아니한다. 다만, 국회의원의 임기가 만료된 때에는 그러하지 아니하다.

**제52조【법률안제출권】** 국회의원과 정부는 법률안을 제출할 수 있다.

**제53조【법률의 제정·공포, 대통령의 법률안거부권, 법률의 발효】** ① 국회에서 의결된 법률안은 정부에 이송되어 15일 이내에 대통령이 공포한다.

② 법률안에 이의가 있을 때에는 대통령은 제1항의 기간 내에 이의서를 붙여 국회로 환부하고, 그 재의를 요구할 수 있다. 국회의 폐회 중에도 또한 같다.

③ 대통령은 법률안의 일부에 대하여 또는 법률안을 수정하여 재의를 요구할 수 없다.

④ 재의의 요구가 있을 때에는 국회는 재의에 붙이고, 재적의원과반수의 출석과 출석의원 3분의 2 이상의 찬성으로 전과 같은 의결을 하면 그 법률안은 법률로서 확정된다.

⑤ 대통령이 제1항의 기간 내에 공포나 재의의 요구를 하지 아니한 때에도 그 법률안은 법률로서 확정된다.

⑥ 대통령은 제4항과 제5항의 규정에 의하여 확정된 법률을 지체없이 공포하여야 한다. 제5항에 의하여 법률이 확정된 후 또는 제4항에 의한 확정법률이 정부에 이송된 후 5일 이내에 대통령이 공포하지 아니할 때에는 국회의장이 이를 공포한다.

⑦ 법률은 특별한 규정이 없는 한 공포한 날로부터 20일을 경과함으로써 효력을 발생한다.

**제54조【예산안의 심의·확정권, 의결기간경과조치】** ① 국회는 국가의 예산안을 심의·확정한다.

② 정부는 회계연도마다 예산안을 편성하여 회계연도 개시 90일 전까지 국회에 제출하고, 국회는 회계연도 개시 30일 전까지 이를 의결하여야 한다.

③ 새로운 회계연도가 개시될 때까지 예산안이 의결되지 못한 때에는 정부는 국회에서 예산안이 의결될 때까지 다음의 목적을 위한 경비는 전년도 예산에 준하여 집행할 수 있다.

1. 헌법이나 법률에 의하여 설치된 기관 또는 시설의 유지·운영
2. 법률상 지출의무의 이행
3. 이미 예산으로 승인된 사업의 계속

**제55조【계속비·예비비】** ① 한 회계연도를 넘어 계속하여 지출할 필요가 있을 때에는 정부는 연한을 정하여 계속비로서 국회의 의결을 얻어야 한다.

② 예비비는 총액으로 국회의 의결을 얻어야 한다. 예비비의 지출은 차기국회의 승인을 얻어야 한다.

**제56조【추가경정예산안】** 정부는 예산에 변경을 가할 필요가 있을 때에는 추가경정예산안을 편성하여 국회에 제출할 수 있다.

**제57조【지출예산 각 항의 증액과 새 비목설치의 금지】** 국회는 정부의 동의 없이 정부가 제출한 지출예산 각항의 금액을 증가하거나 새 비목을 설치할 수 없다.

**제58조【국채모집 등에 대한 동의권】** 국채를 모집하거나 예산외에 국가의 부담이 될 계약을 체결하려 할 때에는 정부는 미리 국회의 의결을 얻어야 한다.

第59條【조세의 종목과 세율】 조세의 종목과 세율은 법률로 정한다.

第60條【조약체결·비준·선전포고 등에 대한 동의권】 ① 국회는 상호원조 또는 안전보장에 관한 조약, 중요한 국제조직에 관한 조약, 우호통상항해조약, 주권의 제약에 관한 조약, 강화조약, 국가나 국민에게 중대한 재정적 부담을 지우는 조약 또는 입법사항에 관한 조약의 체결·비준에 대한 동의권을 가진다.

② 국회는 선전포고, 국군의 외국에의 파견 또는 외국군대의 대한민국 영역 안에서의 주류에 대한 동의권을 가진다.

第61條【국정감사권·국정조사권】 ① 국회는 국정을 감사하거나 특정한 국정사안에 대하여 조사할 수 있으며, 이에 필요한 서류의 제출 또는 증인의 출석과 증언이나 의견의 진술을 요구할 수 있다.

② 국정감사 및 조사에 관한 절차 기타 필요한 사항은 법률로 정한다.

第62條【국무총리·국무위원·정부위원의 국회출석의 권리와 의무】 ① 국무총리·국무위원 또는 정부위원은 국회나 그 위원회에 출석하여 국정처리상황을 보고하거나 의견을 진술하고 질문에 응답할 수 있다.

② 국회나 그 위원회의 요구가 있을 때에는 국무총리·국무위원 또는 정부위원은 출석·답변하여야 하며, 국무총리 또는 국무위원이 출석요구를 받은 때에는 국무위원 또는 정부위원으로 하여금 출석·답변하게 할 수 있다.

第63條【국무총리·국무위원의 해임건의권】 ① 국회는 국무총리 또는 국무위원의 해임을 대통령에게 건의할 수 있다.

② 제1항의 해임건의는 국회재적의원 3분의 1 이상의 발의에 의하여 국회재적의원 과반수의 찬성이 있어야 한다.

第64條【국회의 자율권】 ① 국회는 법률에 저촉되지 아니하는 범위 안에서 의사와 내부규율에 관한 규칙을 제정할 수 있다.

② 국회는 의원의 자격을 심사하며, 의원을 징계할 수 있다.

③ 의원을 제명하려면 국회재적의원 3분의 2 이상의 찬성이 있어야 한다.

④ 제2항과 제3항의 처분에 대하여는 법원에 제소할 수 없다.

第65條【탄핵소추권제·탄핵의 효력】 ① 대통령·국무총리·국무위원·행정각부의 장·헌법재판소 재판관·법관·중앙선거관리위원회 위원·감사원장·감사위원 기타 법률이 정한 공무원이 그 직무집행에 있어서 헌법이나 법률을 위배한 때에는 국회는 탄핵

의 소추를 의결할 수 있다.

② 제1항의 탄핵소추는 국회재적의원 3분의 1 이상의 발의가 있어야 하며, 그 의결은 국회재적의원 과반수의 찬성이 있어야 한다. 다만, 대통령에 대한 탄핵소추는 국회재적의원 과반수의 발의와 국회재적의원 3분의 2 이상의 찬성이 있어야 한다.

③ 탄핵소추의 의결을 받은 자는 탄핵심판이 있을 때까지 그 권한행사가 정지된다.

④ 탄핵결정은 공직으로부터 파면함에 그친다. 그러나, 이에 의하여 민사상이나 형사상의 책임이 면제되지는 아니한다.

## 제4장 정 부

### 제1절 대통령

제66조【대통령의 지위·책무】① 대통령은 국가의 원수이며, 외국에 대하여 국가를 대표한다.

② 대통령은 국가의 독립·영토의 보전·국가의 계속성과 헌법을 수호할 책무를 진다.

③ 대통령은 조국의 평화적 통일을 위한 성실한 의무를 진다.

④ 행정권은 대통령을 수반으로 하는 정부에 속한다.

제67조【대통령의 선거·대통령의 피선거권】① 대통령은 국민의 보통·평등·직접·비밀선거에 의하여 선출한다.

② 제1항의 선거에 있어서 최고득표자가 2인 이상인 때에는 국회의 재적의원 과반수가 출석한 공개회의에서 다수표를 얻은 자를 당선자로 한다.

③ 대통령후보자가 1인일 때에는 그 득표수가 선거권자 총수의 3분의 1 이상이 아니면 대통령으로 당선될 수 없다.

④ 대통령으로 선거될 수 있는 자는 국회의원의 피선거권이 있고 선거일 현재 40세에 달하여야 한다.

⑤ 대통령의 선거에 관한 사항은 법률로 정한다.

제68조【대통령선거일·보궐선거】① 대통령의 임기가 만료되는 때에는 임기만료 70일 내지 40일 전에 후임자를 선거한다.

② 대통령이 궐위된 때 또는 대통령 당선자가 사망하거나 판결 기타의 사유로 그 자격을 상실한 때에는 60일 이내에 후임자를 선거한다.

**第69條【대통령의 취임선서】** 대통령은 취임에 즈음하여 다음의 선서를 한다.

"나는 헌법을 준수하고 국가를 보위하며 조국의 평화적 통일과 국민의 자유와 복리의 증진 및 민족문화의 창달에 노력하여 대통령으로서의 직책을 성실히 수행할 것을 국민 앞에 엄숙히 선서합니다."

**第70條【대통령의 임기】** 대통령의 임기는 5년으로 하며, 중임할 수 없다.

**第71條【대통령의 권한대행】** 대통령이 궐위되거나 사고로 인하여 직무를 수행할 수 없을 때에는 국무총리, 법률이 정한 국무위원의 순서로 그 권한을 대행한다.

**第72條【국민투표 부의권】** 대통령은 필요하다고 인정할 때에는 외교·국방·통일 기타 국가안위에 관한 중요정책을 국민투표에 부칠 수 있다.

**第73條【외교에 관한 권한】** 대통령은 조약을 체결·비준하고, 외교사절을 신임·접수 또는 파견하며, 선전포고와 강화를 한다.

**第74條【국군의 통수권·조직·편성】** ① 대통령은 헌법과 법률이 정하는 바에 의하여 국군을 통수한다.

② 국군의 조직과 편성은 법률로 정한다.

**第75條【대통령령】** 대통령은 법률에서 구체적으로 범위를 정하여 위임받은 사항과 법률을 집행하기 위하여 필요한 사항에 관하여 대통령령을 발할 수 있다.

**第76條【긴급명령권, 긴급재정·경제처분명령권】** ① 대통령은 내우·외환·천재·지변 또는 중대한 재정·경제상의 위기에 있어서 국가의 안전보장 또는 공공의 안녕질서를 유지하기 위하여 긴급한 조치가 필요하고 국회의 집회를 기다릴 여유가 없을 때에 한하여 최소한으로 필요한 재정·경제상의 처분을 하거나 이에 관하여 법률의 효력을 가지는 명령을 발할 수 있다.

② 대통령은 국가의 안위에 관계되는 중대한 교전상태에 있어서 국가를 보위하기 위하여 긴급한 조치가 필요하고 국회의 집회가 불가능한 때에 한하여 법률의 효력을 가지는 명령을 발할 수 있다.

③ 대통령은 제1항과 제2항의 처분 또는 명령을 한 때에는 지체없이 국회에 보고하여 그 승인을 얻어야 한다.

④ 제3항의 승인을 얻지 못한 때에는 그 처분 또는 명령은 그때부터 효력을 상실한다. 이 경우 그 명령에 의하여 개정 또는 폐지되었던 법률은 그 명령이 승인을 얻지 못한 때부터 당연히 효력을 회복한다.

⑤ 대통령은 제3항과 제4항의 사유를 지체없이 공포하여야 한다.

**제77조【계엄선포권】** ① 대통령은 전시·사변 또는 이에 준하는 국가비상사태에 있어서 병력으로써 군사상의 필요에 응하거나 공공의 안녕질서를 유지할 필요가 있을 때에는 법률이 정하는 바에 의하여 계엄을 선포할 수 있다.

② 계엄은 비상계엄과 경비계엄으로 한다.

③ 비상계엄이 선포된 때에는 법률이 정하는 바에 의하여 영장제도, 언론·출판·집회·결사의 자유, 정부나 법원의 권한에 관하여 특별한 조치를 할 수 있다.

④ 계엄을 선포한 때에는 대통령은 지체없이 국회에 통고하여야 한다.

⑤ 국회가 재적의원 과반수의 찬성으로 계엄의 해제를 요구한 때에는 대통령은 이를 해제하여야 한다.

**제78조【공무원 임면권】** 대통령은 헌법과 법률이 정하는 바에 의하여 공무원을 임면한다.

**제79조【사면】** ① 대통령은 법률이 정하는 바에 의하여 사면·감형 또는 복권을 명할 수 있다.

② 일반사면을 명하려면 국회의 동의를 얻어야 한다.

③ 사면·감형 및 복권에 관한 사항은 법률로 정한다.

**제80조【영전수여권】** 대통령은 법률이 정하는 바에 의하여 훈장 기타의 영전을 수여한다.

**제81조【국회에 의결표시권】** 대통령은 국회에 출석하여 발언하거나 서한으로 의견을 표시할 수 있다.

**제82조【부서】** 대통령의 국법상 행위는 문서로써 하며, 이 문서에는 국무총리와 관계 국무위원이 부서한다. 군사에 관한 것도 또한 같다.

**제83조【대통령의 겸직금지】** 대통령은 국무총리·국무위원·행정각부의 장 기타 법률이 정하는 공사의 직을 겸할 수 없다.

**제84조【대통령의 형사상 특권】** 대통령은 내란 또는 외환의 죄를 범한 경우를 제외하고는 재직중 형사상의 소추를 받지 아니한다.

**제85조【전직대통령의 예우】** 전직대통령의 신분과 예우에 관하여는 법률로 정한다.

## 제2절 행정부

### 제1관 국무총리와 국무위원

제86조 【국무총리】 ① 국무총리는 국회의 동의를 얻어 대통령이 임명한다.

② 국무총리는 대통령을 보좌하며, 행정에 관하여 대통령의 명을 받아 행정각부를 통할한다.

③ 군인은 현역을 면한 후가 아니면 국무총리로 임명될 수 없다.

제87조 【국무위원】 ① 국무위원은 국무총리의 제청으로 대통령이 임명한다.

② 국무위원은 국정에 관하여 대통령을 보좌하며, 국무회의의 구성원으로서 국정을 심의한다.

③ 국무총리는 국무위원의 해임을 대통령에게 건의할 수 있다.

④ 군인은 현역을 면한 후가 아니면 국무위원으로 임명될 수 없다.

### 제2관 국무회의

제88조 【국무회의의 지위와 구성】 ① 국무회의는 정부의 권한에 속하는 중요한 정책을 심의한다.

② 국무회의는 대통령・국무총리와 15인 이상 30인 이하의 국무위원으로 구성한다.

③ 대통령은 국무회의의 의장이 되고, 국무총리는 부의장이 된다.

제89조 【국무회의의 심의사항】 다음 사항은 국무회의의 심의를 거쳐야 한다.

1. 국정의 기본계획과 정부의 일반정책
2. 선전・강화 기타 중요한 대외정책
3. 헌법개정안・국민투표안・조약안・법률안 및 대통령령안
4. 예산안・결산・국유재산처분의 기본계획・국가의 부담이 될 계약 기타 재정에 관한 중요사항
5. 대통령의 긴급명령・긴급재정경제처분 및 명령 또는 계엄과 그 해제
6. 군사에 관한 중요사항
7. 국회의 임시회 집회의 요구
8. 영전수여
9. 사면・감형과 복권

10. 행정각부 간의 권한의 획정
11. 정부안의 권한의 위임 또는 배정에 관한 기본계획
12. 국정처리상황의 평가・분석
13. 행정각부의 중요한 정책의 수립과 조정
14. 정당해산의 제소
15. 정부에 제출 또는 회부된 정부의 정책에 관계되는 청원의 심사
16. 검찰총장・합동참모의장・각군참모총장・국립대학교총장・대사 기타 법률이 정한 공무원과 국영기업체관리자의 임명
17. 기타 대통령・국무총리 또는 국무위원이 제출한 사항

**제90조【국가원로자문회의】** ① 국정의 중요한 사항에 관한 대통령의 자문에 응하기 위하여 국가원로로 구성되는 국가원로자문회의를 둘 수 있다.

② 국가원로자문회의의 의장은 직전대통령이 된다. 다만, 직전대통령이 없을 때에는 대통령이 지명한다.

③ 국가원로자문회의의 조직・직무범위 기타 필요한 사항은 법률로 정한다.

**제91조【국가안전보장회의】** ① 국가안전보장에 관련되는 대외정책・군사정책과 국내정책의 수립에 관하여 국무회의의 심의에 앞서 대통령의 자문에 응하기 위하여 국가안전보장회의를 둔다.

② 국가안전보장회의는 대통령이 주재한다.

③ 국가안전보장회의의 조직・직무범위 기타 필요한 사항은 법률로 정한다.

**제92조【민주평화통일자문회의】** ① 평화통일정책의 수립에 관한 대통령의 자문에 응하기 위하여 민주평화통일자문회의를 둘 수 있다.

② 민주평화통일자문회의의 조직・직무범위 기타 필요한 사항은 법률로 정한다.

**제93조【국민경제자문회의】** ① 국민경제의 발전을 위한 중요정책의 수립에 관하여 대통령의 자문에 응하기 위하여 국민경제자문회의를 둘 수 있다.

② 국민경제자문회의의 조직・직무범위 기타 필요한 사항은 법률로 정한다.

## 제3관 행정각부

제94조【행정각부의 장】 행정각부의 장은 국무위원 중에서 국무총리의 제청으로 대통령이 임명한다.

제95조【총리령, 부령】 국무총리 또는 행정각부의 장은 소관 사무에 관하여 법률이나 대통령령의 위임 또는 직권으로 총리령 또는 부령을 발할 수 있다.

제96조【행정각부의 설치 · 조직 · 직무범위】 행정각부의 설치 · 조직과 직무범위는 법률로 정한다.

## 제4관 감사원

제97조【감사원의 직무 · 지위】 국가의 세입 · 세출의 결산, 국가 및 법률이 정한 단체의 회계검사와 행정기관 및 공무원의 직무에 관한 감찰을 하기 위하여 대통령 소속하에 감사원을 둔다.

제98조【감사원의 구성】 ① 감사원은 원장을 포함한 5인 이상 11인 이하의 감사위원으로 구성한다.

② 원장은 국회의 동의를 얻어 대통령이 임명하고, 그 임기는 4년으로 하며, 1차에 한하여 중임할 수 있다.

③ 감사위원은 원장의 제청으로 대통령이 임명하고, 그 임기는 4년으로 하며, 1차에 한하여 중임할 수 있다.

제99조【결산】 감사원은 세입 · 세출의 결산을 매년 검사하여 대통령과 차년도 국회에 그 결과를 보고하여야 한다.

제100조【감사원의 조직 · 직무범위】 감사원의 조직 · 직무범위 · 감사위원의 자격 · 감사대상공무원의 범위 기타 필요한 사항은 법률로 정한다.

## 제5장 법 원

제101조【사법권·법원·법관의 자격】① 사법권은 법관으로 구성된 법원에 속한다.

② 법원은 최고법원인 대법원과 각급법원으로 조직된다.

③ 법관의 자격은 법률로 정한다.

제102조【법원의 조직】① 대법원에 부를 둘 수 있다.

② 대법원에 대법관을 둔다. 다만, 법률이 정하는 바에 의하여 대법관이 아닌 법관을 둘 수 있다.

③ 대법원과 각급법원의 조직은 법률로 정한다.

제103조【법관의 독립】법관은 헌법과 법률에 의하여 그 양심에 따라 독립하여 심판한다.

제104조【법관의 임명】① 대법원장은 국회의 동의를 얻어 대통령이 임명한다.

② 대법관은 대법원장의 제청으로 국회의 동의를 얻어 대통령이 임명한다.

③ 대법원장과 대법관이 아닌 법관은 대법관회의의 동의를 얻어 대법원장이 임명한다.

제105조【법관의 임기】① 대법원장의 임기는 6년으로 하며, 중임할 수 없다.

② 대법관의 임기는 6년으로 하며, 법률이 정하는 바에 의하여 연임할 수 있다.

③ 대법원장과 대법관이 아닌 법관의 임기는 10년으로 하며, 법률이 정하는 바에 의하여 연임할 수 있다.

④ 법관의 정년은 법률로 정한다.

제106조【법관의 신분보장】① 법관은 탄핵 또는 금고 이상의 형의 선고에 의하지 아니하고는 파면되지 아니하며, 징계처분에 의하지 아니하고는 정직·감봉 기타 불리한 처분을 받지 아니한다.

② 법관이 중대한 심신상의 장해로 직무를 수행할 수 없을 때에는 법률이 정하는 바에 의하여 퇴직하게 할 수 있다.

제107조【위헌법률심판제청권, 명령·규칙·처분심사권, 행정심판】① 법률이 헌법에 위반되는 여부가 재판의 전제가 된 경우에는 법원은 헌법재판소에 제청하여 그 심판에 의하여 재판한다.

② 명령·규칙 또는 처분이 헌법이나 법률에 위반되는 여부가 재판의 전제가 된 경우에는 대법원은 이를 최종적으로 심사할 권한을 가진다.

③ 재판의 전심절차로서 행정심판을 할 수 있다. 행정심판의 절차는 법률로 정하되, 사법절차가 준용되어야 한다.

제108조【대법원의 규칙제정권】 대법원은 법률에서 저촉되지 아니하는 범위 안에서 소송에 관한 절차, 법원의 내부규율과 사무처리에 관한 규칙을 제정할 수 있다.

제109조【재판공개의 원칙】 재판의 심리와 판결은 공개한다. 다만, 심리는 국가의 안전보장 또는 안녕질서를 방해하거나 선량한 풍속을 해할 염려가 있을 때에는 법원의 결정으로 공개하지 아니할 수 있다.

제110조【군사재판】 ① 군사재판을 관할하기 위하여 특별법원으로서 군사법원을 둘 수 있다.

② 군사법원의 상고심은 대법원에서 관할한다.

③ 군사법원의 조직·권한 및 재판관의 자격은 법률로 정한다.

④ 비상계엄하의 군사재판은 군인·군무원의 범죄나 군사에 관한 간첩죄의 경우와 초병·초소·유독음식물공급·포로에 관한 죄 중 법률이 정한 경우에 한하여 단심으로 할 수 있다. 다만, 사형을 선고한 경우에는 그러하지 아니하다.

## 제6장 헌법재판소

제111조【헌법재판소의 권한과 구성】 ① 헌법재판소는 다음 사항을 관장한다.

1. 법원의 제청에 의한 법률의 위헌여부 심판
2. 탄핵의 심판
3. 정당의 해산 심판
4. 국가기관 상호 간, 국가기관과 지방자치단체간 및 지방자치단체 상호 간의 권한쟁의에 관한 심판
5. 법률이 정하는 헌법소원에 관한 심판

② 헌법재판소는 법관의 자격을 가진 9인의 재판관으로 구성하며, 재판관은 대통령이 임명한다.

③ 제2항의 재판관 중 3인은 국회에서 선출하는 자를, 3인은 대법원장이 지명하는 자를 임명한다.

④ 헌법재판소의 장은 국회의 동의를 얻어 재판관 중에서 대통령이 임명한다.

제112조 【재판관의 임기·자격】 ① 헌법재판소 재판관의 임기는 6년으로 하며, 법률이 정하는 바에 의하여 연임할 수 있다.

② 헌법재판소 재판관은 정당에 가입하거나 정치에 관여할 수 없다.

③ 헌법재판소 재판관은 탄핵 또는 금고 이상의 형의 선고에 의하지 아니하고는 파면되지 아니한다.

제113조 【결정정족수, 조직과 운영】 ① 헌법재판소에서 법률의 위헌결정, 탄핵의 결정, 정당해산의 결정 또는 헌법소원에 관한 인용결정을 할 때에는 재판관 6인 이상의 찬성이 있어야 한다.

② 헌법재판소는 법률에 저촉되지 아니하는 범위 안에서 심판에 관한 절차, 내부규율과 사무 처리에 관한 규칙을 제정할 수 있다.

③ 헌법재판소의 조직과 운영 기타 필요한 사항은 법률로 정한다.

## 제7장 선거관리

제114조 【선거관리위원회】 ① 선거와 국민투표의 공정한 관리 및 정당에 관한 사무를 처리하기 위하여 선거관리위원회를 둔다.

② 중앙선거관리위원회는 대통령이 임명하는 3인, 국회에서 선출하는 3인과 대법원장이 지명하는 3인의 위원으로 구성한다. 위원장은 위원 중에서 호선한다.

③ 위원의 임기는 6년으로 한다.

④ 위원은 정당에 가입하거나 정치에 관여할 수 없다.

⑤ 위원은 탄핵 또는 금고 이상의 형의 선고에 의하지 아니하고는 파면되지 아니한다.

⑥ 중앙선거관리위원회는 법령의 범위 안에서 선거관리·국민투표관리 또는 정당사무에 관한 규칙을 제정할 수 있으며, 법률에 저촉되지 아니하는 범위 안에서 내부규율에 관한 규칙을 제정할 수 있다.

⑦ 각급 선거관리위원회의 조직·직무범위 기타 필요한 사항은 법률로 정한다.

제115조 【행정기관 지시권】 ① 각급 선거관리위원회는 선거인명부의 작성 등 선거사무와 국민투표사무에 관하여 관계 행정기관에 필요한 지시를 할 수 있다.

② 제1항의 지시를 받은 당해 행정기관은 이에 응하여야 한다.

제116조 【선거공영제】 ① 선거운동은 각급 선거관리위원회의 관리하에 법률이 정하는 범위 안에서 하되, 균등한 기회가 보장되어야 한다.

② 선거에 관한 경비는 법률이 정하는 경우를 제외하고는 정당 또는 후보자에게 부담시킬 수 없다.

## 제8장 지방자치

제117조 【지방자치단체의 자치권, 단체의 종류】 ① 지방자치단체는 주민의 복리에 관한 사무를 처리하고 재산을 관리하며, 법령의 범위 안에서 자치에 관한 규정을 제정할 수 있다.

② 지방자치단체의 종류는 법률로 정한다.

제118조 【지방자치단체의 조직과 운영】 ① 지방자치단체에 의회를 둔다.

② 지방의회의 조직·권한·의원선거와 지방자치단체의 장의 선임방법 기타 지방자치단체의 조직과 운영에 관한 사항은 법률로 정한다.

## 제9장 경 제

제119조 【경제질서의 기본, 규제와 조정】 ① 대한민국의 경제질서는 개인과 기업의 경제상의 자유와 창의를 존중함을 기본으로 한다.

② 국가는 균형있는 국민경제의 성장 및 안정과 적정한 소득의 분배를 유지하고, 시장의 지배와 경제력의 남용을 방지하며, 경제주체간의 조화를 통한 경제의 민주화를 위하여 경제에 관한 규제와 조정을 할 수 있다.

제120조 【국토와 자원의 개발·이용】 ① 광물 기타 중요한 지하자원·수산자원·수력과 경제상 이용할 수 있는 자연력은 법률이 정하는 바에 의하여 일정한 기간 그 채취·개발 또는 이용을 특허할 수 있다.

② 국토와 자원은 국가의 보호를 받으며, 국가는 그 균형있는 개발과 이용을 위하여 필요한 계획을 수립한다.

제121조 【소작제도 금지, 임대차·위탁경영의 인정】 ① 국가는 농지에 관하여 경자유전의 원칙이 달성될 수 있도록 노력하여야 하며, 농지의 소작제도는 금지된다.

② 농업생산성의 제고와 농지의 합리적인 이용을 위하거나 불가피한 사정으로 발생하는 농지의 임대차와 위탁경영은 법률이 정하는 바에 의하여 인정된다.

제122조【국토의 효율적 운영을 위한 제한과 의무】 국가는 국민 모두의 생산 및 생활의 기반이 되는 국토의 효율적이고 균형있는 이용·개발과 보전을 위하여 법률이 정하는 바에 의하여 그에 관한 필요한 제한과 의무를 과할 수 있다.

제123조【농어촌 개발과 중소기업 보호·육성】 ① 국가는 농업 및 어업을 보호·육성하기 위하여 농·어촌종합개발과 그 지원등 필요한 계획을 수립·시행하여야 한다.

② 국가는 지역 간의 균형있는 발전을 위하여 지역경제를 육성할 의무를 진다.

③ 국가는 중소기업을 보호·육성하여야 한다.

④ 국가는 농수산물의 수급균형과 유통구조의 개선에 노력하여 가격안정을 도모함으로써 농·어민의 이익을 보호한다.

⑤ 국가는 농·어민과 중소기업의 자조조직을 육성하여야 하며, 그 자율적 활동과 발전을 보장한다.

제124조【소비자보호운동의 보장】 국가는 건전한 소비행위를 계도하고 생산품의 품질향상을 촉구하기 위한 소비자보호운동을 법률이 정하는 바에 의하여 보장한다.

제125조【무역 육성, 규제와 조정】 국가는 대외무역을 육성하며, 이를 규제·조정할 수 있다.

제126조【사영기업의 국·공유화 또는 경영의 통제·관리의 한계】 국방상 또는 국민경제상 긴절한 필요로 인하여 법률이 정하는 경우를 제외하고는, 사영기업을 국유 또는 공유로 이전하거나 그 경영을 통제 또는 관리할 수 없다.

제127조【과학기술의 혁신, 정보 및 인력개발, 국민경제발전, 국가표준제도】 ① 국가는 과학기술의 혁신과 정보 및 인력의 개발을 통하여 국민경제의 발전에 노력하여야 한다.

② 국가는 국가표준제도를 확립한다.

③ 대통령은 제1항의 목적을 달성하기 위하여 필요한 자문기구를 둘 수 있다.

## 제10장 헌법개정

제128조【헌법개정안의 제안, 중임변경의 헌법개정효력의 제한】 ① 헌법개정은 국회재적의원 과반수 또는 대통령의 발의로 제안된다.

② 대통령의 임기연장 또는 중임변경을 위한 헌법개정은 그 헌법개정 제안 당시의 대통령에 대하여는 효력이 없다.

**제129조 【헌법개정안 공고】** 제안된 헌법개정안은 대통령이 20일 이상의 기간 이를 공고하여야 한다.

**제130조 【헌법개정안의 국회의결과 국민투표, 공포】** ① 국회는 헌법개정안이 공고된 날로부터 60일 이내에 의결하여야 하며, 국회의 의결은 재적의원 3분의 2 이상의 찬성을 얻어야 한다.

② 헌법개정안은 국회가 의결한 후 30일 이내에 국민투표에 부쳐 국회의원 선거권자 과반수의 투표와 투표자 과반수의 찬성을 얻어야 한다.

③ 헌법개정안이 제2항의 찬성을 얻은 때에는 헌법개정은 확정되며, 대통령은 즉시 이를 공포하여야 한다.

## 부칙 <제10호,1987.10.29.>

**제1조** 이 헌법은 1988년 2월 25일부터 시행한다. 다만, 이 헌법을 시행하기 위하여 필요한 법률의 제정・개정과 이 헌법에 의한 대통령 및 국회의원의 선거 기타 이 헌법시행에 관한 준비는 이 헌법시행 전에 할 수 있다.

**제2조** ① 이 헌법에 의한 최초의 대통령선거는 이 헌법시행일 40일 전까지 실시한다.

② 이 헌법에 의한 최초의 대통령의 임기는 이 헌법시행일로부터 개시한다.

**제3조** ① 이 헌법에 의한 최초의 국회의원선거는 이 헌법공포일로부터 6월 이내에 실시하며, 이 헌법에 의하여 선출된 최초의 국회의원의 임기는 국회의원선거 후 이 헌법에 의한 국회의 최초의 집회일로부터 개시한다.

② 이 헌법공포 당시의 국회의원의 임기는 제1항에 의한 국회의 최초의 집회일 전일까지로 한다.

**제4조** ① 이 헌법시행 당시의 공무원과 정부가 임명한 기업체의 임원은 이 헌법에 의하여 임명된 것으로 본다. 다만, 이 헌법에 의하여 선임방법이나 임명권자가 변경된 공무원과 대법원장 및 감사원장은 이 헌법에 의하여 후임자가 선임될 때까지 그 직무를 행하며, 이 경우 전임자인 공무원의 임기는 후임자가 선임되는 전일까지로 한다.

② 이 헌법시행 당시의 대법원장과 대법원판사가 아닌 법관은 제1항 단서의 규정에 불구하고 이 헌법에 의하여 임명된 것으로 본다.

③ 이 헌법 중 공무원의 임기 또는 중임제한에 관한 규정은 이 헌법에 의하여 그 공무원이 최초로 선출 또는 임명된 때로부터 적용한다.

제5조 이 헌법시행 당시의 법령과 조약은 이 헌법에 위배되지 아니하는 한 그 효력을 지속한다.

제6조 이 헌법시행 당시에 이 헌법에 의하여 새로 설치될 기관의 권한에 속하는 직무를 행하고 있는 기관은 이 헌법에 의하여 새로운 기관이 설치될 때까지 존속하며 그 직무를 행한다.

MEMO

# MEMO

# 채한태
# 명품헌법
## 출제예상 부속법률집


| | |
|---|---|
| 4판 1쇄 | 2024년 7월 4일 |
| 편저자 | 채한태 |
| 발행인 | 손성은 |
| 발행처 | 메가스터디교육(주) |
| 디자인/제작 | 메가스터디DES |
| 주소 | 서울시 서초구 효령로 321(서초동, 덕원빌딩) |
| 전화 | 02-3498-4202 |
| 팩스 | 02-3498-4344 |
| 등록 | 제 2020-000118 호 |
| ISBN | 979-11-6722-708-9 13360 |
| 정가 | 12,000원 |

# 채한태
## 명품헌법

탁월한 적중률! 합격의 동반자!